育儿大咖说

好父母应该这样做

李华锡 主编

中国法治出版社
CHINA LEGAL PUBLISHING HOUSE

编 委 会

顾　问　顾明远　赵忠心　孙云晓　苏彦捷
　　　　　杨　雄　王　耘　宗春山　张思莱
主　任　王　海
副主任　王岑予　王龙龙
主　编　李华锡
副主编　彭　泽　朱婉灵　周　璇

专家推荐

家庭教育的重要性，不言而喻。如何正确和科学地开展家庭教育，是每位家长都关心的问题。中国青年报记者李华锡专访了几十位专家学者，主编的《育儿大咖说：好父母应该这样做》一书，内容充实，案例丰富，期待家长朋友们读了受到启发。

——教育学家、中国教育学会名誉会长、北京师范大学资深教授 顾明远

近年来，青少年儿童的心理健康问题受到社会广泛关注，很多家长对于孩子出现心理健康问题感到非常困惑。我自己的教学和研究领域发展心理学，讨论个体在不同发展阶段有什么样的发展特点和发展规律，可以帮助大家了解孩子、读懂孩子，促进儿童身心健康成长。《育儿大咖说：好父母应该这样做》这本书中有很多议题是从发展心理学的视角进行解读的，可以帮助广大家长了解儿童心理发展规律，掌握家庭心理健康教育的知识方法，做到科学育儿，对最终达成儿童心理健康发展的目标有一定的指导意义。

——中国心理学会理事长、北京大学心理与认知科学学院教授 苏彦捷

李华锡是一位年轻有为的"90后"媒体人，由他主编的《育儿大咖说：好父母应该这样做》，集合了目前国内教育学、心理学、社会学、法学、健康学等领域的几十位专家学者，依据《中华人民共和国家庭教育促进法》问题逻辑，逐一进行回答。综观全书，编排严谨，形式新颖，集学术性与科普性于一体，阅读后让人眼前一亮。期待这本书可以赋能家长，依法育儿，提升

家庭教育水平。

——中国教育学会家庭教育专业委员会副理事长、上海社会科学院青少年研究所二级研究员　杨雄

《育儿大咖说：好父母应该这样做》这本书整体内容结构清晰，涉及家庭教育的方方面面，每个主题均围绕家庭教育中的一个重要方面入手，有案例，有数据，有分析，有建议，可读性强。家长和老师应该掌握一些关于儿童大脑发育、心理行为发展和学习规律的知识，并应用于儿童教养过程之中。这本书中对于儿童学习能力和心理健康发展的解读和建议科学可靠，无论是新手父母，还是经验丰富的教育工作者，都能从这本书中汲取智慧，获得启发。

——中国家庭教育学会副会长、北京师范大学认知神经科学与学习国家重点实验室教授　王耘

作为一名法律工作者，我深感"依法带娃"的重要性。《育儿大咖说：好父母应该这样做》是每位家长必不可少的法律与教育指南。这本书不仅深度解读了《中华人民共和国家庭教育促进法》，更以权威专家视角，将法治观念融入家庭教育实践，为家长提供了系统、科学且实操性强的育儿策略。本书不仅普及法律知识，更引导家长知法守法，以法律为底线，科学育儿。相信对家长、教师和家庭教育工作者都会有所帮助。

——中国家庭教育学会家校社共育专业委员会副理事长、北京市青少年法律与心理咨询服务中心研究员　宗春山

在育儿这条路上，如何使孩子拥有健康的身体是家长最关心的话题之一。《育儿大咖说：好父母应该这样做》不仅融合了科学的教育理念与方法，更从医学健康的角度，为家长们提供了全面而科学的育儿指导。书中汇聚了众多跨学科专家的智慧，特别是对儿童健康成长的深入剖析，让家长们能够了解如何运用科学的方法，预防疾病，促进孩子的身体健康发展。我向每一位希望孩子健康成长的家长和老师推荐这本书。

——中国家庭教育学会儿童早期家庭教育专业委员会理事，北京中西医结合医院原儿科主任、主任医师　张思莱

序一

赵忠心

北京师范大学教授

中国家庭教育学会原副会长

中国教育学会家庭教育专业委员会名誉理事长

中国青年报记者李华锡用了近三年的时间,对全国各地的知名专家、学者进行专访,主编了这本结合《中华人民共和国家庭教育促进法》(以下简称《家庭教育促进法》)讲述育儿理念的图书,邀请我为该书写篇序言。

我愿意支持、扶植年轻人,因为他们是我们事业发展的新生力量。

撰写序言不是一件轻松的事,有时候,无意之中也会得罪人,因为我并不是有求必应,来者不拒。每本书的书稿通常都是洋洋洒洒几十万字,得反复阅读,深思熟虑。值得撰写序言推荐的,我可以不讲任何条件,作序推荐;粗制滥造、未能达到出版水平的,我会婉言谢绝。

不看书稿,只是凭空说些天花乱坠的恭维话,那无论对读者还是对作者,都是不尊重的。我不能辜负作者或出版社的信任,从不敢马虎从事,糊弄人家。如果我只照顾作者的面子,而不顾出版社和读者的利益,昧着良心推荐一些"假冒伪劣产品",那不是学者应有的风范,既是对作者、出版社和读者不负责,也会有损我的名声,我从不昧着良心做这种损人不利己的事。

这部书稿传过来以后,我进行了反复、认真的阅读。该书的受访专家大多来自全国各地的高等院校和科研院所,很多我都较为熟悉,都是名副其实的专家、学者,值得信赖。我便痛快地答应了记者朋友的请求。

此前,李华锡曾就家庭教育问题多次电话采访我,我们也见过几次面。

采访过程中,我感觉他稳健持重,思维缜密,说话有条理。没见面之前,我原以为他是一位成熟的、四五十岁的中年人。没想到,一见面,发现他竟然是一位朝气蓬勃、精神抖擞,刚刚做父亲、刚满30岁的年轻人,完全出乎我的预料。

他主编的这本《育儿大咖说:好父母应该这样做》,以2022年1月1日起实施的《家庭教育促进法》为指导,涉及家庭教育的方方面面,言之有物,质量很高。书中内容丰富、科学,观点新颖、独特,且针对性、可读性、可操作性都很强。这更让我对这位年轻人刮目相看。

李华锡进行的《家庭教育促进法》系列解读报道,在社会上引起了很大反响。我也专门接受了他的采访,谈了家风建设和家庭教育学科建设问题。

他根据现有报道,梳理出家长、教师和家庭教育工作者普遍关注的法律条文,并邀请相关领域的权威专家、学者,就66个有关家庭教育的话题进行深入解读。我认为该书具备以下几个显著的特点:

一是具有鲜明的时代特征。人是环境的产物。生活在市场经济社会,孩子们的身上一定会打上现实社会环境的烙印,带有鲜明的时代特色。该书作者在给读者传授教育孩子的科学知识的同时,针对家长在教育孩子的过程中遇到的新情况、新问题,引导家长针对现实情况进行科学思考,更新教育观念,树立现代的教育思想,灵活地、创造性地运用教育方式方法。

二是坚持以素质教育为导向。该书坚持以素质教育为导向,以促进孩子在德、智、体、美、劳和个性方面得到全面发展为内容,引导读者认识到,培养教育孩子是一个系统工程,要全面关心、培养孩子,努力克服片面的"一半的教育"和畸形的"单打一"培养的倾向,为孩子身心协调发展和积蓄发展的后劲奠定基础。

三是坚持"以儿童为本"的原则。"以儿童为本"是"以人为本"在儿童教育中的具体体现。该书作者始终坚持尊重青少年和儿童的人格特征、年龄特征、个性特征和性别特征,从他们成长发展的实际需要出发,遵循教育的基本规律,促使青少年和儿童身心生动、活泼、主动地发展,充分体现了"以儿童为本"的教育思想。

四是坚持教育者和受教育者互动的原则。所谓"互动",就是教育者和受教育者相互交流、相互作用、相互影响。要使孩子从感情上乐于接受家长的教育，不能只是家长单方面强行"灌输"，孩子被动地接受。必须充分尊重孩子，注重调动、发挥孩子的主观能动性，促使孩子学会自我教育。只有充分调动教育者和受教育者的积极性才能使孩子心悦诚服，获得理想的教育效果。同时，在家庭教育过程中，也要加强孩子与家长的密切关系，促使家长进一步成熟。

五是体现了可持续发展的科学教育观。该书考虑得比较长远，不操之过急和急于求成，没有只顾眼前利益而忽视长远利益，没有以牺牲长远利益为代价的急功近利的浅薄教育思想。以增强青少年和儿童自我发展能力和发展的后劲为出发点，充分体现了"今天的教育不仅要有利于孩子今天的发展，更要有利于孩子的明天和后天，甚至一生的发展"这样一个可持续发展的科学教育理念。

该书文风朴实、语言明快、条理清晰、通俗易懂、雅俗共赏。李华锡努力做到从绝大多数家长的实际出发，把理论通俗化，把科学术语大众化，尽可能用一般家长看得懂、弄得明白、了解得清楚的语言表达，使读者感到这部书"立意深刻，表达通俗"，确实是"深入"而"浅出"，真正做到了文化水平低的家长读起来不觉得深，文化水平高的家长读起来也不觉得浅。

序二

孙云晓
中国家庭教育学会副会长
中国青少年研究中心二级研究员
教育部基础教育家庭教育指导专委会副主任委员

非常钦佩年轻记者李华锡，采访了66位专家、学者，从不同专业视角结合《家庭教育促进法》讲述育儿理念，这绝对是有助于促进家庭教育发展的大好事。

《家庭教育促进法》为什么值得深度解读？因为它关系到一代代未成年人能否健康成长，关系到教育强国能否实现，更关系到千家万户能否幸福。许多人都说，《家庭教育促进法》让"家事"上升为"国事"，这个说法固然不错，但更重要的是，《家庭教育促进法》引领家庭教育走出学校化和知识化的误区，回归以立德树人为核心目标的生活教育正道。如《家庭教育促进法》第2条所规定的："本法所称家庭教育，是指父母或者其他监护人为促进未成年人全面健康成长，对其实施的道德品质、身体素质、生活技能、文化修养、行为习惯等方面的培育、引导和影响。"

《家庭教育促进法》确立了三个关键性的原则：一是父母或者其他监护人"承担对未成年人实施家庭教育的主体责任"，并提出"五六九"要求，即做好家庭教育的五个要求、六项内容和九种方法；二是"各级人民政府指导家庭教育工作，建立健全家庭学校社会协同育人机制"；三是全社会协同支持家庭教育。毫无疑问，这三个原则具有重大而深远的意义，自然也是任重而道远的伟业。

读李华锡主编的《育儿大咖说：好父母应该这样做》一书特别令人欣慰，因为他不仅执着地报道家庭教育，更是尽心尽责地做一个好父亲，坚信"我在做一件让人变得幸福的事情，我自己是第一个感受到这种幸福的人"。

2021年1月2日，他当上了爸爸，开始关注家庭教育领域的新闻事件。两个月后的全国两会，他写出了第一篇家庭教育报道，是关于家庭教育立法的内容，登上了17个热搜热榜，阅读量超过了3亿人次。他发现，学习的家庭教育知识越多，掌握的育儿理念和方法也就越多，自己就越有可能成为一个好爸爸。于是，他读了100多本家庭教育的图书，采访了100多位专家、教师和家长，写了100多篇报道，掌握了许多家庭教育的规律和方法。现在孩子4岁了，李华锡自认为是一个称职的爸爸。他的家庭被评选为"首都最美家庭""北京阅读季书香家庭"。李华锡自身的家庭教育实践，进一步验证了教育是两代人共同成长的事业，美好的教育是幸福之源。

做了50多年的儿童教育，我有一个深切的感受，即今天的青少年儿童已经发出"强国有我"的呐喊，他们是强国一代，新时代需要强大的父母！教育伟大，是因为这是一种理性的爱，理性的爱成就强大的父母。主动承担起家庭教育主体责任，牢记并勇于实践《家庭教育促进法》的要求的，就是因理性而强大的父母！

我的工作单位中国青少年研究中心与李华锡的工作单位中国青年报社同属于团中央直属单位，能够看到团中央主管的新闻媒体的记者关注并深耕家庭教育领域，我由衷地高兴，因为我曾经也是一个媒体人。青少年是祖国的未来、民族的希望，共青团工作是助力青少年健康成长的工作。共青团参与家庭教育工作有其独特的优势，也是《家庭教育促进法》赋予的职责使命。基于这个缘由，我愿意力荐李华锡主编的《育儿大咖说：好父母应该这样做》。该书既是家庭教育工作者的案头必备书，也是广大父母教子有方的好帮手。

前　言

2021年1月20日,《中华人民共和国家庭教育法(草案)》(以下简称《家庭教育法(草案)》)正式提请第十三届全国人民代表大会常务委员会第二十五次会议审议,标志着家庭教育正式纳入国家教育事业发展规划和法治化管理轨道。

为此,在2021年3月召开的全国两会上,我采访了时任全国政协常委、民进中央副主席的朱永新先生和时任全国人大代表、北京师范大学中国教育政策研究院执行院长的张志勇先生。两位专家探讨了通过家庭教育立法破解育儿难题、高校家庭教育学科建设和人才培养、推动家庭教育公共服务体系建设等话题。我将这次采访整理成了一篇题为《家长"咆哮式"育儿如何约束　代表委员建议:为家庭教育立法》的报道,刊登在《中国青年报》上。

紧接着,这篇报道产生的话题"家长咆哮式辅导孩子作业犯法吗""建议家庭教育立法让父母持证上岗""委员称不打不成才误导了中国家长"登上微博热搜榜,在两三天的时间里,阅读量近3亿人次,同时也引起了网民对家庭教育立法和父母持证上岗的大讨论。"如何看待家庭教育立法""如何看待父母育儿需持证上岗""你支持父母育儿持证上岗吗"等话题登上多个热议榜。

这是我采写的第一篇家庭教育报道,由此产生的影响,我始料未及。据不完全统计,这篇报道登上了17个热搜热榜,被几十家新闻媒体转载、跟踪报道和发布评论,全网阅读量超3亿人次,对《家庭教育法(草案)》的审议、修改和《家庭教育促进法》的颁布、实施起到了一定的推动作用。这是2021年全国两会期间引起强烈反响的新闻报道之一,也是《中国青年报》和中国青年网关于家庭教育最有影响力的新闻报道之一。

此后的一年里,我开始常态化开展家庭教育报道,并密切关注家庭教育

的立法进程。2021年10月23日，习近平主席签署中华人民共和国主席令第九十八号，公布《家庭教育促进法》，自2022年1月1日起施行。自此，家庭教育从"家事"上升为"国事"，中国父母正式进入"依法带娃"时代。"依法带娃"这四个字甚至被写入2022年的"两高"工作报告。

兴奋之余，我产生了一个想法，开展《家庭教育促进法》的系列解读报道，邀请家庭教育专家围绕法律条文进行解读，使这部法律可以真正让老百姓看得懂、学得通、用得上，走进寻常百姓家，让"依法带娃"成为家长的必修课。

说起为什么要常态化开展家庭教育报道，做《家庭教育促进法》解读，主要有以下几个原因。

一是深入贯彻落实习近平总书记关于家庭家教家风建设的重要论述精神。党的十八大以来，习近平总书记在多个场合强调家庭家教家风建设的重要性。在《论党的青年工作》一书中，习近平总书记强调："希望大家注重家教。家庭是人生的第一个课堂，父母是孩子的第一任老师。孩子们从牙牙学语起就开始接受家教，有什么样的家教，就有什么样的人。家庭教育涉及很多方面，但最重要的是品德教育，是如何做人的教育。"

习近平总书记还对共青团等群团组织提出了具体要求。他强调："要结合自身特点，积极组织开展家庭文明建设活动。"《中国青年报》作为共青团中央机关报，中国青年网作为团中央官方网站、国内最大的青年主流网站，开展家庭教育报道，引导广大青年树立科学的家庭教育理念，正是对这一重要论述精神的具体实践。

二是《家庭教育促进法》赋予团属新闻媒体的神圣使命。《家庭教育促进法》对共青团和新闻媒体提出了更高的要求。提到共青团"应当结合自身工作，积极开展家庭教育工作，为家庭教育提供社会支持"，"广播、电视、报刊、互联网等新闻媒体应当宣传正确的家庭教育知识，传播科学的家庭教育理念和方法，营造重视家庭教育的良好社会氛围"。

《中国青年报》和中国青年网作为团属新闻媒体，开展《家庭教育促进法》解读报道，宣传正确的家庭教育知识，是法律赋予的神圣使命，理应积极落实。

三是家长期待《家庭教育促进法》能帮助自己缓解育儿焦虑。《中国国民心理健康发展报告（2017~2018）》显示，46.3%的受访国民有"教育孩子"方面心理健康知识的需求。2021年，中国青年报社社会调查中心的一项调查显示，57.0%的受访家长感觉平时在家庭教育上的困惑比较多，23.7%的受访家长感觉非常多，合计80.7%；94.7%的受访家长期待《家庭教育促进法》能帮助自己缓解焦虑。

四是近年来家庭教育问题日益凸显。随着我国社会转型速度加快，传统的家庭结构和功能发生深刻变化，家庭教育存在的问题日益凸显。未成年人犯罪和未成年人的合法权益受到侵害的事件时有发生。一些家长教育孩子时"鸡飞狗跳"和"伤娃伤己"的事件经媒体报道引起了网民热议。作为新闻工作者，有责任对这些家庭教育问题进行归类整合，深入解读分析，为家长提供科学、实用的家庭教育建议。

五是一些"伪专家"提出的育儿"秘诀"影响着家长的育儿观。现如今家庭教育的门槛太低，好像有了孩子就能讲家庭教育，孩子考上好大学就成了"专家"，可以分享成功经验。他们分享的经验、方法和"秘诀"很多并不具备科学性，也不正确，很容易误导家长，加重焦虑。有的人甚至把家庭教育指导当成生意，忽悠家长买课，让家长花了冤枉钱还学不到东西。作为新闻媒体记者，应该通过报道科学、正确的家庭教育理念和方法，正本清源，让家庭教育回归初心。

六是我在育儿中产生的疑惑期待得到解答。2021年1月2日，我的孩子七七出生了。我在养育孩子的过程中，产生了很多关于家庭教育的疑问。我觉得这些疑问也是大部分家长可能会遇到的，也希望通过科学权威的新闻报道得到解答。

在这几方面原因的促使下，2022年1月1日起，在中国青年报社和中国青年网的支持下，经过精心策划，我正式开启了《家庭教育促进法》的系列解读报道，以平均每周一篇报道的速度，开启了"普法之旅"。

截至2023年上半年，我已经发表了50余篇解读报道，采访了全国40余家高校、科研院所的50余位教授、研究员和专家学者，报道也引发了很大反响，尤其是在大中小学幼儿园教师和家长群体中，受到了广泛欢迎。中国青年网

也开始建立"中青网家教课堂"新闻专题，把系列报道全部收录进去，方便读者阅读。

这一系列报道因其内容科学、专家权威、观点新颖、可读性强，不少专家、教师和家长朋友建议结集出版。作为普法内容，我首先想到了中国法治出版社。本书的主要读者群体是0—18岁孩子的家长、中小学及幼儿园教师和家庭教育工作者。但图书出版和网络新闻报道不一样，除了要求内容具有科学性、成体系，更讲究可读性和实操性。

所以我对现有报道和一些已经策划还未开展的选题进行整合，梳理出家长、教师和家庭教育工作者普遍关注的66个法律条文，在保留现有报道的基础上，对部分内容重新邀请专家进行采访，争取每篇文章专访一位相关领域的权威专家解读对应的法律条文。

在本书的策划、采访、写作和编辑过程中，主要突出以下五个方面的特色：

一、专家的权威性

共有来自全国40多家高校、科研院所、家庭教育学术团体的66位专家学者接受了专访。其中，有40余位具有博士学位，近40位是教授或副教授，10余位是研究员。他们多数在国家级或省级家庭教育相关学术团体兼任职务，有的是会长和理事长，都是名副其实的家庭教育"大咖"。

受访专家中不乏享受国务院政府特殊津贴的专家、发展中国家科学院院士、国家重点学科带头人、中国心理学会认定的心理学家等。专家们的职业包括教师、律师、警察、检察官、医生等。这样高水准的专家队伍为本书的权威性提供了有效保证。

二、理念的科学性

众所周知，家庭教育是一门科学，也是一门艺术。家庭教育学是一门综合性很强的学科。人的成长，离不开教育。教育包括家庭教育、学校教育和社会教育，而家庭教育是教育的有机组成部分。研究家庭教育学必然要吸收、借鉴、反映多学科的研究成果。

此外，家长开展家庭教育和教师进行家庭教育指导需要具备多学科知识。本书的受访专家具有丰富的学科背景，包括从事家庭教育研究和实务的教育学、心理学、社会学、认知神经科学、医学、法学、伦理学、运动学、健康学等学科的专家。从专业的角度对相关法律条文进行解读,并提出建议和方法,为本书理念的科学性提供了有效保障。

三、知识的系统性

本书阐述了为什么要重视家庭家教家风建设。不仅介绍了科学的育儿理念和家教方法,还讲述了如何培养孩子的生活技能、加强品德建设、培养兴趣爱好、善于利用网络、养成良好习惯和注重身心健康等方面内容。

同时,专门介绍了家长如何打造温馨健康的家庭环境,并从法律角度,指导家长维护孩子的合法权益,关爱特殊家庭的孩子,以及教会孩子进行自我保护。此外,还专门编写了"参加家庭教育指导服务 促进'家校社'协同育人"一章,希望可以从多角度为家长、教师和家庭教育工作者赋能,提供系统化的内容。这样的内容结构,为本书的系统性提供了有效保障。

四、内容的可读性

为了增强本书内容的可读性,我们尽可能使图书排版活泼跃动,除正文外,每篇文章还增加了与主题相关的几个板块,包括"大咖来了""育儿贴士""案例分享",有的文章还增加了"数据说话"板块。

"大咖来了"是专家简介,展示了专家的权威性,同时也让读者了解专家研究的领域和身份信息。"育儿贴士"摘取了文中的核心观点,放在文章的开头部分,希望读者通过阅读这一段内容,可以了解所探讨话题的重要性和必要性。"案例分享"选取了与话题相关的正面或反面的案例,大多数是基于真实的新闻报道案例和真实事例改编的案例。为了保护个人隐私,特别隐去了人物的姓名等可识别的信息。

"数据说话"选取了与话题相关的调查、实验、科学研究成果,主要是新闻媒体或权威机构开展的问卷调查,以及专家学者开展的调查。多是从新闻报道、学术论文和调查报告中摘取的。这样的内容编排,为本书的可读性提供了有效保障。

五、方法的实操性

市面上的很多家庭教育图书只教给家长方法，不讲原因，只展示正确的，不展示错误的。家长们也寄希望于学会"几招"就可以"搞定孩子"，从而更加陷入了"头痛医头，脚痛医脚"的误区。

解决家庭教育问题，不仅要知其然，还要知其所以然。不能只了解如何解决孩子的问题，而不清楚孩子为什么会有这样的问题，这些问题会对孩子造成哪些影响，以及家庭教育中有哪些错误的理念和方法。

为此，本书介绍了家庭教育理念和方法对于孩子成长的意义和作用，分析了错误的家庭教育理念和方法对孩子造成的影响，列举了家长在开展家庭教育时容易走入的误区，最后从多个角度给家长一些切实可行的方法和建议。

中国父母进入了"依法带娃"时代，"依法带娃"中的"法"，既包括《家庭教育促进法》，又包括家庭教育的原则和方法。开展家庭教育，既要遵从法律，又要讲究方式方法。而且，法律是行为的底线。希望读者朋友通过阅读书中66位"大咖"解读的家庭教育内容，可以真正了解并掌握家庭教育的底层逻辑，真正做到知法、懂法、尊法、守法、学法、用法，最后走上普法的道路。

该书的内容从想法的提出，到开展系列报道，再到编辑出版，历时近3年。2024年10月23日是《家庭教育促进法》公布3周年，2025年1月1日是该法实施3周年，希望这本书可以为中国家庭教育进入"依法带娃"新时代3周年献礼。

希望本书的出版可以为新时代家庭教育这一池春水注入新的活力，让它泛起一丝涟漪。希望这本书真的可以做到宣传正确的家庭教育知识，传播科学的家庭教育理念和方法，营造重视家庭教育的良好社会氛围。

希望每位家长、老师和家庭教育工作者，都能够"依法带娃"，持"证"上岗。

李华锡

目 录

001 | 第一章
重视家庭家教家风　学习科学育儿理念

家庭教育对孩子影响深远，学校教育和社会教育无法代替	/ 002
不是有了孩子就会做父母，父母要做好孩子的第一任老师	/ 007
父母是家庭教育的第一责任人，承担生命责任和社会责任	/ 011
如果只积累家产不重视优良家风建设，家庭很难兴旺发达	/ 016
用科学的理念和方法教育孩子，是新时代父母的迫切需求	/ 021
其他家庭成员协助父母育儿要携手同行，不可以越俎代庖	/ 026
父母好好学习孩子才能天天向上，因为好父母是学出来的	/ 030
考上大学不意味着孩子成才成功，家长要有正确的成才观	/ 034

039 | 第二章
运用合理方式育儿　遵循科学家教方法

想要给孩子完整的爱，父母要亲自养育，不做"甩手掌柜"	/ 040
父亲给孩子最好的爱不是赚很多钱，而是陪孩子一起成长	/ 045
父母教育孩子要抓住时机，要在生活中随时随地进行引导	/ 051
父母自身没有树立好标准，是对孩子言传身教的最大障碍	/ 056
父母的教养方式决定孩子的人生起跑线，严慈相济是关键	/ 060

父母要尊重孩子个体差异，谨慎跟"别人家的孩子"比较　　　/ 065
孩子成长中出现的问题，很可能源于亲子间的不平等交流　　/ 070
父母要努力与孩子共同成长，不要把眼睛只盯在孩子身上　　/ 074

079 | 第三章
培养必备生活技能　养成良好行为习惯

要想培养孩子具有家庭责任感，家长要经常带孩子做家务　　/ 080
家长不要只关注孩子的学习，而忽略对其生活技能的培养　　/ 085
培养孩子的时间管理能力，家长的正确引导比催促更有效　　/ 089
培养孩子良好的学习习惯，家长不要成为添堵者或破坏者　　/ 094
幼儿期是养成生活习惯的最佳时期，为孩子一生打下基础　　/ 099
孩子的行为习惯不能靠说教来培养，要努力在实践中养成　　/ 103

109 | 第四章
打造温馨健康家庭　加强思想品德建设

好的家庭文化，可以为孩子一生的幸福奠定良好人文基础　　/ 110
很多家长努力打造家庭硬环境，但起决定作用的是软环境　　/ 115
好的家庭关系就是好的家庭教育，主要的体现是文明和睦　　/ 119
教育孩子遵守社会公德，家长一定要以身作则，做好示范　　/ 124
孩子从小养成的良好家庭美德，会自然而然地变成好习惯　　/ 129
如果没有好的品德，孩子学习成绩再好，也难免出现问题　　/ 134
培养孩子爱国不是可有可无的事情，家长扮演着重要角色　　/ 139

145 | 第五章
培养广泛兴趣爱好　避免孩子沉迷网络

培养孩子的兴趣爱好不等于上兴趣班，家长要少些功利心　　/ 146
家长错误的观念，会使孩子错失培养健康审美的最佳时机　　/ 151
不具备体育专业技能的家长，也可以指导孩子科学地运动　　/ 156

培养孩子科学素养，家长要先提升自己的科学素养和水平　　　　　　／161
要想未来不被机器取代，就要培养孩子的创新意识和能力　　　　　　／166
孩子面临网络安全问题，家长绝不能因噎废食和谈网色变　　　　　　／170
预防孩子网络沉迷，家庭是第一道防线，家长负主要责任　　　　　　／175
如果孩子长期学习负担过重，就会影响其身心健康的发展　　　　　　／180

185 | 第六章
注重身心健康发展　关爱特殊家庭孩子

家长要想保障孩子的饮食营养均衡，关键要做到平衡膳食　　　　　　／186
父母与孩子朝夕相处，在家庭中开展好生命教育责无旁贷　　　　　　／191
孩子睡眠不足会影响学习，还会出现各种各样的情绪问题　　　　　　／196
心理健康关乎孩子终身发展，有问题要及时寻求专业支持　　　　　　／202
家长要了解孩子的身心发展规律，才能帮助孩子健康成长　　　　　　／207
对留守儿童来说，父母的积极沟通和陪伴就是最好的关爱　　　　　　／212
父母分居或离异后要保持联系，共同承担教育孩子的责任　　　　　　／217
父母委托他人照护孩子，自己仍是家庭教育的主要责任人　　　　　　／222

229 | 第七章
坚决维护合法权益　教会孩子自我保护

所有孩子生来平等，不能因身体或家庭情况受到任何歧视　　　　　　／230
孩子遭受或目睹家暴，会对其身心健康造成不可逆的伤害　　　　　　／235
家长无知，孩子就容易成为违法和违反公德活动的"工具"　　　　　／239
保障孩子的合法权益不受侵犯，需要"家校社"群策群力　　　　　　／244
孩子缺乏法治意识，不仅无法保护自己，还可能违法犯罪　　　　　　／248
家长反省自身的行为，是避免孩子遭受欺凌的最有效方法　　　　　　／252
家长是预防儿童遭受性侵犯的第一责任人，必须履行责任　　　　　　／257
家长对孩子进行防溺水教育永远不嫌早，关键时刻能救命　　　　　　／263
道高一尺，魔高一丈，对孩子进行防诈骗教育应常抓不懈　　　　　　／268

世上有鲜花也有大灰狼，家长要尽早对孩子进行防拐教育　　/ 273
没有安全，孩子就不能健康成长，家长要教孩子自我保护　　/ 278

283 | 第八章
参加家庭教育指导服务　促进"家校社"协同育人

中小学、幼儿园开展家庭教育指导，对孩子成长至关重要　　/ 284
居委会和村委会的育儿指导，为父母的家庭教育保驾护航　　/ 288
婴幼儿家长接受家庭教育指导，可以更好地促进孩子成长　　/ 293
家长要主动接受医疗保健机构的指导，促进孩子健康发展　　/ 297
公共文化机构开展的精品活动，可以为家庭教育赋能助力　　/ 301
家长缺乏科学的育儿理念，要主动参加家庭教育指导服务　　/ 305
"家校社"协同，育人是核心，协同是关键，机制是保障　　/ 310
"家校社"协同，家长要主动与学校联系，用好社区资源　　/ 314
学校对家庭和社会不应发号施令，而应共担使命协同育人　　/ 318
"家校"是协同育人主体，有社会助力才能发挥最大效能　　/ 323

附录：《中华人民共和国家庭教育促进法》　　/ 329
后　记　　/ 339
参考文献　　/ 343

第一章

重视家庭家教家风
学习科学育儿理念

家庭教育对孩子影响深远，学校教育和社会教育无法代替

大咖来了

徐凡，北京市家庭教育研究会会长，北京出版集团父母必读杂志社原主编，北京出版集团少年科学画报杂志社原主编。

育儿贴士

有些父母认为只有自己在说孩子的时候才是教育者，其他的时候不是。家庭是孩子的第一个课堂，父母是课堂里的教师。因此，家庭教育特别需要教育者自身拥有"我们不仅仅是父母，我们也是教师"的意识，因为我们的一言一行、一举一动，都在影响着我们的孩子，都是孩子最初的学习资源。

案例分享

明明已经上幼儿园，因为在家里一直都是爸爸妈妈或爷爷奶奶喂饭，所以还不会自己吃饭。家人曾尝试过让明明自己吃饭，但是他自己吃饭的速度比较慢，饭菜容易凉，并且他会把食物残渣弄到衣服上和桌子上。如果喂饭的话就会吃得又快又干净，所以明明一直没有培养起自己吃饭的能力，而是习惯被哄着喂饭。进入幼儿园后，老师耐心教小朋友自己吃饭，一段时间后幼儿园的大部分小朋友都会自己吃饭了，明明进步却很慢，原来，明明一回家，就又回到"衣来伸手、饭来张口"的状态，很难有所成长。

» 家庭教育对孩子的深刻影响，学校和社会教育无法代替

从出生的那一刻起，孩子就会受到来自家庭的各种影响。虽然几乎每个家长

对孩子的未来都有美好的期望，但我们看到，来自家庭的影响有些是积极的，有些是消极的。

教育是培养新一代准备从事社会生活的整个过程，凡是增进人们的知识和技能、影响人们的思想品德的活动，都是教育。《家庭教育促进法》第2条对家庭教育有明确的界定，即"家庭教育，是指父母或者其他监护人为促进未成年人全面健康成长，对其实施的道德品质、身体素质、生活技能、文化修养、行为习惯等方面的培育、引导和影响"。

孩子生活在家庭里，对世界的认识是从这里开始的，学习做人也是从这里开始的，父母或其他监护人的一言一行、一举一动，都在影响着孩子，构成了孩子最初的学习资源。因此，家庭天然构成了孩子的第一个课堂，而父母或其他监护人也天然成为孩子的第一任老师。

在家庭中，亲子之间的纽带是爱的情感与信任，教育者与被教育者之间的亲密联系是任何其他教育机构无法替代的。孩子最初人格的形成也是以这种亲子关系为基础的。

在人的成长过程中，家庭教育的作用是独特且十分重要的。特别是0—6岁，这是一个人身心发展的关键时期，孩子主要接受的是家庭教育。从会抬头、会翻身到会跳跃、会奔跑，从咿呀学语到自如交流，从等着家长去哺喂到能帮助家里布置餐桌……孩子的生活习惯、语言能力、规则意识、价值观念等都有了巨大进步，孩子的体能、智能和社会适应能力都为他进一步走向社会奠定了基础。可以说，家庭教育给孩子带来的深入骨髓的影响，是任何学校教育和社会教育永远代替不了的。

» 家庭教育的课堂是家庭生活，家长在教育过程中存在的误区

家长常常忘记自己是"教师"

家庭教育是生活教育，是在生活中进行的。因此，家庭教育特别需要教育者自身拥有"我们不仅仅是父母，我们也是教师"这样的意识，因为我们的一言一行、一举一动，都在影响着我们的孩子，都是孩子最初的学习资源。

有些家长会认为自己只有在说孩子的时候才是教育者，其他的时候不是。比

如有的家长怕孩子近视，不让孩子看手机，但缺乏对自己的约束。在孩子眼中，家长总是盯着手机看，于是，孩子也对手机特别好奇。

孩子力气小，拿不到的时候没办法，一旦手机到手，他还没有养成正确的用眼习惯，无节制地看手机、玩游戏就开始了。家长发现问题时往往会一脸无辜地问："我和他说过好多遍，他怎么就是不……"

怕孩子出问题，所以限制孩子的活动

孩子安全成长，是所有家长最基本的愿望。但安全成长其实并不容易，至少需要克服多方面的困难。我们不仅要保护好孩子的身体安全，还要给孩子心理上的安全感。身体的安全是容易看到的，防护措施也容易想到。

但心理上的安全感我们有时候会忽略，甚至有时候还会为了身体的安全给孩子下很多禁令，让孩子觉得这个世界似乎危机四伏，从而变得缩手缩脚。

对此，更好的做法是根据孩子的能力，给孩子设置相对安全的环境，鼓励孩子安心探索，让他知道，我们离他并不远，他需要时会来帮助他。

在成长过程中，家长要根据孩子的能力慢慢地把安全的主控权交给孩子。放手，对父母来说有时是困难的。这时需要有这样的信念：孩子在我们眼前发生的这些小磕碰，是我们可以为之疗伤的，而且这个过程也会为他将来减少大的磕碰积累经验值。孩子会明白，他必须对自己的安全负责。

难以把握孩子的发展规律性和个体差异性

邻家孩子的情况往往是家长最容易用来衡量自家孩子发展的标准。孩子小的时候，家长的心情往往因孩子在某些方面相比邻家的孩子是强还是弱而起伏不定。孩子进入学龄期后，要比较的方面还会加上孩子的成绩。

到底要不要比较一下呢？如果简单比较，或许并不能反映出孩子的发展情况。如果完全不比较，有可能会使家长难以发现孩子的问题，错过矫正的机会。比较好的做法是，要根据发展的规律来做监测。

比如身高，某一天的数值并不能说明太大问题，但一段时间的发展曲线，就能够反映出这段时间的生长情况。如果出现问题，就可以及时进行调整。

因此，了解孩子的身心发展规律，了解自家孩子的个体特点，这两者结合，对于综合评估孩子的发展状况十分重要。

新手父母不怕走弯路，可怕的是走进了歧途而不自知

实际上，每个家庭都难免走进家教误区，尤其是新手父母，因为是第一次，带有尝试性。而且，即使有人是在养育二孩，他的经验也不一定有效。因为首先是环境变了，家里已经有了一孩的存在；其次是二孩的脾气秉性可能和老大不一样；最后是家长自己也在变化。面对这么多变化，很难说和孩子的交流不会走弯路。

走弯路不可怕，可怕的是，走进了歧途而不自知，不能走出来。学习一些关于孩子发展的知识，会帮助家长在一个新的高度反观自己的教育，少入误区。更重要的是，家长从误区中走出来后，要把在误区中的经历转变成自己和孩子成长的资源。这样，家长不仅有可能消除在误区中给孩子造成的负面影响，还可能让彼此都有新的超越。

» 营造好家庭"课堂"，需要家长重视家庭家教家风建设

家长要认识到家庭建设的重要意义，提高家庭建设能力

家庭建设不仅为家庭教育打造了理想的教育环境，还构建了和谐的亲子关系。家庭生活和家庭文化是家庭教育的重要支柱。为了提高家庭建设能力，家长要从自身做起。比如父母要相互尊重和理解，避免在出现问题时相互指责。要学会有效沟通和相互支持，从而为孩子树立良好的行为榜样。

此外，家庭可以制定一些规则，例如设定每日的交流时间、固定的志愿服务时间、每周的家庭会议，以及定期的亲子活动，以激发孩子的积极性，并让他们参与到家庭建设中来。这样，家长在与孩子的互动中，将更加深刻地感受到家庭建设的重要性。

家长要重视家庭教育，掌握家庭教育方法，营造良好家庭环境

家庭教育是一个复杂而系统的过程，仅仅了解一些家庭教育方法是不够的。家长还需要为孩子的发展提供一个健康的家庭环境。为了实现这一目标，家长需要了解家庭教育的特点和规律，并认识到家庭教育主要通过家庭氛围的熏陶来发挥作用。家庭教育渗透在日常生活的点点滴滴中，家长的一言一行及家庭成员的关系都会对孩子的成长产生影响。

要有意识地总结优良家风,把好家风一代代传承下去

家风家训是家庭建设的重要组成部分。每个家庭都有自己的独特文化和优良传统。家长可以回顾祖辈的家庭文化,挖掘其中的精华部分,并结合现代家庭教育的理念和实践,形成自己的家风。

同时,也可以借鉴古代名家的家风家训,如颜氏家训等,以及现代一些家庭的优秀做法,来丰富和完善自己的家风。通过传承优良的家风,家长可以为孩子的成长提供强大的精神支持和道德指引。

第一章 重视家庭家教家风 学习科学育儿理念

不是有了孩子就会做父母，父母要做好孩子的第一任老师

大咖来了

李燕，博士，上海师范大学学前教育学院副院长、教授，上海师范大学学前儿童发展与教育研究中心主任，中国高等教育学会家庭教育学专业委员会副理事长。

育儿贴士

孩子成长于家庭，其掌握的社会规范、人际交往技能、行为模式、情绪管理模式，以及处理冲突的方式、对他人的信念、对友谊的态度等，都与父母的言传身教和熏陶有关，所以父母是孩子的第一任老师。

案例分享

一段给妈妈洗脚的电视公益广告曾影响了几代人。广告中，妈妈晚上给孩子洗脚时讲着"丑小鸭"的故事，然后让孩子在床上等待，妈妈端水给婆婆洗脚。懂事的孩子悄悄观察着，当这位妈妈回房，惊讶于孩子不在时，回头却看见孩子踉踉跄跄端着一盆水笑着走过来，并说："妈妈，洗脚"，然后孩子边给妈妈洗脚，边说："妈妈，我也给你讲小鸭子的故事。"广告旁白："其实，父母是孩子最好的老师。"

» 孩子成长过程中的行为举止，与父母言传身教和熏陶有关

孩子成长于家庭，其掌握的社会规范、人际交往技能、行为模式、情绪管理模式，以及处理冲突的方式、对他人的信念、对友谊的态度等，都与父母的言传身教和熏陶有关。

作为孩子的第一任老师，父母要考虑老师应该教什么。父母应该通过良好的语言环境和丰富的认知刺激，为孩子的语言和认知发展提供启蒙教育。为孩子提供社会互动经验，帮助孩子学习情绪知识和情绪调节技能，形成规则意识，学会交朋友，建立并维持与他人积极愉快的关系，并且让孩子在冲突中学会处理问题的方法等。

父母在日常生活中的言传身教对孩子的成长和教育有着直接影响，他们在日常生活中就是孩子的榜样和导师。因此，父母作为孩子的第一任老师，承担了教育孩子的重要责任。他们的教导和引导对孩子的个性发展、价值观念形成和学习能力培养有着深远的影响，为孩子的全面成长奠定了重要基础。

» 不是有了孩子就会做父母，家庭教育容易存在的误区

过度重视学科知识，忽略了孩子认知能力的发展

从教育内容来说，一些父母过度重视学科知识，只注重孩子学到了什么，尤其是与学科相关的，而忽略了孩子认知能力的发展，忽略了孩子的人际交往、情绪控制与表达、问题解决等品质和能力的培养。而教学方法上的误区更多表现在用简单粗暴的方式说教，进行行为控制、心理控制或者替代孩子解决问题。这样都会妨碍孩子试错、反思与成长，也不利于孩子积极品质的获得和乐观向上的生活态度的养成。

过度保护、控制和过分追求完美

有些父母可能过于关心孩子的安全，导致过度保护和控制孩子，限制了他们独立探索和成长的空间。有的父母可能期望孩子完美无缺，对孩子有过高的期望，忽视了孩子的个性和兴趣，给孩子造成不必要的压力。

简单粗暴的教育模式和传统僵化的教育观念的限制

一些父母可能只注重学业成绩，忽视了孩子的兴趣爱好和其他方面的发展，将教育局限于单一的领域。一些父母可能受到传统教育观念的限制，沿用过去的教育方式，而不顾及当代社会环境下孩子的需求。

比较与竞争观念和过度干预与指导

有些父母可能陷入与其他家庭孩子的比较和竞争之中，过于强调排名和成

绩，而不关注孩子的个人成长和幸福感。有时父母可能过度干预孩子的学习和行为，不给予他们足够的自主空间和发展自由，限制了他们的成长和创新。

这些问题和误区可能影响孩子的健康发展，限制其个性和潜能的发掘。因此，父母需要时刻关注自己在孩子教育中的角色和作用，尊重孩子的个性，给予其足够的支持和鼓励，创造一个积极、鼓励探索的教育环境。

» 父母要做好孩子的第一任老师，需要做多方面的准备

要建立成功的亲子关系，经常用语言和肢体表达爱

父母要给孩子提供一个有爱和安全的家庭环境，提供一个可以避开外界压力的安全港湾。让家成为能够包容孩子的场所。

要经常对孩子说"我爱你"。尽管一些孩子，特别是青少年，有可能意识不到父母的爱，甚至不会对此作出相应的回报。但父母应该让他们听到这句话。这句话会给他们力量、情绪安全感和自我价值感，所以请经常对孩子说"我爱你"。

对孩子做得正确的事情给予一定的表扬和鼓励。用话语表达对孩子的在乎和肯定，让孩子的脸上多一点微笑，也让他们更清楚父母的期望。

用肢体表达自己对孩子的爱。用一个拥抱、击掌，抑或轻拍一下手臂等适当的肢体交流来表达自己对孩子的爱。需要注意的是，不要强迫自己去做这些事情，特别是对于一些正处于对父母的这种关爱方式感到不自在的年龄的孩子。

多花点时间和孩子相处。好好计划，尽量腾出时间给孩子过生日，参加孩子的运动会、公开课或其他重要的学校事务。更多的时候，与孩子面对面亲密交流胜过任何昂贵的礼物。

给予孩子一定的限制和要求，帮助其走向独立。让孩子知道父母设置规则的原因，并一起商讨、制订出折中的方案和违规时的处理方式。

要探索和分享家庭乐趣，陪孩子一起做

探索家庭乐趣的秘密是寻找能吸引孩子和父母一起进行的活动。父母可以陪孩子一起为朋友和亲人精心制作卡片或信件，拍照或者制作家庭录像，建造一个娃娃的家、小鸟的家、树房子或者游戏屋，一起研究拼图游戏中遇到的障碍，一

起收集钱币或邮票，或者出游的机票和火车票等。

带孩子一起购物，在公园野餐，烤新式餐点，参观机场，在花园栽种，一起洗车，一起去动物园，一起去钓鱼、钓龙虾，一起去图书馆、书店或者去咖啡馆看书等。

选择适当的惩罚方式，要惩罚其行为本身，而不是孩子

当孩子不守规矩的时候，父母应该知道用恰当的方法来惩罚他。惩罚的时候，要向孩子传递父母很爱他而且很在乎他是否快乐，但因为违规，他需要付出代价或接受惩罚。惩罚是为了让孩子反思错误并接受教训，如果惩罚太严重，孩子的注意力将会集中在惩罚本身而不是自己所犯的错误上。

要让孩子清楚地知道规则和结果。只有当孩子不遵守已经立下的规矩时才惩罚他。不要"秋后算账"，也不要让孩子为你们未曾讨论过的事项负责。

最好及时进行惩罚，并且要有清晰的规则，联系实际情况考虑惩罚的实施。比如，当孩子没有事先询问父母的意见就去朋友家玩，那么孩子放学后的娱乐时间将被取消。当孩子意识到事情的前因后果时，必要的惩罚才行之有效。

要注重安全。当孩子做出对自己或他人有危险的行为时，要进行惩罚。尽量减少体罚和辱骂。因为这样会使孩子感到生气而不是后悔。要根据行为的严重程度来调节惩罚的轻重。

要斥责其行为本身，而不是孩子。当孩子做错事时，要指出这样做是不恰当的、不好的，而不是责骂孩子，使他有罪恶感或令他感觉自己没有价值。

父母是家庭教育的第一责任人，承担生命责任和社会责任

大咖来了

孙云晓，中国家庭教育学会副会长，中国青少年研究中心二级研究员、家庭教育首席专家，教育部基础教育家庭教育指导专委会副主任委员。

育儿贴士

父母能否教育好孩子不在于学历、收入和社会地位，而是取决于教育素养，即教育理念、教育方法、教育能力三个要素，这是父母履行家庭教育主体责任的关键性条件。在拥有了正确的教育理念后，方法和能力就是父母胜任力的关键。

案例分享

2023年11月，黑龙江高院发出了一份家庭教育令。刘某和李某两次诉请离婚，两个孩子表示愿意与父亲刘某一起生活，原审法院将抚养权判给了刘某。可是，刘某平时对两个孩子要求过于严厉，并且李某在探望孩子时，刘某也拒不配合，李某因此将孩子带至外地，父母双方开始争夺抚养权，致使两个孩子原本正常的义务教育中断。法官向双方送达了家庭教育令，要求父亲刘某在家庭教育中注重方式方法，严慈相济；要求母亲李某正确行使家庭教育权利，给予孩子来自母亲的关爱，要与学校老师多联系、多沟通，了解孩子在学校的学习表现。

数据说话

《2022年中国家长教育素养状况及提升策略》显示：在家庭教育分工中，母亲教育为主的家庭占42.5%，父亲教育为主占4.8%，父母共同教育占41.9%，

父母和祖辈共同教育占7.4%，家中老人教育为主仅占1.9%；在角色意识方面，非常赞同和基本赞同"我认为家庭教育的主体责任应由父母担当"的比例合计94.0%；在角色认同方面，非常赞同和基本赞同"我认为做父母是人生特别重要和有意义的事"的比例合计97.3%。①

» 人的教育仅靠学校难以完成，要发挥家庭和社会的作用

《家庭教育促进法》强调父母或者其他监护人应当承担对未成年人实施家庭教育的主体责任。有些父母可能会有疑问：把孩子送进幼儿园和学校，教育主要由老师负责了，我们又不懂什么教育，怎么有能力承担起教育孩子的责任呢？

如朱永新教授的分析，随着工业革命带来的学校制度的建立，家庭的确开始把自己的教育权让给学校。一方面是由于父母尤其是母亲就业的大量增加，许多母亲成为职业女性，没有时间和精力教育孩子。另一方面是由于学校教育相对专业化，有系统的教育大纲、教科书、班级授课制度、受过专业训练的教师，在教育上有着天然的优势。甚至有些父母会对老师说："老师，孩子交给您了，该打就打，该骂就骂。"这些情况说明，文明的发展有一个过程，过去人们对教育的理解比较狭窄和肤浅。

今天的世界已经进入信息化时代，人们越来越发现，人的教育仅仅依靠学校是难以完成的，必须发挥家庭教育和社会教育的作用，形成家庭、学校、社会协调一致、相辅相成的教育体系。

中国的教育实践还让我们意识到，家庭教育、学校教育和社会教育都以立德树人为根本任务，但三种教育具有不同的性质与实现途径，即家庭教育的本质特点是生活教育，学校教育的本质特点是学科教育，社会教育的本质特点是实践教育。

学校有指导家庭教育的责任，但家庭教育学校化和知识化是一个误区，必须回归家庭生活教育的正道。《家庭教育促进法》有一个显著的亮点，就是摆

---

① 霍雨佳、李一、李育倩等：《2022年中国家长教育素养状况及提升策略》，载《中华家教》2023年第3期。

脱家庭教育是学校教育附庸的地位，让家庭教育真正成为一种独具魅力的生活教育。

» 家庭教育要在日常生活中进行，用美好教育提升生活质量

什么是主体责任？简而言之就是第一责任，也是主要责任。《家庭教育促进法》提出，家庭是第一个课堂、家长是第一任老师。这两个"第一"言简意赅地说明了父母或其他监护人为什么要承担家庭教育的主体责任，要求父母或其他监护人要"用正确思想、方法和行为教育未成年人养成良好思想、品行和习惯"。

当然，家庭这个课堂是生活的课堂，父母作为老师是生活的老师。正如著名教育家陶行知所说："好的生活就是好的教育，坏的生活就是坏的教育。"

树有根，水有源，父母或其他监护人为什么要承担家庭教育的主体责任？可以从两个最基础也最直接的方面来理解：一是生命责任，二是社会责任。

先说生命责任，是父母的爱情孕育了新的生命。新的生命最需要父母的呵护与照料，父母的亲自养育最有利于孩子的成长。再说社会责任，孩子都会逐渐长大并走向社会，而家庭教育尤其是家风是最深远、最持久的影响。

孩子能否学会做人，父母是第一责任人。将生命责任与社会责任结合起来看，又可以发现养和育的关系密切相连，育以养为前提，没有养就没有育。亲子依恋关系对家庭教育成败得失影响巨大。

» 父母承担的家庭教育主体责任既重大又具体，需要落到实处

教育素养是父母履行家庭教育主体责任的关键性条件

生活实践告诉我们，父母能否教育好孩子不在于学历、收入和社会地位，而是取决于教育素养，即教育理念、教育方法、教育能力三个要素，这是父母履行家庭教育主体责任的关键性条件。在拥有了正确的教育理念之后，方法和能力就是父母胜任力的关键。

儿童利益最大化，怎么做对儿童发展有利就怎么做

家庭教育有两个重要原则：一是要从孩子身心发展的实际出发，二是要尊重未成年人的权利，即生存权、发展权、受保护权和参与权。这是教育孩子的原则

与前提，也是教育孩子最根本的方法。简而言之，可以概括为家庭教育的方法就是儿童友好的方法，即儿童利益最大化，怎么做对儿童发展有利就怎么做。

发挥父母的榜样作用，培养孩子良好的道德品质和身体素质

立德树人是家庭教育的根本任务，也是父母的第一责任。希望父母以身作则把住第一关，从细小的事情做起，教孩子学会做人。父母要为孩子做榜样，并且以此来逐渐形成良好的家风。同时，对孩子的健康高度负责，提高孩子的身体素质。

父母都希望孩子身心健康，但是面对学业竞争，有些父母担心孩子落后，往往就会忽视甚至牺牲孩子的健康来拼学习，加上许多学校课业负担重，导致孩子健康出现危机。如何提高孩子的身体素质呢？科学研究告诉我们，良好的身体素质取决于充足的睡眠、合理的营养和适当的运动。

坚持生活教育，提高孩子的生活技能

《家庭教育促进法》将"生活技能"作为家庭教育的核心内容之一，就是表明家庭教育主要是生活教育，父母要坚持生活教育，提高孩子的生活技能。

需要注意的是，生活技能不仅仅指家务劳动的技能，也包括自我管理、关爱家人、人际交往、应对危机等多方面的能力。当然，孩子的家庭教育要坚持由近及远和由小到大的原则。所以，从家务劳动入手，教孩子学会做饭和洗衣服，提高最基本的生活技能，承担起家务劳动的一份责任，是极为必要的生活教育。

积极创造条件，提升孩子的文化修养

文化修养与家庭文化密切相关，而家庭文化是指一个家庭在日常生活实践中，家庭成员的价值观念、行为方式、互动关系及其在互动过程中形成的家庭制度、家庭风气等方面的总和。

家庭文化应该包括三个基本要素：一是价值观，二是家庭成员的行为模式，三是家庭的情感氛围。随着生活水平和受教育水平的提升，许多父母越来越重视家庭文化建设。最为普遍的现象就是亲子共读深入人心。还有很多父母支持孩子学习琴棋书画，带孩子旅行也蔚然成风。

以持之以恒的精神，培养孩子养成良好习惯

细心的人会发现，《家庭教育促进法》中多次强调"尊重"和"习惯"，这或许说明了一个深刻的道理，没有尊重就没有教育，而没有养成习惯则健康成长无法得到保障。由此可见，培养孩子养成良好的习惯，是家庭教育的必修课，也是父母极为重要的责任。

如果只积累家产不重视优良家风建设，家庭很难兴旺发达

大咖来了

赵忠心，北京师范大学教授，中国家庭教育学会原副会长，中国教育学会家庭教育专业委员会名誉理事长。

育儿贴士

如今很多年轻人，竟然不知道家风为何物。很长一段时间以来，人们谈得最多的，不是家风好不好，而是家产多不多。一个家庭只重视家产的积累，而不重视优良家风的建设，是没有远见卓识的。如此，儿孙不会健康成长，家庭很难兴旺发达。

案例分享

中学生下晚自习回宿舍的路上，几个男生相互打闹、推搡，不小心把一名女生推倒，女生头部撞在楼道的墙上，头部撞破，脸部擦伤。女孩的爷爷虽然很心疼，但得知几个男生并不是故意的，就嘱咐儿子："既然不是故意的，不要跟那几个男生较劲，也不要难为学校。"儿子说："爸爸您放心，我会妥善处理问题的。"学校征求家长的处理意见，女生的父亲只是建议今后加强这方面的教育，没提其他的任何要求。学校和肇事者的父母感激女生家长的豁达、大度、包容，几个肇事者也纷纷向女孩诚恳道歉。

数据说话

《2022年中国家长教育素养状况及提升策略》显示：在家风家训方面，仅有11.2%的家长表示"有明确的家风家训，会用在教育孩子上"，大部分家长

（61.0%）表示"没有明确的家风家训，但家中有做人做事的规矩和要求"，也有25.2%的家长表示"都没有"。可以看出，父母在家风营造方面的能力仍显不足。[①]

» 家庭不重视优良家风建设，是没有远见卓识的

中国历来有重视家训、家风的传统，"忠厚传家久，诗书继世长"，在传统社会，这是中国大多数家庭、家族推崇的经典家训、家风，常常以楹联的形式出现于居家的门厅中，以对家人、后代的心灵进行潜移默化的启迪、规范、教化、引导和塑造。

在我国，家风本来是妇孺皆知、耳熟能详的一个词语。让人感到疑惑的是，如今很多年轻人，竟然不知道家风为何物。很长一段时间以来，人们谈得最多的，不是家风好不好，而是家产多不多。一个家庭只重视家产的积累，而不重视优良家风的建设，是没有远见卓识的。如此，儿孙不会健康成长，家庭也很难兴旺发达。

为什么要注重家风建设？注重家风建设不仅对家庭建设具有重大的意义，更有重大的社会意义。这两个重大意义回答了注重家风建设的重要性。

加强家风建设对于家庭来说，有很强的现实意义。一个家庭的优良家风，对家庭成员来说，犹如良好的家庭生态环境。生活在这样的家庭里，家庭成员如沐春风，家庭也会和谐美满，兴旺发达。

» 家风建设对于家庭建设和家庭教育来说，意义重大

家风决定孩子是茁壮还是孱弱

家风之于孩子，就像土壤之于禾苗，决定着孩子是茁壮还是孱弱。良好的家风可以使年轻一代身心健康成长，朝着积极的方向发展，而不良的家风会导致年轻一代"营养不良"，甚至走向歧途。

[①] 霍雨佳、李一、李育倩等：《2022年中国家长教育素养状况及提升策略》，载《中华家教》2023年第3期。

家风对家庭成员起到潜移默化的作用

生活在特定的家庭，通过长期耳濡目染、潜移默化，必然会不知不觉地受到家风的影响和熏陶，其思想、品行、性格、气质必定会带有这个家庭家风的特征或痕迹。

优良家风会滋润家庭成员的心田

成年人回顾自己的成长过程，小时候父辈究竟跟自己说过什么话，记得住的并不多，可每个人身上都带有长期生活的那个家庭的印记或痕迹。这充分表明，家风就像是知时节的好雨，具有"润物细无声"的作用。

优良的家风可以有效调节家庭成员的关系

具有优良家风的家庭，家庭成员胸怀开阔、心地善良、善解人意、相互谦让，就会减少摩擦，主动化解矛盾，家庭氛围平静和谐。而不良的家风，就会滋生摩擦、矛盾、冲突，使得家无宁日。

优良家风对家庭具有稳固的作用

优良家风能使家庭成员性格开朗、豁达，遇事能够顾全大局，相互谅解、包容，就像是黏合剂，对家庭具有稳固的作用。而不良的家风，会破坏家庭的团结和家庭结构的完整。

优良家风可以增强家庭成员的幸福感

优良的家风能够为家庭成员提供积极向上的成长环境，培养家庭成员的良好品德和行为习惯。在这样的家庭氛围中，家庭成员之间会更加和睦相处，互相支持和关爱，从而增强家庭的幸福感。这种幸福感可以传递给下一代，形成良性循环，让家庭更加美满和睦。

家风关乎家庭的社会形象和声誉

拥有优良家风、家庭和睦的人值得信赖，会赢得世人的尊重。若与此相反，家庭会逐步走向衰败、没落。家风不好，家庭成员没有养成尊重家庭伦理道德的良好习惯，到社会上也会不遵守社会公德，破坏良好的社会秩序。

» 中华民族优良家风主要包括五个方面

中国自古以来非常注重家风建设，几千年传承下来很多优秀的家风文化。我国的优良传统家风包括尊老爱幼、孝敬父母、勤俭持家、诚实守信、勤奋好学等。

每个人都有儿童时代，每个人也都有年老的时候。尊老爱幼是中华民族优良道德传统的精华，也是人类敬重自己的表现。过去，家庭中的孩子数量多，爱幼比较理性，是爱中有严；现在，家庭中的孩子数量少，爱幼要谨防过分，避免陷于溺爱。

"孝敬"不但指要赡养，而且指要"敬重"；不但要养体，而且要"养心"。今天提倡孝敬父母，并不是要孩子"愚孝"，盲目遵从，而是要在文明的、新型的父母子女关系下孝敬父母。父母的言行是正确的，要尊重、听从；父母的言行是错误的，是不符合我国社会的法律和道德要求的，孩子不但不能顺从，而且应当善意地规劝。

能不能勤俭持家，是关乎一个家庭能否兴旺发达的关键因素。贫困的家庭如果能够勤俭持家，就能够逐渐由贫困走向富裕；富裕的家庭如果能够厉行勤俭持家的家风，就能保持长盛不衰。

"勤俭"包括两个方面的内容：一个是勤劳，就是要勤勤恳恳、热爱劳动，不贪图安逸；另一个是俭朴，即不奢侈、不浪费、不挥霍、不铺张，不追求享乐，即使经济条件很优越，也仍然以俭为荣。

诚实是一个人立身处世的根本。在中国传统的家风中，"曾父烹豕，以教诚信"的故事至今都在广泛流传，充分说明诚信对家风的重要意义。

当今社会，随着市场经济的发展，人们的物质生活条件大大改善，但人们幸福感的提升并没有与物质生活条件的改善成正比。其中一个重要原因是社会的诚信度有所降低，人们缺乏安全感。

要建立诚信的社会风气，只靠抱怨、批判是不行的。家风是社会风气的基础，要从我们每个人自身做起，从每个家庭建立诚信家风做起。

勤奋好学包括两方面：一是学习文化和科学知识，二是学习有关思想道德修养方面的知识。在中国传统的家风中，尤其重视道德品质的培养与陶冶。在孩子年幼时，家长通过自身的言传身教，在潜移默化中陶冶孩子的性情，塑造孩子的道德品质，是家庭教育的重要任务。

在今天，一些人看到有的人没有什么文化，却发了大财，成了大款，就觉得"读书无用"，这是眼光短浅的表现。市场经济社会是知识经济社会，也可以说是"高文化社会"，孩子不但需要勤奋好学，还要坚持终身学习，活到老，学到老，才能与时俱进，立足于社会，不被社会淘汰。

» 不要把家庭教育简单化、庸俗化，急功近利的思想要不得

父母要加强自身修养，切实提高个人素养

家风是家庭全体成员共同制定、共同遵循的行为规范。但家风的决定者，或者说起决定作用的还是家庭里辈分最高的长者或父母。家庭里有什么样的长辈、什么样的父母，就有什么样的家风。因此，建设优良家风，家长的自身修养至关重要。

培养、建立优良家风，要立足家庭，面向社会

家庭生活与社会生活是息息相关的，孩子们长大后都要进入社会，融入社会。培养、建立家风，必须了解社会的发展趋势和对未来社会成员的要求，使家风既有家庭的个性特征，也要适应社会的需要。只有建立具有时代特征的家风，才能使孩子将来立足于社会。

要紧密结合社会主义核心价值观，发扬中华民族传统家庭美德

社会主义核心价值观是我国人民在长期的社会实践中总结、提炼出来的，是适合中国国情的精神食粮和精神支柱。中华民族传统家庭美德是中国人民调节家庭成员之间关系的最优秀的家庭伦理道德之一。紧密结合培育和弘扬社会主义核心价值观，把中华民族传统家庭美德发扬光大，有利于促进家庭和睦，促进亲人相亲相爱，促进下一代健康成长。

家长要利用家庭这一教育集体，教育和影响孩子

所有家庭成员要统一思想、行动一致。教育孩子不能只靠某一个人，而是要依靠一个教育的集体，这个教育的集体要统一思想和行动，实际上就要靠家风。

用科学的理念和方法教育孩子，是新时代父母的迫切需求

大咖来了

蓝玫（王丽君），山东省青岛市城阳区中车小学校长，中国教育学会家庭教育专业委员会副秘书长，北京市东城区国本家庭教育研究中心执行主任。

育儿贴士

现代父母严重的误区之一就是把家庭当成第二个学校，延续很多学校教育的内容和方法，忽视了家庭教育自身的特点和优势。贯彻科学的家庭教育理念和方法，是家庭的迫切需求。

案例分享

李明是小学五年级的学生，父母对他要求非常严格。因为注重他的学业表现和兴趣特长培养，希望他未来能以艺术特长生的身份进入理想的中学和大学，所以每当李明在考试或者器乐考级中取得好成绩时，父母就会无条件满足他的要求，奖励他金钱或玩具。李明其他方面的能力很少得到培养，在班里不善于和同学相处，比较傲慢，在班里少有朋友；花钱没有节制，经常因为买太多吃的吃不完而造成浪费，体重也严重超标；当考试失利的时候会感到非常挫败，闷闷不乐，长时间难以自我调节。班主任向李明父母反馈了李明在学校的表现和情况，建议李明父母在关注孩子学业和兴趣特长的同时，注重孩子身心健康发展和综合能力的培养。

» 家庭教育的特点是生活性、传承性、随机性和协同性

相比学校教育，家庭教育有着比较鲜明的特点。家庭教育的特点使其成为在

学校教育之外的一种重要的教育形式，对于孩子的成长和发展具有不可替代的作用。

生活性是主阵地

生活即教育，在由"父母、子女和其他共同生活的亲属"组成的家庭中，父母过什么样的生活，就是给孩子什么样的教育。当前的家庭教育，往往忽略了孩子对生活本身的需求，父母一味地盯着孩子的学习和成绩，或者只关注那些为了高考而准备的各种"加分项"，而对培养孩子日常所需要的生活能力则严重忽略。

很多父母还不明白，恰恰是生活的丰富性和复杂性，为孩子的学业学习提供了丰富而强大的智力背景，没有这些智力背景，孩子不仅会失去对生活的掌控感，还会导致他们在学业上取得成就的难度增加，需要耗费更多的时间和精力。

传承性是主渠道

《说文解字》里对"教"和"育"二字的解释是："教，上所施，下所效也"；"育，养子使作善也"。孩子们最初的学习是通过观察和模仿来进行的。所以我们常说父母是孩子的第一任老师，家庭是孩子的第一所学校。有什么样的父母，就容易培养出什么样的孩子。

比如一个家庭里，父母爱读书并且有良好的阅读习惯，那么孩子也往往喜欢阅读；父母积极乐观，孩子往往也阳光向上；如果父母懂得孝敬老人、友爱兄弟，那么孩子也会传承这样的家风，具备这样的品德。

随机性是常态

家庭教育的特别之处，还在于它总是随机发生的。父母会在自己认为必要的时候对孩子展开教育行为，而未必会像学校那样必须在一个固定的场所和固定的时间里进行。因为孩子的成长是在与周围的人或事物互动的过程中完成的，而这个互动过程需要父母随时关注并提供必要的引导和帮助，这样的情形往往是无法预设、无法提前准备的。

协同性是需求

非洲有一句谚语："养育一个孩子需要整个村庄的力量。"这句话是非常有道理的。随着城镇化进程的推进，现在家庭的生活方式发生了巨大的变化，以前聚族而居的生活方式受到冲击，孩子也由原来主要与同村同族的伙伴一起游戏，改为更多和虚拟世界的虚拟事物进行互动，所以现在的家庭教育比以往更需要"协同"。

父母要重视充分利用社区资源，更要重视与学校的协同，共同为孩子构建适合他们成长的环境和氛围。

» 家庭教育的原则是尊重儿童、共同成长、关系第一

科学的家庭教育理念和方法有很多，但都应该遵循几条重要原则。

尊重儿童原则

孩子不是父母的附属品，不应该被父母控制和塑造，而是需要父母引导、帮助和支持。让他们成为更好的自己，而不是父母的"完美小孩"。

共同成长原则

今天的父母已经不能简单地凭借自己的经验来教育孩子了，按照美国人类学家玛格丽特·米德的说法，我们已经进入了"后喻时代"，所以父母应该有向孩子学习的意识和自觉。否则就无法真正理解孩子，更谈不上教育孩子。

关系第一原则

如果离开教育者和被教育者之间的良好关系，教育就很难真正发挥作用。家庭教育同样如此。孩子从小是以父母为榜样的，但如果孩子从父母那里得不到必要的理解、认同和尊重，就会和父母疏离，更难说认同或听从父母的教导了。

» 贯彻科学的家庭教育理念和方法，是家庭的迫切需求

现代父母严重的误区之一就是把家庭当成第二个学校，延续很多学校教育的内容和方法，忽视了家庭教育自身的特点和优势。贯彻科学的家庭教育理念和方法，是家庭的迫切需求。

遵循科学的理念和方法，可以帮助父母消除焦虑。父母一旦读懂了孩子的成长规律和特点，就会以发展的眼光看待孩子的问题，从而避免焦虑。

遵循科学的理念和方法，可以为孩子争取到自由空间。当父母懂得尊重孩子，

能理解孩子的时候，孩子就更容易从父母那里获得自由的空间。自由和舒展才是孩子最好的状态，才会促进孩子成为一个身心健康的生命体。

» 父母没有掌握科学的理念和方法，就会走入育儿误区

开展家庭教育要有科学的理念和方法，但很多父母没有学习过育儿知识，也不懂得科学的理念和方法，在开展家庭教育时，难免会走入一些误区，比如：

理论和实践之间严重脱节

很多父母学了很多科学的理念和方法，但是不用或者不会用，在面对自己的家庭教育问题时还是会循着惯例一错再错。甚至有的父母明知道什么是对的，但就是不愿意克服自己的一些行为惯性，导致不能知行合一。

刻板坚持或缺乏原则，缺乏对具体问题的综合判断能力

任何科学的理念和方法都是一些基本的原则和参照，父母一旦用错了地方、选错了时机，就有可能导致事与愿违。比如很多父母都知道要陪伴孩子，但低质量的陪伴和高质量的陪伴之间差距是巨大的，怎样的陪伴是高质量的呢？这需要根据孩子的年龄和性格特征，结合当下遇到的具体问题，采取不同的方式，而很多父母往往无法轻松驾驭。

» 父母应从四个方面遵循家庭教育特点，贯彻科学的理念和方法

把握无条件和有规则之间的尺度

父母的爱是无条件的，但是每个人做事情都是需要遵循规则的。父母不能把放任不管当成给孩子爱和自由。很多父母在教育孩子的过程中，往往只知道要无条件地爱孩子、给孩子自由，却不知道怎样帮助孩子建立规则，引导孩子在有爱的安全氛围中形成规则意识。而一个缺乏规则意识的孩子，往往也是很难真正感受到爱和善意的，所以父母要注意把握尺度。

把握成绩和"成人"之间的尺度

父母要知道教育孩子最重要的任务是使其"成人"，成绩和"成人"之间是不能完全画上等号的。父母在教育孩子的时候，应该更多地关注孩子的身体健康

及情感、情绪等心理的健康发展。如果一味地关注成绩，孩子丰富的生命成长样态就会被我们忽略，甚至出现其他更严重的后果。

把握"我认为"和"你需要"之间的尺度

父母总把自己认为最好的给孩子，但这些往往和孩子真实的需求之间存在巨大的差异。因此，即使我们"做"了很多，如果不能以孩子的需求为前提给孩子提供指导和帮助，再多的付出也是无用的。

要试着以未来视角看待现在的孩子

"父母之爱子，则为之计深远。"但是很多父母觉得，社会发展如此之快，似乎已经让所谓"未来"变得越来越难以把握，越来越扑朔迷离了。甚至随着时间的推移，很多原本科学的理念也开始暴露出一些问题。

因此，既然知道未来是孩子的，不妨给孩子多一些自由的时间和自主的空间，给孩子机会，让他们自己去创造，也许这才是应对未来不确定的时代正确的教育方式。

其他家庭成员协助父母育儿要携手同行，不可以越俎代庖

大咖来了

罗爽，博士，首都师范大学教育学院副教授，中国家庭教育学会理事。

育儿贴士

为减少由育儿问题产生的摩擦，维护家庭和睦，家庭成员尤其是祖辈应当学会转变观念，找准定位，与孩子父母就孩子的教育问题上耐心沟通，达成一致。家庭成员，尤其是祖辈应当与孩子父母携手同行，共同构建优秀的家庭文化，传承良好家风，为孩子健康成长营造和谐友好的家庭环境。

案例分享

五岁的小明是一个爱玩玩具的小男孩，常常缠着父母给自己买各种玩具，于是父母跟小明做了个小约定，每个月最多买两次玩具，小明也欣然接受了。但两个月之后，小明的父母发现他越来越不遵守约定，每次外出都要求买玩具，不买就趴在地上撒泼打滚。原来，是一起生活的奶奶不忍心看到孙子受委屈，每次带小明外出时，只要他提出买玩具的要求，就会及时满足他。小明的父母为此与小明奶奶进行了多次沟通，希望能在买玩具的事情上达成一致，但小明的奶奶认为小明年纪还小，在条件允许的情况下应尽量让孩子开心。

» 协助配合父母育儿的其他家庭成员，应满足两个条件

鉴于其他家庭成员尤其是祖辈参与家庭教养已成为普遍现象，他们的参与对于顺利开展家庭教育、树立良好家风、促进家庭建设也具有重要作用。因此，《家庭教育促进法》对于共同生活的其他家庭成员规定了应协助和配合教育的义务。

那么，这里的"共同生活"应如何理解？承担协助和配合教育义务的其他家庭成员应该具备什么样的行为能力？根据法律规定，协助和配合父母实施家庭教育的其他家庭成员应同时满足以下两个条件。

属于与孩子及其父母或者其他监护人共同生活的近亲属

其他家庭成员具体包括：孩子的祖父母、外祖父母、曾祖父母、曾外祖父母；孩子父母或其他监护人的兄弟姐妹，即孩子的伯伯、叔叔、姑姑、舅舅、姨妈等。同时，共同生活是指长期生活在一起，而不是短期、临时性的共同居住。据此，家庭雇佣的保姆由于不属于家庭成员，即使共同生活，也不需要履行该法律义务，只需履行雇佣合同约定的义务。

具有完全民事行为能力

完全民事行为能力人是指具有完全民事行为能力，可以独立进行民事活动的成年人，通常指十八周岁以上的公民。十六周岁以上不满十八周岁的公民，以自己的劳动收入为主要生活来源的，视为完全民事行为能力人。因此，孩子的未成年兄弟姐妹一般不属于该法律义务的承担者。

如果成年家庭成员不能辨认或者不能完全辨认自己的行为，即对普通的事物和行为缺乏基本的认识判断能力，或者对比较复杂的行为不能作出正确的认识判断，不能完全预见到自己行为的法律后果，如精神病人、患有阿尔茨海默病的老人等，也无须履行该义务。

» 隔代教养只要科学合理，就可以对孩子产生积极影响

隔代教养中出现的问题，是在育儿过程中最容易出现的误区

比如，祖辈对孩子溺爱和放纵，过多包办代替和保护，使孩子以自我为中心，阻碍了孩子的个性发展。缺乏正确的教育理念和科学的教育方法，使孩子错失与同伴交往的机会，导致孩子视野狭窄，缺乏活力。这些问题也常常引来孩子父母的不满和抱怨，成为引发家庭矛盾的重要导火索。

祖辈与孩子父母在孩子的教育问题上要耐心沟通，达成一致的观念

为减少在育儿问题上的摩擦，维护家庭和睦，祖辈应当学会转变观念，找准

定位，与孩子父母在孩子的教育问题上耐心沟通，达成一致。

做好亲子沟通的纽带

祖辈应尽量拉近亲子关系，而非在亲子之间制造矛盾。比如，祖辈在带孩子的过程中，不在孩子面前说孩子父母的坏话；有好吃的东西告诉孩子给父母留一点；到了周末，一定要创造条件让孩子跟父母在一起。

与时俱进，科学养育

祖辈应摒弃陈旧的育儿观念和方法，主动了解和学习科学的育儿知识。对孩子不溺爱，不纵容，做到严慈相济。可以给孩子讲述家族的历史，多带孩子进行户外活动，引导孩子认识外面的世界。

珍爱自己，量力而行

祖辈应当根据自己的身体状况做力所能及的事，同时培养孩子体谅老人和扶助老人的习惯。比如4岁以上的孩子，已经具备了简单自理的能力，可以教导他们自己吃饭、穿衣、洗小件衣物、收拾房间、给老人捶背等。

» 其他家庭成员协助配合父母实施家庭教育，应遵循以下方法

其他家庭成员，尤其是祖辈，应当与孩子的父母携手同行

其他家庭成员，尤其是祖辈，应当与孩子父母携手同行，共同构建优秀的家庭文化，传承良好家风，为孩子的健康成长营造和谐友好的家庭环境。

明确协助教育的职责定位，切忌越俎代庖

根据《家庭教育促进法》第14条第1款的规定，父母或其他监护人应当承担对未成年人实施家庭教育的主体责任。这意味着，父母或其他监护人是实施家庭教育的责任主体，在孩子成长过程中发挥的作用具有不可替代性，既不能主动放弃，也不能怠于履行家庭教育的职责。

因此，其他家庭成员尤其是孩子的爷爷奶奶、姥姥姥爷应明确自己在家庭教育分工中的协助者角色，帮助孩子父母实施家庭教育的部分或次要工作，为他们实施家庭教育提供必要且力所能及的支持，包括帮忙接送孩子、帮助照料孩子的

饮食起居等。其他家庭成员切勿取代孩子父母的教育角色，切忌对抚养教育孩子的所有事务大包大揽，甚至纵容部分父母的"甩手掌柜"行为。

遵循教育一致的基本原则，形成教育合力

孩子道德品质、文化修养、行为习惯等方面的培养既是一个长期发展的过程，又是一个连续完整的过程。因此，在家庭教育中应遵循教育一致的原则，其他家庭成员与孩子父母要相互配合，协调一致，使孩子的品德和行为符合统一的要求。

其他家庭教育成员应尊重孩子父母的教育理念和教育行为，遵守他们制定的家规，切勿唯我独尊。在发生意见分歧时，应及时理性地私下沟通，避免在孩子面前发生矛盾和冲突，以免损害父母的权威形象。

发挥经验优势，助力父母做好家庭建设

开展家庭建设是新时代家庭教育的重要原则和方法，也是家庭教育发挥实效的重要保障。其他家庭成员尤其是祖辈具有丰富的家庭经验和人生经历，能够为孩子父母开展家庭建设提供有力的指导和支持。

构建和谐的家庭关系，营造良好的家庭环境

其他家庭成员应积极发挥自身优势，着力帮助孩子父母培育积极健康的家庭文化，树立和传承优良家风，弘扬中华民族家庭美德，构建文明和谐的家庭关系，共同为孩子健康成长营造良好的家庭环境。

父母好好学习孩子才能天天向上，因为好父母是学出来的

大咖来了

赵刚，东北师范大学家庭教育研究院名誉院长，中国教育学会家庭教育专业委员会副理事长。

育儿贴士

作为父母，学习家庭教育知识是非常重要的事情。人类进入数字化的智能时代，原有的学习方式与学习认证形式逐步成为历史。今天的父母不学习，单方面期望孩子成才，只能是一厢情愿。只有父母好好学习，孩子才能天天向上。

案例分享

贾先生的儿子从六年级开始染上了网瘾，学习成绩倒数第一。对这个儿子，贾先生打过骂过都不管用，最后用了釜底抽薪的方法——不给钱。但儿子变卖家里的东西，借同学的钱到网吧上网，彻夜不归，不再上学。失望透顶的贾先生做了一个令人吃惊的决定，他关掉自己辛苦打拼建立起来的企业，到北京系统学习家庭教育知识。回来后，他改变了做法，从改变和儿子的关系入手，儿子去上网，他给钱；不回来吃饭，他就去送饭；孩子犯错，他不再采取暴力方式解决，而是耐心沟通；孩子邋遢不讲卫生，他先从自己做起，每天将所有的房间打扫得干干净净；孩子不爱学习，他每天坚持大量阅读，努力营造学习氛围。看到努力改变的贾先生，儿子被感动了，开始减少去网吧的次数，最终彻底戒掉了网瘾，后来考上了大学。

> 数据说话

《2022年中国家长教育素养状况及提升策略》显示，在学习能力方面，家长们获取家庭教育知识和技能的渠道，排名前三的分别是：上网查询（58.4%），向有经验的同事、朋友、亲戚请教（55.8%），观看线上讲座和课程（41.5%）。[1]

» 亲子共同成长是时代要求

家庭是一个人出生、成长直至终老的地方，承担养育生命责任的，首先是与家庭有血缘关系的人。家庭对孩子有一个本能的期待，期待孩子未来有出息、有前程，而这与父母的养育水平直接相关。

孩子的生命质量跟父母的养育水平相关。养通常只包括生理性的成长，而育不仅包括机能的培养，还包括精神质量的提升。家庭养育质量不同，孩子未来人生的质量也不同。作为养育者，学习科学的家庭教育知识事关后代的生命质量，这是毋庸置疑的。

父母有了孩子后，本能地期待孩子优秀、家族兴旺，因此必须学习科学的家庭教育知识。但目前，我国家庭教育学科建设还不完善，多数父母没有系统学习过科学的育儿知识。

学习家庭教育知识不是可有可无的事情，而是一件非常重要的事情。好父母都是学出来的，不是等出来的，更不是求出来的。父母好好学习，孩子天天向上。父母不学习，在今天这个科技日新月异的信息化时代，很容易被孩子超越。

家庭中最重要的是什么？不是房子、车子、位子、票子，最重要的是孩子。因为孩子不优秀就会导致家庭"贬值"，甚至损害家庭。这个至关重要的问题被许多家长忽略了。

没有父母不希望儿女优秀。要想孩子优秀，父母就得学习科学的养育方法。《家庭教育促进法》第14条指出，"父母或者其他监护人应当树立家庭是

---

[1] 霍雨佳、李一、李育倩等：《2022年中国家长教育素养状况及提升策略》，载《中华家教》2023年第3期。

第一个课堂、家长是第一任老师的责任意识，承担对未成年人实施家庭教育的主体责任"。父母是孩子的第一影响者，父母的养育水平取决于后期的教育方式是否优化。

» 很多父母认为教育孩子是学校的事，缺乏教育参与意识

俗话说："三岁看大，七岁看老。"实际"看"的是家庭养育、父母素质和家庭文化。家长及家庭教育对孩子人生质量的影响非常大。但有很多父母对家庭教育、学校教育和社会教育的分工存在认识误区。

学校教育和社会教育都是家庭教育的延伸和继续。但现在父母存在的最大误区就是认为家庭教育是学校教育和社会教育的补充和延续。

按照人成长的顺序来说，学校教育是家庭教育的延续。个人的成长中，家庭功能要远远超过学校功能。在家庭教育中，要着重关注儿童早期的特长培养、家风家教、身心健康等问题，培养孩子适应社会、建立良好生活习惯、习得生活技能、保护自己安全等能力。

很多父母认为教育孩子是学校的事情，父母自身缺乏教育参与的意识。家校合作当中，家庭要弥补学校教育的不足，而学校要依靠家庭来完善育人质量。

» 父母盲目把别人的成功经验复制给自己的孩子，非常荒唐

在现实生活中，不少父母盲目学习家庭教育知识，将别人的一些成功经验和案例照搬到自己孩子身上，非常不科学，甚至很荒唐。家庭教育不可以简单复制，因为每个人的生理特征、心理特征、生活背景都不一样。对养育者来说，首要的是教育态度，形成良好的关系，其次是领悟出适合自己孩子的教育之道。

父母要提高自己，需要自学和思考。学习育儿知识不能直接照搬所谓专家的经验和技巧，更不能模仿他人做法，简单克隆，而要根据自己孩子的特点，有选择地使用。家庭教育是思索的过程，每个人的成长都不可照搬和复制。

优秀的人之所以优秀，是由他所处时代的特征、家庭特征和生理特征等因素共同决定的，但良好亲子关系的建立方法是可以学习模仿的。

对于父母在育儿过程中易焦虑的问题，建议不要对孩子抱太高的期望。父母

对孩子的期望值越高，孩子达不到期望值、父母焦虑的可能性就越大。

如今的父母经常为育儿陷入焦虑、浮躁的心态，想要解决这些问题，就需要父母通过学习育儿知识，开阔眼界，修身正己。

》父母要了解儿童成长规律，学习教育学、心理学等必修课

虽然说教育学、心理学、生理学等各种学科都对家庭教育有价值，但最重要的还是掌握儿童成长规律，掌握孩子每个时期的身心发展规律和特点。这是基本框架，也是必修的基础课。对于其他的相关内容，比如他人育儿的经验，父母可以根据自己孩子的特点和需求，进行选修，升华自己。

家长应该通过哪些渠道学习育儿知识呢？社交媒体、图书报刊、音像视频等都是获得育儿知识的途径，但也要仔细分析鉴别，尽信书则不如无书，要学会领悟和观察。

父母学习育儿知识不要陷入"洋方法"的陷阱。国外的育儿经验和方法并不全部适合中国父母和孩子，要进行选择。父母也可以通过购买网络付费产品，学习育儿知识。

在学习育儿知识时，如何确保权威性和科学性，是很多父母关心的问题。建议父母首先要寻找有公信力的个人和机构进行学习和购买产品；其次，对于哪些知识是科学的，父母可以根据自己的知识水平作出基本判断。

让父母做到自觉学习家庭教育知识，除了需要国家和媒体大力倡导，还需要父母自身努力。

从国家角度来说，倡导学习型社会，基础就是学习型家庭的建设。国家要鼓励父母学习育儿知识，建设学习型家庭，形成自觉学习育儿知识的良好氛围。

考上大学不意味着孩子成才成功，家长要有正确的成才观

大咖来了

张利萍，青岛农业大学学生心理发展指导中心主任、副教授，中国心理学会注册心理师、注册督导师，山东省大学生心理健康教育专业委员会副主任委员，山东省全省大中小学心理健康专家指导委员会委员，青岛市心理学会副秘书长。

育儿贴士

孩子成才成功的路径并不仅限于考大学，比起学历带来的安全感，能力更加重要。只要恰当定位，永不放弃，每一个人都能在属于自己的舞台上展现风采，实现价值。这要求父母更加重视孩子的道德品格、心理素养、可迁移技能的培养，同时，积极寻找成长和成才的路径。

案例分享

小鑫是一名初中生。青春期的迷茫和中考的压力让他经常对未来感到不知所措。当他询问爸爸关于未来发展的意见时，爸爸只会说："自己的路自己走，有能力就考博士，没能力就到工厂干活，只要自己能挣口吃的就行……"这样的话语让小鑫更加难过和烦躁，更不知道未来的路将要怎么走。原来，受大环境影响，小鑫爸爸工作的单位效益不好，不仅收入减少，还面临失业的风险。这让拥有大学本科学历的他感到很受挫。人到中年，他自认为以前掌握的知识足够使用一辈子，他也曾跟小鑫说过："只要考上了大学，就算成功了。"但日新月异的现代社会，使他不得不重新思考成功的定义。面对即将长大的孩子，小鑫爸爸不知道该如何指导和帮助他。

家长要树立价值多元思维，以开放心态对待孩子成长成才

成才观指的是对人才价值的理解，主要表现在人才价值取向、对人才的期望和要求，以及人才培养途径三个方面。

"什么是成功，如何成才"是关乎个人发展和家庭的大事，也是关乎国家和社会蓬勃发展的重要问题。对此，可能每个人的答案都不一样。但是，"德才兼备，以德为先"向来是我国人才评价的基本标准。"人人皆可成才，人人尽展其才"是当前我国人才强国战略的指导思想。

家长要在当前我国社会发展的大环境中，树立价值多元思维，以更开放的心态对待孩子的成长和成才，培养更加具有适应能力、生活更加幸福、能更好地实现个人价值和社会价值的新一代社会主义合格接班人。

尊重人才价值的多样性

"价值"从本质意义上讲，是指客体对于主体表现出来的积极意义和有用性。现代社会为我们提供了丰富的工作岗位和价值实现平台。而且，社会价值的多样性正被人们所认可和接受。

成就事业、创造财富是实现社会价值，保家卫国、挺身而出是实现社会价值，以一技之长做好生产经营是实现社会价值，好好生活、保护家人是实现社会价值，传递温暖、丰富的社会文化也是实现社会价值。

作为家长，要改变传统以"高智能"和"高成就"为主要内容的人才观念，树立人才价值多样性的理念，更加重视个体内在评价标准，以更宽阔的胸襟看待和接纳孩子的学业发展和职业发展。

尊重孩子的独特性

对于每一个个体而言，成才的道路都是不同的。每一个人都有自己的兴趣、爱好、特长和梦想。因此，家长要尊重孩子成长成才的规律，以孩子的性格、兴趣和能力等主体因素为基准点，形成合理的期望目标和具体要求。例如，一个性格外向的孩子，可能在集中注意力方面有困难，但是在社交、合作方面却具有巨大优势。而一个很敏感的孩子，可能在情绪觉察、写作审美等方面有较高的领悟力。这需要家长认真观察和理解孩子，发现优势，接纳不足，并

将发展目标与孩子的内在需求和个人特质恰当结合,让孩子走出一条属于自己的成才之路。

重视内在成长,拓展成才路径

孩子成才成功的路径并不仅限于考大学,比起学历带来的安全感,能力更加重要。只要定位恰当,永不放弃,每一个人都能在属于自己的舞台上展现风采,实现价值。这要求父母更加重视孩子的道德品格、心理素养、可迁移技能的培养,同时,积极寻找成长和成才的路径。

» 成才观对孩子成长甚至家庭发展具有重大影响

成才观影响家庭教育的动机和行为,进而影响亲子关系以及孩子的心理健康、学业表现和一生发展。从家庭教育的角度讲,一个以外在评价标准(主要指物质财富、社会地位)衡量孩子是否成才的家庭,可能会产生更多亲子冲突。

家庭内部"价值条件化"的存在,也使得家庭成员信任感降低,自尊受损,感到精神上的痛苦和压抑。而一个秉持重视个体内在需求、兼顾内外评价标准的成才观的家庭,能够给予孩子足够的自主发展空间,激发孩子的优势潜能,从而帮助孩子形成开放、豁达、积极的人生观和价值观,同时也会对孩子的学业表现和职业选择有所帮助。

当前,无论是家庭、社会,还是学校层面,都存在一些错误的成才观,在一定程度上引发了不良的社会现象。比如:

对成才标准的看法较为片面

有的家长主要以外在评价标准衡量孩子优秀与否,如学业成绩、升学层次、体型外貌、工作条件、薪酬财富等,而忽视个体内在需求、品德发展、幸福感和获得感、社会贡献等因素。

对成才途径的认识较为单一

有的家长认为孩子获得高学历是成才的唯一途径,教育行为压抑孩子的愿望,脱离孩子的兴趣,超出孩子的能力,以"考上好大学""找到好工作"为最终人生目标。

忽视成长成才的客观规律

有的家长过分夸大教育竞争，造成教育焦虑、过度竞争，使孩子感受到巨大的压力；遭遇失败后，则出现"躺平佛系"的另一极端现象。有的家长则采取"不加干预，静待花开"的做法，孩子由于缺少指导，在人生道路上茫然无措。

» 孩子成才观的形成受家庭教育影响，家长要悉心教导

家长要树立人的全面发展理念，尊重个体发展的多样性。家庭教育要关注到孩子发展的德、智、体、美、劳等不同的方面，可以借鉴多元智能理论，择其优而培养。

面对孩子存在差异的现实，家长要尊重孩子成长的规律，注意不要过早、过度教育，切忌揠苗助长。

家长要区分自己与孩子的边界，尤其是当双方意见不一致时，可以试着把双方的个性特点、发展愿望、资源和优势等一一列出，更加清晰地认识孩子的成长道路，而不是一味地把自己没有实现的理想强加给孩子去实现。

要促进孩子关于成才的自我认知和自我行动。创造条件促使孩子体验不同的职业，锻炼多种职业能力。让孩子发现自己的职业兴趣和倾向，保持对世界的探索精神。通过以上途径，促进个体自我同一性的完成。

一般来讲，在青年期（22岁左右）形成个人风格和社会理想，从而踏入社会并对自我负责，是人格成熟的体现。这大概也是大多数家长所期望的成才标志吧！

第二章

运用合理方式育儿
遵循科学家教方法

想要给孩子完整的爱，
父母要亲自养育，不做"甩手掌柜"

大咖来了

张思莱，北京中西医结合医院原儿科主任、主任医师，中国家庭教育学会儿童早期家庭教育专业委员会理事。

育儿贴士

如果想给孩子完整的爱，父母还是应该亲自带孩子。在教育孩子的角度上，父母思想活跃，精力充沛，更喜欢接受新的知识，愿意鼓励孩子独立自主，自己的事情自己办，有利于孩子好的行为习惯的形成，以及学习交往能力和社会性的培养。因此，父母亲自教育可能要比隔辈人或保姆做得更好一些。

案例分享

未成年人陆某，一岁时父母离异，此后与父亲共同生活。其父亲再婚后长年在外打工，母亲离婚后杳无音信，陆某实际从小由其姑妈、祖父照料，长期缺乏父母的关心和管教，姑妈也因为有自己的孩子，管教陆某的精力不足。成长过程中，陆某长年缺乏家庭教育，也从未接受义务教育，混迹社会，与不良成年人厮混，渐渐滋生不良品行并实施违法行为，多次被公安机关传唤，事后虽由家长带回教育，但效果甚微。在2019年至2021年，陆某因盗窃罪受到了多次刑事处罚，成了一名盗窃惯犯。法院审判时对陆某的监护人进行了严肃的批评和法治教育，要求监护人今后加强与陆某的沟通交流，给予其更多的家庭关爱，帮助陆某走好今后的人生道路。

数据说话

《2021年中国家庭教育白皮书》显示：将近三成家庭是夫妻双方共同育儿；越是高线城市、高收入家庭，夫妻双方一起带孩子的比例就越高。在一线城市，夫妻共同育儿占到30.10%，而在农村，这个比例是19.35%。[①]

» 父母是育儿第一责任人，给孩子完整的爱就要亲自带孩子

好的家庭教育源于好的养育者。父母是孩子的第一任老师，是教育孩子的第一责任人，也是孩子终身的老师。父母的教育往往对孩子心灵起到决定性的影响，而家庭教育的时间又是最长的。孩子的父母是家庭教育的主要责任者和执行者。

特别要强调父母和婴幼儿应该建立亲子依恋关系的问题。亲子依恋是孩子和父母形成的强烈的心理连接，建立亲子依恋关系的敏感期是在孩子出生后2年内，尤其是出生后6个月到2年间。只有建立良好的亲子依恋关系，孩子才会对父母产生依恋感和安全感。这样，孩子才有兴趣寻求视觉、听觉等各种感官上的刺激并进行探索和学习。家长要帮助孩子形成积极的、健康的情绪情感，养成自信、勇敢和敢于探索的个性。

心理学家发现，婴幼儿建立亲子依恋关系主要是在2岁之内，这段时间被称为建立亲子依恋关系的敏感期，错过这个时期，可能造成终生无法弥补的遗憾。如果是保姆或老人白天照顾孩子，夜间也让保姆或老人护理孩子，那么孩子就会错把他们当成依恋的对象，这样的孩子长大后与父母是不亲近的。

如果再赶上频繁更换照顾者，每个人的养育风格又不一样，孩子就可能产生不安全感。没有始终如一与孩子接近的、特定的人照顾，孩子就不能形成对特定人的依恋关系，其性格往往会打上"淡漠"的烙印，对孩子伤害很大！

如果想给孩子完整的爱，父母还是应该亲自带孩子。在教育孩子的角度上，父母思想活跃，精力充沛，更喜欢接受新的知识，愿意鼓励孩子独立自主，自己

---

① 简知、壹心理、妈妈网孕育：《妈妈网联合简知重磅发布〈2021年中国家庭教育白皮书〉》，https://baijiahao.baidu.com/s?id=1703158836509790428&wfr=spider&for=pc，最后访问时间：2025年2月19日。

的事情自己办，有利于孩子好的行为习惯的形成，以及学习交往能力和社会性的培养。因此，父母亲自教育可能要比隔辈人或保姆做得更好一些。

另外，感情需要在日常生活中不断投入，才能获得丰收。尤其是亲子之间，孩子缺少和父母的感情交流和沟通，将来可能会与父母疏远，产生一定的隔阂，不利于孩子的成长，会为双方今后的关系埋下隐患。

所以，应该将孩子留在父母身边，父母上班的时候由隔辈人或保姆照看，父母下班后亲自带孩子，给予孩子启迪和教育，增进亲子之间的感情。

» 父母亲自养育孩子容易存在的误区

生而不养，把责任推给老人

一些年轻父母不能很好地担负起养育孩子的第一责任人的重担，尤其是一些来自农村、外出打工的年轻父母，生完孩子后把孩子交给老人，极少陪伴孩子。孩子成了留守儿童，成了有父母的"孤儿"。

很多父母虽然与孩子在一起生活，但很少陪伴自己的孩子，把孩子甩给家里的老人或者保姆。孩子不像机器零件，坏了可以更换。孩子的成长没有第二次，希望父母们一定要特别重视。

认为老人带孩子有经验，可以更好地照看孩子

不可否认，隔辈人照顾孩子生活细致周到，富有经验，对孩子有耐心，充满了真挚的爱。但是，隔辈人往往也容易宠坏孩子。而且育儿知识不断更新，但老人可能不愿意接受新的知识，只愿意遵循自己的经验，保守而固执。

此外，老人年龄大了，不爱活动，不利于孩子活泼天性的发展和创新思维的培养，也不利于孩子获得更多的知识。隔辈人照看的孩子往往依赖性更强，生活自理能力更差。

经常更换照顾者

养育孩子的过程中，很多父母经常更换照顾者，比如经常更换照顾孩子的保姆，或者一段时间由孩子的奶奶照顾，一段时间由孩子的姥姥照顾。如果没有始终如一与孩子接近的特定照顾者，孩子就不会形成对特定照顾者的依恋。没有这

种依恋，孩子就会对外界感到惊慌、焦虑和恐惧，产生不安全感。

孩子与父母的不良关系也会影响孩子今后的人际交往。他会以此为根据，处理他将来遇到的人和事。这样的孩子在成年后与周围人相处时也难免会出问题，严重影响未来的发展及人格的建立。

认为只要亲自抚养孩子，就可以建立良好依恋关系

不是所有的孩子对父母都会产生依恋。孩子依恋感的建立主要取决于父母喜爱和接纳的程度，同时也与父母对孩子发出的信号是不是敏感、是不是能够正确理解并及时作出反应有关。让孩子确信，在他需要的时候，他所依恋的对象能够满足他的需求和给予必要的安全保障，这是建立良好依恋感的基础。

如果父母与孩子在日常生活中互动性差，不能形成积极的、恰当的、和谐的互动关系，父母也不能帮助孩子结交更多玩伴，孩子就不会对父母建立安全感和依赖感，因此父母有质量地陪伴孩子对形成良好的亲子依恋关系非常重要。

» 父母应做到亲自养育，加强亲子陪伴，不做"甩手掌柜"

不做"甩手掌柜"，不把老人照顾孩子当成天经地义的事

从法律角度来说，父母对子女有抚养、教育义务，但祖父母、外祖父母对孙辈并没有相应责任。对子女的养育，很明确应以父母为主，不应该把老人照顾孩子当成天经地义的事情。

当然，如果祖父母自己乐意帮忙照顾孙辈，享受这种含饴弄孙的天伦之乐，那么就要事先沟通好如何帮助带孩子。但父母绝不能将带孩子的任务全盘或者大部分转移给老人，自己做"甩手掌柜"。

父母要承担起养育孩子的责任，孩子2岁前要亲自陪伴孩子

如果年轻父母没有承担起养育的责任，完全依靠老人，对孩子的成长是非常不利的。年轻父母不论工作多忙，既然有了孩子，就应该主动承担起养育的重任，弥补老人带孩子的一些缺陷，让孩子健康、快乐地成长。

一些父母可能因为工作原因白天不能亲自带孩子，建议在晚上下班和周末给予孩子高质量的陪伴，以免错过建立亲子依恋关系的关键期。

父母要做到高质量陪伴

陪伴孩子不在于时间的长短,而在于质量的高低。对孩子的需求敏感察觉,并及时给予回应。调整自己的言行以适应孩子,不要把自己不良的行为习惯和工作上不良的情绪强加给孩子。

每天应该尽量抽出1—2小时与孩子一起玩耍、沟通。周末也要给孩子高质量陪伴,亲子依恋关系是在双方的互动中建立起来的。

只要获得了父母的积极回应,孩子便会拥有安全感和更多自信。因此绝不能在哺乳或者陪伴孩子玩的时候心不在焉,不可以玩手机或者看文件。其实孩子对父母陪伴时的言谈举止是非常敏感的,只有父母做到高质量陪伴,才能建立良好的亲子依恋关系。

孩子隔代抚养,父母也要密切关注孩子的成长

如果确实由于种种客观原因,年轻父母不能亲自养育孩子,不得不交由老人照顾,也应该密切关注孩子的成长、发展和变化。可以每天给孩子打电话、视频聊天等,让孩子经常听到父母的声音或看到父母的影像。

还可以请求老人经常告诉孩子:你的爸爸妈妈虽然不能陪在你身边,但是很爱你。在教育上,两代人也要尽量做到协调一致。只有这样,孩子才能与父母建立起亲密关系。

父亲给孩子最好的爱不是赚很多钱，而是陪孩子一起成长

大咖来了

段鑫星，博士，中国矿业大学公共管理学院教授、博士生导师，中国生命关怀协会婚姻与家庭专业委员会委员。

育儿贴士

家庭教育是父母的共同责任。但有很多父亲，他们忙着工作，忙着赚钱，却疏忽了孩子的成长。我们都知道，工作出错了可以重来，孩子的成长却没有回头路，孩子关键性的成长阶段，错过了，真的就错过了。父亲给孩子最好的爱，从来都不是赚很多钱，而是陪伴孩子成长。

案例分享

有一则电视公益广告《取款机爸爸》，看得让人泪崩。过年了，门外响起鞭炮声，小女孩满怀期待地跑来问妈妈："爸爸回来吗？"妈妈说："爸爸工作很忙，回不来……"女孩说："爸爸常常给我们打钱，他是天底下最辛苦的爸爸。"说着，她走到了幽静的长巷里等爸爸，她的身影，寂寥而落寞。另外一个场景下，小女孩伸出一双小手抚摸着一个取款机，小脸轻轻贴在取款机上，眼睛里噙着泪，对着取款机说："爸爸，新年快乐……"原来，小女孩幻想自己的爸爸变成了取款机，推自己荡秋千，陪自己写作业。广告最后是一行字：童年只有一次，多陪陪孩子。

数据说话

《2021年中国家庭教育白皮书》中指出，中国父亲陪伴孩子时间较多的家

庭仅有13%，父爱缺失的情况已经较为严重。① 有研究显示，爸爸的缺席可能会加大孩子成长过程中出现问题的概率。童年缺少爸爸陪伴的孩子，发生自杀事件的比例为63%，有严重情绪困扰的比例为5%，滥用药物和未成年怀孕的比例为70%，学习落后的概率比一般孩子高一倍。②

» 父母双方共同育儿，能够让孩子更有幸福感地成长

以往的研究表明，在家庭中，父母的教育方式会对孩子的情绪调节能力产生影响，进而对孩子的自我控制能力、自主性、创造性等产生影响，这从侧面证实了孩子情绪调节能力既受到父母教育行为的影响，又在孩子学习品质的形成过程中发挥着作用。

这几年在网络上有一个词语越来越受到关注，那就是"原生家庭"。一个人的一生要经历两种家庭，一个是自己出生和成长的原生家庭，另一个是自己成家后组成的新生家庭，而原生家庭作为一个人的一生中最早也是最久接触的环境，深刻影响着其人格与认知的发展。

在原生家庭中，父亲与母亲对于孩子的影响各不相同。例如，母亲会影响孩子的安全感、自我接纳的程度，父亲会影响孩子的自我价值感与性别认同等。与母亲关系弱化的孩子长大后很难做到温和与包容，而父亲角色的缺失则会导致孩子不够勇敢，容易受挫。

父母双方共同育儿，能够一起面对孩子成长过程中的喜怒哀乐，扬长避短，丰富养育孩子的教育策略与教育理念。当孩子的养育出现问题时，父母可以相互讨论，相互支持与配合。当孩子有所进步时，父母也能够一起分享喜悦。这不仅能够让孩子感受到父母的爱，还能够让孩子更有幸福感地成长。同样重要的是，这个过程可以促进夫妻间的沟通与协调，增进夫妻间的感情与相互理解。

---

① 简知、壹心理、妈妈网孕育：《妈妈网联合简知重磅发布〈2021年中国家庭教育白皮书〉》，https://baijiahao.baidu.com/s?id=1703158836509790428&wfr=spider&for=pc，最后访问时间：2025年2月19日。

② ［澳］布鲁斯·罗宾森著：《忙碌爸爸也能做好爸爸》，国际文化出版公司2019年版，第29页。

» 父母没有共同参与育儿，孩子在成长过程中会出现的问题

内心胆怯自卑

缺乏父母一方尤其是父亲的陪伴的孩子更可能存在情感障碍，他们在被欺负的时候往往选择忍气吞声，而不敢去寻求帮助。

情绪波动大

在孩子的成长过程中，母亲的女性力量使孩子温和、有耐心，父亲的男性力量使孩子情绪稳定，内心包容，而缺乏任何一方的影响都会导致孩子的情绪管理能力较差，遇到重大的事情情绪容易波动，无法有效控制自己。

缺少抗压能力

父母的共同陪伴某种意义上是给予了孩子重要的支撑，让他们能够有勇气面对生活中的挫折，而缺乏父母其中一方陪伴的孩子，他们的意志力则往往会偏弱，遇到困难与挫折更可能出现不知所措、容易崩溃的情况。

影响孩子成长中的"社会化"

以上三点又体现在孩子的社交、婚姻等方面，影响孩子成长中的"社会化"，甚至在择友择偶的过程中表现出"恋母情结"或者"恋父情结"，不利于以后的人际交往与婚姻生活。

因此，教育孩子应该是父母双方共同的责任，只有双方都积极参与，才能形成一个健康的家庭结构，给孩子提供多样化的教育，帮助孩子在不同的方面塑造与发展，培养出一个人格健康、积极向上的孩子。

» 现实生活中，父母共同承担育儿责任，各有各的难处

在家庭教育中，父母要共同参与孩子的教育。在农业社会，男耕女织、家庭分工明晰，父亲负责赚钱养家，母亲负责照料子女。进入现代社会，城市家庭结构以父母都外出工作为主，教养孩子便成为夫妻共同的责任。从理论上说，所有家庭都认可父母应当共同肩负起养育子女的任务，但在现实中，家家有本难念的经，各有各的难。比如，受传统观念社会分工与家庭角色的影响，很多家庭依然

是母亲承担大多数日常教养的任务，由此会出现这样的现象：焦虑的母亲、缺位的父亲、失控的孩子。

在家庭代际传递的观念中，一些家庭认为带孩子就是母亲的事情，所以父亲的参与度较低，母亲承担了太多的家庭责任，特别是孩子教育的责任，这样很容易使母亲有一种"母职惩罚"的体验。

随着新女性的崛起，出现了一批"新母亲"，与传统母亲不同的是，她们会把自己的时间与精力从孩子身上转移到自身发展上，使得家庭重新分工成为一种现实困境。

» 父母共同参与育儿存在的误区

认为只要和孩子在一起就是育儿

在这个手机已经成为大家不可缺少的"器官"的时代，越来越多的人对手机的依赖性极高，几乎是一刻都离不了，这也体现在部分父母带娃的过程中。

很多父母认为，只要和孩子待在一起就是共同育儿，于是就出现了这种现象：父母和孩子同处一室，但是三个人各做各的事情，妈妈忙着做家务，孩子自己孤单地玩着玩具，爸爸在一边开心地刷着短视频，甚至父母双方都在玩手机，完全不理会孩子的需求。这不仅没有体现共同育儿的益处，反而会对孩子的身心健康产生负面影响。

采取AA的方式，刻意进行育儿时间分配

新时代的家长不再是"男主外女主内"，更多的是双方都积极地投身于自己的工作中，这就导致双方的育儿时间极度减少，于是共同育儿，更加注重时间上的平均分配，忽视日常生活的陪伴与参与。

其实父母不应该把共同育儿的关注点放在时间的分配上，而是应该放在陪伴的质量和效果上，父母要各自发挥所长，根据自己的兴趣与能力进行合理分工，如母亲可能会更多地满足孩子的日常生活与情感需求，父亲可能会更多地参与孩子的教育与娱乐活动等。

一方提供经济支持，一方提供日常陪伴

这种传统的方式看似是比较合理的分工，但是却忽略了养育不仅有"养"，还要有"育"。父母任何一方都不能只提供金钱上的支持，把孩子成长中的呵护责任推给另一方。而是双方都要参与这个过程，共同担起育儿的责任。

无论谁在金钱上提供了更多的支持，在陪伴孩子成长的过程中，任何一方都不能缺席。

家庭教育是父母的共同责任。但有很多父亲，他们忙着工作，忙着赚钱，却疏忽了孩子的成长。我们都知道，工作出错了可以重来，孩子的成长却没有回头路，孩子关键性的成长阶段，错过了，真的就错过了。父亲给孩子最好的爱，从来都不是赚很多钱，而是陪伴孩子成长。

» 实现共同育儿，还有很长的路要走

建立父母共同参与养育的原则

在家庭发展理念上，建立父母共同参与养育的原则看起来简单，其实落实起来并不容易。这不仅需要父母齐心协力，还需要他们理念一致，落实起来会有很多具体的困难。主要是理念上的不同，比如爸爸认为养育孩子就应该妈妈多操心，妈妈认为爸爸应该多些陪伴，这些看似简单的细节会直接影响他们的养育态度、养育方式和养育策略等。

还有现实的困境，比如打工家庭，为生计，父母没有办法与孩子一起生活……面对种种问题，国家立法是一个巨大的进步，但法律从实施落地到深入人心依然有一段很长的路要走。

夫妻在家庭中做好协调和合作

新家庭可以塑造人。建立新家庭之初，夫妻在家庭事务中要更多地合作、妥协、协商。在夫妻建立相对稳定的生活模式后，孩子到来，这时如果年轻的父母太热衷于为孩子规划路线，总体的育儿焦虑会影响到家庭教育的质量。父母的教养方式、沟通方式、人生态度都会对孩子产生潜移默化的影响。父母是孩子的终身导师，从这个意义上讲，《家庭教育促进法》的颁布实施意义重大。

建议有关部门出台指导方案

在实操层面，还有很长的路要走，还有很多问题有待解决，比如父母以爱的名义过度干预孩子的成长，控制型父母会加剧孩子成长的焦虑，放任型父母会放任孩子野蛮生长，中产家庭的教育焦虑直接从怀孕开始……

建议有关部门，比如教育部门可以出台指导方案，让家长了解自身的基本职责，哪些是底线，哪些需要强制执行等。此外，还要做好重点人群的工作，比如非婚生子女、犯罪家庭子女、重组家庭子女等，让他们可以享受到《家庭教育促进法》带来的福祉。

父母教育孩子要抓住时机，
要在生活中随时随地进行引导

大咖来了

范蕊，博士，山东大学学生心理健康教育与咨询中心主任、教授、硕士生导师，国家二级心理咨询师，山东省大学生心理健康教育专业委员会副主任委员。

育儿贴士

相机而教、寓教于生活考验家长的人生智慧。有的父母可能为了强调相机而教而忽视孩子的基础教育，有的父母可能为了追求教育成果而忽视培养孩子应对失败挫折的能力，有的父母可能时时刻刻想着引导和培养，而忽视了孩子自由探索的时间。相机而教，就是在孩子需要的时候，及时伸出援手；在孩子茫然失措时，给出建议和指点；在孩子遭遇挫折时，提供温暖的港湾。

案例分享

小美上大学后想买一款手机，和妈妈商量，从自己的压岁钱里拿出一部分，妈妈补贴一部分。结果，到了手机店，妈妈忽然反悔，理由是买手机容易导致注意力不集中，影响学习。小美非常生气，指责妈妈说话不算数，妈妈也不劝慰，而是任由小美生气，向店内的顾客讲述自己的不易和小美的不懂事，引来围观。小美情绪更加激动，在手机店里崩溃大哭。

数据说话

2023年《中国乡村家庭教养方式调查报告》显示："当孩子犯错的时候，对着孩子大声吼、凶他/她"的调查结果表明，22%的家长选择了"经常"或

"几乎总是"的选项，49%的家长表示"有时"；主导教育风格为放任型的家长很少。例如，关于"一些事我本来不同意，但当孩子闹得厉害，就由着他/她了"的调查结果表明，68%的家长选择了"从不"或"很少"的选项，只有2%的家长表示"几乎总是"。①

» 相机而教和寓教于生活可以使孩子更全面、快乐地成长

相机而教、寓教于生活指的是家长在日常生活中要善于捕捉合适的时机，对孩子加以引导与教育，促使孩子将外在的启发教育转化为自身内在的理念。

相机而教和寓教于生活可以为孩子创造一个宽松、积极、自由的氛围，使孩子更全面、快乐地成长，为其未来学业和生活打下坚实基础。相机而教、寓教于生活对孩子的成长有多方面的促进作用。

可以帮助孩子提升解决问题的能力

相机而教侧重亲身经历和在生活中体验，这种教育方式可以帮助孩子在润物细无声的教化中理解道理，体悟人生，习得技能，提升自信。通过实际操作，孩子能够学到更多关于解决问题、沟通和合作的技能。

可以帮助孩子提高学习兴趣

相机而教、寓教于生活，实际上是把教育融入日常生活的点滴之中。寓教于生活，也是寓教于乐。孩子在生活中学习知识、学习为人处世的方式，学习变得有趣且实际。这可以激发孩子主动学习的兴趣，把有意义的事情变得有意思，又把有意思的事情变得有意义，从而使学习变成有趣的体验。

塑造价值观念

把教育和日常生活相结合，有助于传递正确的价值观念和美好的道德观念。在日常生活的潜移默化中让孩子体验什么是公平、正义、责任和尊重等，把这些外在的道德准则内化为内心的信念和坚守。

---

① 朱利文、黄臻、Evelyn Li：《中国乡村家庭教养方式调查报告》，https://mp.weixin.qq.com/s/O66u_zwUi2kv2Xcz9bjWmA，最后访问时间：2025年2月19日。

» 父母缺少相机而教，对孩子的成长会产生全方位的负面影响

父母作为孩子的第一任老师，必须承担起相应的家庭教育责任，寻找合适的时机，在最恰当的时候，让孩子心领神会自己的教育意图，帮助孩子更好地成长。如果缺少相机而教、寓教于生活，对孩子的成长一定会产生全方位的负面影响。

解决问题能力的不足

寓教于生活能够引导孩子在日常活动中发现问题并寻找解决方案。如果这种经验缺失，孩子可能不太擅长面对挑战和找到解决问题的途径。

批判性思维的欠缺

相机而教一般都是针对日常生活中的事情在合适的时机通过提问启发孩子思考，培养其批判性思维。在缺少这种教育方式的情况下，孩子很难培养出主动思考、质疑和分析问题的能力。

创新能力的受限

相机而教能够给孩子提供创造性的学习环境，激发孩子的创造力。如果创造力缺失，孩子就很难有创新思维，很难从不同角度看待事物。

社交技能的不足

寓教于生活能增加孩子与他人发生良性互动的经验，有助于培养孩子的社交技能。如果缺乏这方面的教育，孩子可能很难学会有效沟通、合作和建立良好的人际关系。

» 相机而教时，容易存在的误区

不懂选择时机

时机随处都在，但孩子并不是时时刻刻都需要被教育。所以相机而教，最难的就是找到"机"，也就是合适的时机。很多父母教育孩子不看时机、不分场合、不顾孩子的感受，随时随地批评教育孩子。

比如在大街上批评孩子，不顾及孩子自尊。孩子出现情绪问题的时候不先安抚孩子的情绪，而是一味指责。有的家长忽视孩子的成长特点，比如孩子青春期

的时候，不经孩子同意翻看孩子日记。

明朝思想家吕坤在《呻吟语》中曾提出"七不责"——当众不责、愧悔不责、暮夜不责、正饮食不责、正欢庆不责、正悲忧不责、疾病不责。可以给家长作参考。

不懂教育方法

教育的目的是给孩子的思想和行为提供正确的导向，要寓教于生活，而不是一味地讲道理、批判，或者言之无物地数落。有些家长不懂科学的教育方法，会出现过度干预的现象。比如给予孩子过多的学习压力导致孩子焦虑。一些父母可能会干预孩子自主的学习和探索过程，导致孩子缺乏自主性和创造性。

不懂如何平衡

相机而教、寓教于生活考验家长的人生智慧。有的父母可能为了强调相机而教而忽视孩子的基础教育，有的父母可能为了追求教育成果而忽视培养孩子应对失败挫折的能力，有的父母可能时时刻刻想着引导和培养，而忽视了孩子自由探索的时间。

» 父母相机而教，就是对孩子伸出援手，给予指导

父母相机而教，就是在孩子需要的时候，及时伸出援手；在孩子茫然失措时，给出建议和指点；在孩子遭遇挫折时，提供温暖的港湾。

保持自己的心态平和

父母心态平和，才能在教育孩子的时候不被情绪左右，才能用欣赏的眼光看待孩子，言传身教。经典的发展心理学实验——"静止脸实验"和"视崖实验"证明，婴儿在认识世界之前，首先认识的是自己的父母，婴儿能敏锐地感受父母的情绪变化。

父母的情绪稳定、心态平和可以保证孩子在温暖阳光的环境里成长，从而使孩子对父母产生无条件的信任，也能保证后期教育的效果。

营造温暖有爱的家庭氛围

研究表明，父母子女之间关系平等、相互尊重且保持良好沟通的家庭，孩子的智商明显高于其他家庭的孩子。温暖有爱的家庭氛围对于孩子的成长至关重要。

父母可以为孩子创造一个融洽的沟通氛围，在这样的氛围里，孩子愿意并且敢于分享自己的感受和想法，家长也能够认真倾听并给予积极反馈。

建议父母每天晚上创造一个聊天时间，这个时间一般控制在一个小时以内，聊天时间内家长和孩子可以畅所欲言，不对孩子的观点进行道德评判，必要时给孩子积极正面的反馈。

了解孩子的特点

知子莫若父母。每个孩子都是独一无二的，因为遗传因素和家庭环境、社会环境等的影响，孩子的个人特质、性格特点、自身见识、爱好特长都不尽相同。父母需要了解孩子的性格特点和在各年龄阶段的成长心理，进行个性化的教育。

学龄前需要让孩子养成良好的生活习惯。到了小学阶段要鼓励孩子观察周围的事物，提出问题，并尝试回答这些问题。到了初中，就需要引导孩子摆脱对电子产品的依赖，正确对待青春期的各类问题。

利用合适的教育时机

父母要注意捕捉寓教于生活中的"遇物则诲，相机而教"的教育时机。合适的时机蕴含在生活的每时每刻，可能是一餐一饭间，可能是在路上遇到某一件事时。比如，路过商店橱窗时，可以和孩子一起比赛记住橱窗里的物品。时机也可以是一些重要的时间节点，如孩子的生日、重要的节日、各类纪念日等。此时可以和孩子一起讨论生命起源、时间流逝等人生重大问题。还可以创造一些时机，比如带孩子参观博物馆、动物园、植物园等，或是参与一些手工艺活动、烹饪课程等。

不断学习科学的教育方法

作为父母，我们可以通过阅读相关书籍、参加各类培训和研讨会、在线学习等方式了解和掌握更多的家庭教育技能和知识，提高自己的能力和素质，更好地相机而教、寓教于生活。

父母自身没有树立好标准，是对孩子言传身教的最大障碍

大咖来了

谭旭东，博士，上海大学文学院教授、博士生导师，上海大学儿童文学研究中心主任，上海师范大学语文教育研究中心主任。

育儿贴士

言传身教的阻碍和困难，更多的是做父母的主观上不自觉，没有用文明的规则来约束自己，没有进入父母的角色，没有树立作为父母应有的标准。如果父母讲究一些基本的规则，坚持做人的基本原则，自然就会自觉地维护自己的形象，也会避免出现言行不一致的现象。

案例分享

4岁的嘟嘟有两个"毛病"，一是不听话，二是晚睡。这几天，嘟嘟总是在晚上临睡觉前要下楼玩，无论怎么给他讲外面天黑了，小朋友都回家了，明天再玩之类的话，他都不听，就是哭着要下楼。后来，嘟嘟爸爸对嘟嘟妈妈说："要不我们就按照他说的做，让他试试看，然后我们也早点睡觉，睡前不玩手机。"这天，嘟嘟临睡前又要下楼，嘟嘟爸爸没说什么，愉快地给他穿好衣服，带他下去。外面很黑，冷风飕飕的，楼下空无一人，爸爸刚要把嘟嘟放地上，他就喊着回家了。回家之后，爸爸妈妈也和嘟嘟一起刷牙换睡衣，不一会儿，嘟嘟就睡着了。从那天有了真实感受以后，嘟嘟晚上再也不吵闹着要下楼玩耍了。

» 言传身教，就是在语言和行为方面，家长要起到表率作用

家庭教育主要是父母的亲职教育，因此父母是家庭教育的主导者、行动者，

而孩子是接受者和参与者。父母不但是孩子成长的物质条件的提供者，在语言和行为方面也应该是孩子的榜样。所谓"子不教，父之过"。古训讲的是最起码的道理，也就是人的底线。

做父母，既然生下了孩子，就得养育孩子，就得教育孩子。这一点是自古以来延续的社会传统。曾国藩就是一个极其重视家庭建设的人，在家族中特别强调个人修为，用自己的行为规范去影响孩子。

过去，由于经济落后、教育落后和文化观念落后，父母一般只注重孩子的吃和穿，尽量让孩子身体成长。进入新时代，文明程度高了，经济条件好了，教育环境和文化环境好了，人的观念也发生了很大变化，父母还要给孩子好的家庭环境，尤其是要营造家庭文化环境，让家庭充满书香，富有教育内涵。

当然，父母的言传身教，具体说，就是在家庭语言文明方面，要起到表率作用。日常生活中，如果父母说话不文明，甚至喜欢说脏话、痞话，那就很难给孩子好的语言修养。

另外，父母的日常交流所用的语言表现出来的品质、素养和人性，也是语言文明的一部分。

而身教，就是要用行动说话，做什么事，都要有规矩、讲规范，如父母勤奋工作，吃苦耐劳，有坚强的意志和品格，愿意帮助别人，乐于为社会服务，远离电子游戏等，这些都是正面的行为教育。如果父母喜欢网络游戏，在家里随时玩手机，孩子也容易受到影响。

父母如果注重个人修养和品格，也注意日常的言行，真正实现在潜移默化中对孩子的言传身教，那么，孩子很容易养成良好的生活习惯和行为习惯。在入学之前，孩子良好的行为习惯，会为学习生活打下很好的品格基础。爱学习、爱思考、爱探求，好奇、勤奋等，都是在良好的日常行为习惯基础上形成的学习品格。

» 没有树立作为父母应有的标准，是言传身教的最大障碍

父母在养育孩子的过程中，只要具备一定的爱心，愿意扮演好父母的角色，承担起做父母的责任，就有办法让自己的语言和行为更符合孩子成长的需要。也就是说，做父母的，想在孩子面前树立好的形象，就不会穿得邋里邋遢，就不会

随地吐痰，就不会随意说脏话，就不会去做匪夷所思的事，更不会去做违法乱纪的事。

言传身教是为了更好地给孩子树立榜样，引导孩子效仿和学习父母的言谈举止，逐渐形成自己的行为习惯和性格特点。可以说，父母的言传身教对孩子的性格形成具有重要意义，这务必引起父母的重视。

有些父母会因为自己的一些不良行为习惯或性情而出现一些不好的行为，此时，孩子一旦模仿，是不利于其身心健康的。

因此，言传身教的阻碍和困难，更多的是做父母的主观上不自觉，没有用文明的规则来约束自己，没有扮演好父母的角色，没有树立作为父母应有的标准。如果父母讲究一些基本的规则，坚持做人的基本原则，自然就会自觉地维护自己的形象，也会避免出现言行不一致的现象。

当然，有时候客观上也有一些困难。比如，父母因为工作忙碌，会减少和孩子相处的时间，甚至出现明显的亲子陪伴缺位。在和孩子交流的过程中，缺乏一些基本的技巧。

遇到这种情况，父母要尽量调整好工作和生活的节奏，尽可能多陪伴孩子，多和孩子交流，不要把过多的时间用在社交应酬上，更不要把时间花在一些无效社交上。同时，也要注意学习，多读书，尤其多读一些能提升自己人文素养的书，培养自身的教育能力。在言传身教中，父母积极的学习态度、生活习惯和进取精神，是最有感染力的。

» 言传和身教一样重要，在语言和行为方面一起做榜样

家长和孩子在一起，家庭生活和日常的交流本身就有潜移默化的作用。常言道："父爱如山，母爱似海。"表面上看，这句话讲的是父母的爱非常深厚，实际上，这句话还蕴含着父亲和母亲在家庭里对孩子的影响很大的意思。

只要父母在，家庭就像一个有着巨大气场和影响力的空间。父母的言传身教主要是在潜移默化中完成的。父母要在潜移默化中教育孩子，可以从以下方面行动。

父母要有良好的生活习惯，每天作息有规律，不睡懒觉，做事不拖拉，言必

信，行必果，善于合理安排和规划自己的工作和生活，给孩子做好自律的榜样。

父母要避免长时间追剧和玩网络游戏，要爱读书，养成买好书、读好书的习惯，可以陪同孩子一起阅读、一起讨论，尽量不在孩子面前玩电子产品，给孩子做好学习的榜样。

父母在孩子面前不要说大话，不要随意许诺，更不要随意批评或贬低别人，要给孩子讲信用和宽容的感觉。

在家里做事情有条理，处理问题果断且符合常识，这样也会让孩子形成讲效率、讲秩序的品格。

父母要讲究卫生，穿着打扮要自然得体，不要给孩子展示邋遢的形象。

做到以上几点，父母在日常生活中就扮演好了教育引领者的角色，而家庭生活也就有了不一样的教育氛围。

不过，严格意义上说，言传和身教一样重要。有些家长虽然很会做事，行为上很有感染力，但不太会用语言表达，甚至讲话有些木讷，自然会影响和孩子的交流。但有些父母只会说而不去做，肯定也不行。

在语言和行为方面一起做榜样，自然教育效果更好。因此建议家长既要注意语言修养，又要有行动力，能用行为说话，用实际行动来感染和引领孩子。

父母的教养方式决定孩子的人生起跑线，严慈相济是关键

大咖来了

陆士桢，中央团校（中国青年政治学院）教授，中国农业大学马克思主义学院博士生导师。

育儿贴士

作为父母，要帮助孩子"扣好人生第一粒扣子"。常言道，不让孩子输在人生起跑线上。这个起跑线不是家庭经济状况的优劣，而是家庭文化建设状况如何，父母的家庭教养方式如何，家庭教育开展情况如何等。在家庭教育中，就要强调严慈相济的教养方式。

案例分享

11岁的小宝上五年级，除母亲之外，家人都溺爱孩子，导致他骄纵任性，性格既顽皮又恶劣。小宝在家中的地位高人一等，处处受到特殊照顾，好吃的放在他面前供他一人享用，爷爷奶奶可以不过生日，但他过生日得买大蛋糕、送礼物。渐渐地，小宝变得越来越自私，没有同情心，也不会关心他人。最后发展到破坏他人物品甚至是公共物品，家人非但不纠正，还替孩子辩解。多次纵容致使小宝越来越肆无忌惮。看着无法无天又是非不分的儿子，母亲既担忧又无力。

数据说话

《2022年中国家长教育素养状况及提升策略》显示：对子女严格管教、重视学习的传统教育观念仍是被大部分父母认可的教育观念；对于"棍棒底下出

孝子"的观念，仍有24.7%的家长表示赞同。①

» 严慈相济是中华民族家庭教育的优良传统

严慈相济是中华民族家庭教育的优良传统，自古我们就讲究"严父慈母"，说的是家里既要有父亲的严格要求，经常训诫，还要有母亲的温柔体贴，慈爱安抚。《三字经》中，"昔孟母，择邻处。子不学，断机杼"。孟母对子女既有关爱，又有威严，成为世代相传的为母之楷模。

当代家庭教育理念也重视正面管教的方法，在养育孩子时，讲求宽严相济，对孩子成长中的一般错误，予以包容和理解，循循善诱，对于原则性和道德性问题必须严格纠正，促使其从小养成守住为人底线的道德品质。

家庭是孩子的第一所学校，父母是孩子的第一位老师，古今中外无数案例表明，家庭里只讲慈爱，甚至溺爱放纵，孩子不仅很难接受社会规则，没有能力去适应社会，而且长大后往往会自私、任性、懦弱、无理等，一生都生活在纠结和痛苦之中。

如果只讲严厉，苛求指责、严厉对待，甚至动辄打骂、体罚，则会让孩子形成畏惧、神经质、闭锁等心理特征，其中很大一部分还会形成对抗、暴力等行为倾向。

作为父母，要帮助孩子"扣好人生第一粒扣子"。常言道，不让孩子输在人生起跑线上。这个起跑线不是家庭经济状况的优劣，而是家庭文化建设状况如何，父母的家庭教养方式如何，家庭教育开展情况如何等。在家庭教育中，为何如此强调严慈相济的教养方式？主要原因如下：

首先，严慈相济的教育原则源于家庭和父母承担着帮助孩子实现社会化、为孩子成为合格社会人打基础的重要任务。社会化是从一个自然人到一个社会人的过程。在这个过程中，一个人必须完成一系列任务。如掌握生活技能，学习并接受社会文化价值，承担社会角色，使自己成为合格的社会成员，同时形成自我个性等。这就必须不断拓展孩子的社会生活，促进其社会性发展，不断帮助孩子学

---

① 霍雨佳、李一、李育倩等：《2022年中国家长教育素养状况及提升策略》，载《中华家教》2023年第3期。

习做负责任的公民,学会过有意义的生活。

其次,在这个过程中,一方面要坚持对孩子进行正确的价值观念引领,另一方面要启发孩子学会独立思考和积极实践。前者要求管束、限制、立规矩,后者则要求理解、尊重和爱。

没有前者,孩子没有规矩,不成方圆;没有后者,孩子冷酷懦弱,缺少爱心。放大到全社会,则会直接影响每个个体的文明素养,影响社会精神文明的建设。

» 严慈相济的教育方式在实际教育中受很多因素影响

事实上,中国孩子的教育生态所存在的问题是系统性的、多元化的。理论上大家都知道对孩子不能没有原则地宠爱,也不能不讲情感,一味地严苛,但在实际教育中往往有很多因素影响着父母的情绪和行为。概括起来,在家庭教育的过程中,特别是在贯彻严慈相济的原则教育孩子方面,目前父母普遍存在如下问题。

在思想观念上,存在教育观念功利化倾向,一味追求严格

不少父母在孩子发展问题上追求的是物质化的单一目标,追求所谓世俗"成功",把一个人复杂的人生追求简化成有钱、有地位,并近距离地聚焦于考个好学校,获得个好分数。于是在学习上围绕成功目标,一味求严,"鸡娃"不断,软暴力不断,甚至拳脚相加。这些不仅造成了父母和孩子在情感上的严重隔阂,而且造成了部分孩子严重的心理疾患。

在生活上严重宠溺孩子,缺乏边界感

很多父母在日常生活中过分替代,孩子在家庭生活中不承担任何责任。更有甚者,父母公然对孩子说:"你的任务就是把学习搞好,其他什么都不用你动手,也不用你操心……"父母亲手把孩子塑造成了四体不勤、五谷不分的"废物"。

物质方面过分满足,没有休止,日常生活没有规矩,没有界限

中华民族自古以来就重视对孩子的教育,特别是家中要立规矩,严格要求。在这方面有不少谚语、格言,凝聚了我国传统家庭教育的经验教训,如"人不教不

懂，钟不敲不鸣，树不修不长，娃不管不成""树小扶直易，树大扳伸难"等，都深刻地揭示了家庭教育严慈相济的必要性，对今天的父母教育行为有重要的指导意义。

教育方法上存在严慈失调的现象

不少家庭隔代教育，老一辈常常会把年轻时对于孩子关爱的缺陷，加倍折射到孙辈身上，忽略必要的管制，甚至当孩子犯下错误，父母对其进行管教处罚的时候，也要无原则地袒护。这样不仅会造成孩子有恃无恐，不良认知、行为和情感积累和叠加，而且也会影响家庭内部的关系和氛围。

» 在家庭教育方法上贯彻严慈相济，是父母育儿的重要方面

要坚持身教，端正思想观念

父母要在思想观念、行为模式和情感表达等多方面给孩子做榜样。不少父母习惯于把孩子当成自己的私有财产，把孩子当成被塑造的客体。其实，每个孩子都是能动的，不是被父母塑造的；是有潜能的，总能够在某一方面实现自己的价值；是独特的，即便是兄弟姐妹，也没有两个孩子的个人特性和成长路径是完全一样的。

要树立正确的教育观

父母要搞清楚孩子要长成一个什么样的人。是健康、快乐、有用，还是有金钱有地位的所谓"成功"，父母准备让孩子在未来的日子活给左邻右舍和七大姑八大姨看，还是真正活出自己。这种基本的观念和认知会决定父母对孩子的基本态度，也会决定父母是否真正从孩子出发实现严慈相济。

要特别注重根据时代特征，根据孩子的特点不断改进教育方法

掌握好的教育方法，父母要不断提高自身素质。一是要学习，既要学教育方法，也要学孩子的身心发展规律和特点；二是要关注，要在日常生活中时刻关注孩子的行为与情绪，尊重孩子的个体差异；三是要理解，理解孩子行为背后的心理需求，及时自我反思；四是要支持，时刻注重给孩子思想、精神和情感上的支持。

要创造条件,实现严慈相济

父母要确立规范,可以通过制定家规让家中有明晰、确定的规范可循。要让孩子在家庭里担当责任,在家里给孩子一个"岗位",让孩子知道自己在家庭中的地位和价值。还要重视高质量陪伴,经常与孩子亲近,乐于和孩子一起解决困难,坚持和孩子定期谈话沟通,过程中特别要注意以同理的姿态跟孩子说话,以共情的状态理解、接纳孩子的情绪情感,实现平等交流。

善于表扬和批评

父母要承认孩子的真实情况,而不是只承认自己所希望的状况。表扬及时、具体、实事求是,批评要有用。不把自己的情绪和孩子的过错相混淆,批评的是孩子的过错而不是他本人。批评要讲清错在哪里、后果是什么,表明父母的态度。

要学会惩罚,不打骂不等于不惩罚

父母可以使用剥夺某些权利和行为补过的方式进行惩罚。还要努力营造一个和谐欢乐的家。善于营造温暖的家庭氛围,经常表达爱意、温暖和支持。学会使用正面的语句跟孩子说话,因为做一件事比不去做一件事更容易。

父母要尊重孩子个体差异，
谨慎跟"别人家的孩子"比较

大咖来了

殷飞，博士，南京师范大学心理学院副教授、院长助理，南京师范大学家庭教育研究院副院长，中国家庭教育学会常务理事，国务院妇儿工委办公室儿童工作智库专家。

育儿贴士

不同的孩子在身心、智力、个性等方面存在一定的差异性，所谓龙生九子各有不同，父母要学会根据孩子的特点进行引导，努力走上因材施教的道路。教育的成功就是让每个孩子都能把自己的特点和潜能发挥出来，让孩子在全面发展的基础上找到最适合自己的成长道路，从而成就自我，服务大众，实现价值。

案例分享

一位三年级孩子的家长前来咨询，在描述情况时，这位家长苦恼地说三年级开学才两个月，老师给他发了十条信息，主要反馈孩子在课堂上注意力不集中，上着课动不动就站起来溜达，或者插嘴说话，破坏纪律，干扰老师教学。这位家长抱怨说："老师为什么不能对孩子包容一点？为什么总是向家长告状？"咨询师询问家长："在孩子幼儿园和小学低年级时，老师向家长反映过类似的问题吗？"家长说有的，但他认为那只是孩子活泼一点而已，为什么学校不能宽容一点，或者采取差异化教学。经过沟通，咨询师告诉这位家长，他可能误解了孩子发展的差异性问题，他的孩子有可能存在一定的发展障碍，应该认真对待老师的反馈，及时对孩子进行诊断与早期干预。

» 不同孩子之间存在发展进度不同，有早有迟

发展心理学研究结果表明，儿童的发展具有阶段性和差异性。阶段性是指在某个年龄阶段，儿童的发展具有一定的相似性。如孩子大概在某个年龄段开始掉乳牙，大概在某个年龄段开始出现青春期的特征等。

差异性是指即使在某个具体的阶段，孩子之间也存在发展进度的不同，有些孩子早一点，有些孩子迟一点。差异性除了表现在发展快慢上，还有类型的不同，如有些孩子运动能力很强，而在数理逻辑上表现一般。有些孩子对文字很敏感，但是音乐天赋一般等。

《家庭教育促进法》中强调父母在家庭教育中要尊重孩子的差异性，每一个孩子的成长经历都不尽相同，尤其是原生家庭中的成长环境和教养方式，会造就孩子独特的个性。因此，父母要认识到孩子的个性发展及其所表现出来的差异性是客观的，并对孩子的差异性给予尊重。作为父母，在尊重孩子的差异性时需要注重以下几个方面：

警惕试图让自己的孩子成为"别人家的孩子"

父母要避免在教育目标上，对自己的孩子不加探索，试图让自己的孩子成为"别人家的孩子"，把别人家孩子的成功经验套到自己孩子身上，如别人家的孩子奥数很好，能够参加数学竞赛，就不顾自己孩子的天赋，一味跟风，以己之短较别人之长，让梨树一定要结出苹果来。

警惕跟"别人家的孩子"进行简单比较

父母要避免在教育过程中将自己的孩子跟"别人家的孩子"进行简单比较，不顾及自家孩子在发展过程中与别的孩子存在发展的差异性，总是用"同样的老师教，别人能学好，你为什么学不会""别人能做到，你怎么做不到"的执念要求孩子。

警惕对孩子拔苗助长

根据孩子年龄特点教育孩子，能够有效避免在教育过程中陷入"拔苗助长"的误区。父母如果大体上知道孩子在某个阶段的身心发展规律，就不会对孩子提出超越他的年龄阶段的要求。如有些家长在辅导孩子功课时，认为自己能做出来

讲出来，孩子就应该听懂。要不然，家长就会情绪失控，亲子关系"鸡飞狗跳"。

» 尊重孩子的差异性，父母在理解和实践中常会出现的误区

不同的孩子在身心、智力、个性等方面存在一定的差异性，所谓龙生九子各有不同，父母要学会根据孩子的特点进行引导，努力走上因材施教的道路。教育的成功就是让每个孩子都能把自己的特点和潜能发挥出来，让孩子在全面发展的基础上找到最适合自己的成长道路，从而成就自我，服务大众，实现价值。

然而，在尊重孩子发展差异的同时，父母也应该警惕陷入误区。

误读差异，把发展滞后当差异

孩子的发展速度不同，相同年龄的孩子在认知、情绪和能力上均会存在一定的差异。在面对孩子的发展差异时，父母需要保持一定的生活敏感性和对专业人员的敬畏心。敏感性要求父母在孩子的成长中，要积极观察，及时发现孩子在成长的各方面存在的差异，这是父母的职责，忽视问题就会隐藏问题，耽误孩子的发展。

父母如果发现问题，要对专业人员有敬畏心，向他们请教科学的建议并积极配合。如发现孩子比同龄孩子矮小，既不要忽视也不要焦虑，要通过专家进行科学评估。如有些孩子在幼儿园表现出明显的特异性行为，当教师向父母反馈希望引起重视时，如果父母忽略教师的建议，极有可能错过问题的早期干预机会。

泛化差异，把片面发展当差异

有的父母面对孩子的差异性时还存在泛化的倾向，即把孩子的片面发展当成发展差异，阻碍了孩子的全面发展。如有些孩子在学校因为教师或者其他外部原因不喜欢某门学科，不少父母会不加分析，认为孩子的发展有差异，不需要强求，任由问题变大，导致孩子的成长受阻。

有些孩子表现出的差异是因为后天习惯养成不好，或者对知识理解不清，这时父母要通过孩子表现出的差异探寻背后的真正原因，从而做到既尊重孩子的差异，又促进孩子的全面发展。

纵容任性，把发展中的问题当差异

差异在孩子们身上是客观存在的，它让这个世界丰富多元。但是父母不能把孩子的问题行为都当成可以接受的差异。如有些孩子在公共场合不遵守公德，这就不是可以接受的差异，而是需要纠正、引导和教育的行为问题。

差异是一个人对人对己无害的个性化表现，它不是后天养成的道德水准的区别。父母要在日常生活中根据具体情境对孩子的思想与行为进行客观分析，避免纵容孩子的任性，不把问题当成差异，以免耽误孩子的发展。

» 孩子的个体差异是必然存在的，父母要科学看待

孩子的个体差异是必然存在的，这些差异有发展性的，也有障碍性的；有身体生理的，也有心理和认知的；有先天形成的，也有后天环境影响和教育所致的。作为父母，该如何科学看待孩子的个体差异，既不会因为忽略个体差异导致孩子被错误地对待，也不会因为非理性地放大差异，导致孩子无法正常融入集体与社会？

父母一方面要加强学习，了解儿童发展的相关科学知识，另一方面也要保持一定的敏感性，及时观察，并和学校教师保持密切沟通，共同促进孩子健康全面发展。

保持敏感，加强观察

了解孩子的差异性，需要父母保持一定的敏感性，即平时生活中通过多观察，敏感地发现孩子在哪些方面具有优势，哪些方面存在劣势。如学习某个方面的内容较快，哪些内容接受较慢等。

通过观察，了解孩子倾向于用什么方式表达，比如要表达同样的感情，孩子倾向于用什么方式，语言还是动作，画画还是音乐等。通过日常生活中的细致观察，父母能够对孩子的特点有一些感性认识。

给予充分体验的机会

在观察的基础上，父母还要有意识地为孩子创造多元的体验机会，如此，孩子表现出的特点才能够得到强化，让优秀变得更优秀，让特点变得更明显。反之，

如果体验的机会少了，孩子的表现就可能是局部和片面的，父母得到的感性经验就是不完整的，极容易对孩子造成误判。

父母在带领孩子进行体验时，可以根据孩子的年龄来选择体验的内容，小一些的孩子要走进大自然，在大自然中自然地进行游戏互动；大一些的孩子，父母可以陪伴他们参与公益活动和志愿服务等，让孩子在体验劳动、服务他人中多元发展，健康成长。

密切合作，加强落实

孩子的差异性在不同的情境中存在不同，父母要有意识地和学校保持密切的合作，以了解孩子在不同情境中表现的稳定性，也能在教师的专业引领下，对孩子的差异形成的原因有更科学的认知，从而形成家校合作方案，更好地促进孩子的个性化发展。

孩子成长中出现的问题，很可能源于亲子间的不平等交流

大咖来了

李丹，博士，上海师范大学心理学院二级教授、博士生导师，上海师范大学儿童发展与家庭研究中心主任，中国心理学会理事，中国家庭教育学会理事，中国心理学会发展心理专业委员会副主任。

育儿贴士

每个人都有自尊和受到他人尊重的需要。儿童青少年的身心发展尚未成熟，相比成人更脆弱敏感，更容易受到伤害。考虑到孩子的尊严，尊重孩子的需求，关注孩子的情感，是为人父母者应该修习的第一课。

案例分享

小婉是初一新生，她原本成绩优异，但受到人际关系困扰，在前不久的期中考试中成绩大幅下滑。父母只关心学业本身，严厉地批评了她，并将考试结果归咎于她不够努力。小婉向父母诉说人际关系困扰，解释成绩下滑的原因，却被父母指责。父母认为小婉过于敏感，为不专心找借口。小婉试图再次沟通，父母却总是打断她的话，开始给她讲一些大道理，教导她作为学生就应该把学习放在第一位，专注自身发展，自己优秀了，自然就不会有人际困扰。小婉感到非常沮丧和失望，她觉得父母没有真正倾听她的心声和困惑，不在意她真正的感受。渐渐地，小婉与父母之间的沟通变得越来越少。她开始封闭自己，不愿意与父母交流。

» **凡不涉及原则性问题，父母应征求孩子意见，并尊重孩子想法**

父母与孩子之间的平等交流，指的是双方，尤其是父母一方将对方作为独立

的个体看待，在沟通的过程中彼此交换想法与意见，并对此表示出足够的尊重，不按照自己的主观想法过分干涉。在沟通交流的过程中，只有本着平等与尊重的态度，才能拉近与孩子之间的距离，培养其对父母的信任。

在平等与信任的交流氛围中，孩子能更加坦诚地表达自己内心的想法与需求，从而有助于父母更加全面真实地了解自己的孩子。凡不涉及原则性的问题，多征求孩子的意见，尊重孩子的想法和决定，有助于孩子自主性的发展。此外，将平等与尊重作为亲子关系的基本准则，可以减少沟通过程中的矛盾和冲突，有利于培养和谐的亲子关系，并形成良好的家庭氛围。

» 凡是高自尊的孩子，获得父母的温暖和支持比较多

研究表明，父母可以通过不同的方式影响孩子，父母的类型包括专制型、放任型和冷漠型、权威型。专制型的父母对孩子施以绝对控制、极少沟通；放任型和冷漠型的父母对孩子都是极少或根本没有限制，但放任型的父母给予孩子的是无条件接纳，冷漠型的父母则表现为缺乏感情的忽视；权威型的父母善于接纳和鼓励孩子，对孩子的控制是有弹性的。

依照马斯洛的需要层次理论，个体除了生理需要和安全需要，还有爱与归属、尊重和自我实现需要。随着儿童、青少年自我概念的发展，他们开始评价自己在各个不同领域的能力，并将这些印象整合成一个整体的自我评价，即自尊。

高自尊的孩子对感知到的自身品质和能力持积极态度，而低自尊的孩子往往对自己不太满意，纠结于自己的不足，却看不到自己的优点。自尊心是个体成长和发展的动力，苏联教育学家苏霍姆林斯基曾说，儿童的尊严是人类心灵最敏感的角落，保护儿童的自尊心就是保护儿童的潜在力量。

研究表明，那些高自尊的孩子，其父母都会给他们提供温暖和支持，允许他们表达自己的意见，并以身作则，对他们施加影响。近些年发生的儿童青少年悲剧事件，有不少与父母当众掌掴、谩骂或不信任孩子有关，是父母不尊重孩子、当众羞辱孩子的恶果。对孩子来说，体面与尊严比考试成绩本身重要得多。

» 有些父母与孩子交流重物质轻情感，强调无条件服从

孩子成长中的问题可能源于亲子之间的不平等交流

人类的孩童有着超长的童年期，可塑性非常强。不同成长阶段的孩子有着不同的身心发展特征。随着年龄的增长，孩子可能因为认知、学业压力、同伴关系、生理变化等原因，产生诸如厌学、攻击、成瘾、抑郁、焦虑、孤独等问题。这些问题可能源于亲子之间的不平等交流。

父母重物质轻情感，导致孩子不愿意与父母交流

父母大多关心孩子的饮食起居，亲子沟通往往局限于"几点起床上学""今天晚饭吃什么"……双休日不是带孩子参加兴趣班和补习班，就是带孩子去吃好吃的，却忽略了孩子的情感问题。

一般来说，童年期孩子情绪比较外露，如果父母愿意与孩子沟通，较容易从孩子的表述中了解其经历的喜怒哀乐。进入青春期的孩子处于脱离父母的"心理断乳期"，随着身体的迅速发育，自我意识明显增强，迫切希望从父母的束缚中解放出来。

他们的感情变得内隐而深沉，内心世界活跃，外部表现却不明显，更不愿意对父母表露。这就要求父母在与孩子的日常沟通中，能够进行平等对话，善于透过现象看本质，设身处地为孩子着想，而非一言不合即打骂，气急败坏之下把孩子从自己身边推开。

父母强调无条件遵从，监督控制缺乏弹性，导致孩子缺乏自主性

父母往往把孩子当作自己的私有物，认为自己可以随心所欲地塑造，却不考虑孩子的个人特征，忽略了孩子的主观能动性，容易引起孩子的叛逆心理。

许多父母习惯了对孩子的日常活动的干预或包办，不论生活中的吃喝玩乐，还是学习中的时间安排、个人爱好、课外活动，父母都要周到安排，一切按部就班，不尊重孩子自己的选择，不允许孩子的质疑。久而久之，可能造成孩子的依赖性和惰性，缺乏自主性和创造性，导致各种适应不良。

» 父母与孩子平等交流要做到以下内容

关怀爱护孩子，让孩子愿意沟通分享

关怀爱护表现在父母愿意花时间倾听来自孩子的各种声音，能够用清晰准确

的语言与孩子讲道理。无论快乐还是沮丧，只要孩子愿意说，父母又愿意与他分享，最终的结果都将是收获。

满足孩子的需要，即使无法满足，也要耐心倾听

当孩子慢慢长大，想要被满足的需要也越来越多，不仅要吃饱穿暖，更重要的是获得各种精神上的满足，诸如需要得到成人的尊重，想做自己感兴趣的事情。

一般而言，孩子的需要大多有其合理性。当孩子向父母提出要求时，即使父母一时无法满足，只要能耐心倾听，也已经表明了重视孩子的态度。对于孩子提出的需要，能给予满足最好；若暂时无法满足，只要父母解释清楚，应该也会得到孩子的理解。

多说信任与鼓励的话，给孩子尝试的勇气

每个人都有自尊和受到他人尊重的需要。儿童、青少年的身心发展尚未成熟，相比成人更脆弱敏感，更容易受到伤害。因此，考虑到孩子的尊严，尊重孩子的需求，关注孩子的情感，是为人父母者应该修习的第一课。

诸如"废物""笨蛋"之类的言语对孩子是极大的不尊重，父母应该多鼓励和信任孩子，如"这件事不太容易，但我相信你一定能够自己解决"，这样的言语会给孩子尝试的勇气，促使他们以愉快的心态去迎接学习和生活中的挑战。

多倾听和回应孩子，遇到问题一起分析，给予帮助

亲子沟通的目的在于形成与孩子的默契和相互信任，通过对孩子潜移默化的影响使孩子健康成长。当孩子需要跟父母说话时，父母一定要想办法腾出时间来倾听，而且在听的过程中，不要被其他事情所打扰。同时，父母还要适时给予回应，表达自己的感受，与孩子一起分析所遇到的问题，对孩子的困惑给予指导和帮助。

父母要努力与孩子共同成长，不要把眼睛只盯在孩子身上

大咖来了

刘秀英，中国青少年研究中心《少年儿童研究》杂志原主编、编审，中国家庭教育学会常务理事。

育儿贴士

孩子能够健康成长几乎是每个父母的愿望，而实现这个愿望的最有效办法，就是父母与孩子一起成长。很多人认为，父母是不需要学习，以自己已有的知识和经验储备就可以胜任的角色。这种认知有悖于家庭教育规律。

案例分享

自从小宇出生后，妈妈就全身心地投入对他的教育中。小宇上小学后，为了让他学习成绩优秀，妈妈在工作上降低了要求，甚至不惜对领导撒谎以避免参加单位活动。她对小宇的学习有着极高的期望，要求他成绩名列前茅，并给他安排了大量的学习任务。一旦小宇成绩下滑，妈妈就会严厉批评他，并加强学习管理。她时常以为了小宇而牺牲自己的职业发展为理由，要求他更加努力。然而，小宇的表现并未如妈妈所愿。随着年级的升高，他对学习越来越没有兴趣，对妈妈的态度也越发冷淡。他感到压力很大，对妈妈的付出既感激又觉得沉重。同时，在妈妈严密监控下的生活让他感到窒息，甚至幻想妈妈生病后自己可以松口气。小宇和妈妈的关系逐渐紧张，彼此都不快乐。

数据说话

《2022年中国家长教育素养状况及提升策略》显示：在角色任务方面，非常赞同和基本赞同"我认为家长也需要向孩子学习，同孩子一起成长"的比例合计为98.9%。[1]

» 实现孩子健康成长目标的最有效办法，就是亲子共同成长

父母的一言一行在潜移默化中影响着孩子

父母是孩子成长中的重要人物，与孩子接触的时间最多，接触的频次最高，父母的一言一行都被孩子听在耳中，看在眼里，在潜移默化中影响着孩子。正如苏联教育家苏霍姆林斯基所言，父母"怎样穿衣服，怎样跟别人谈话，怎样谈论其他人，你们怎样表示欢心和不快，怎样对待朋友和仇敌，怎样笑，怎样读报……所有这一切对儿童都有很大意义……父母对自己的要求，父母对自己家庭的尊敬，父母对自己一举一动的监督，这是首要的和基本的教育方法"。

家庭教育的方法需要随着孩子的成长不断进行调整

孩子是处于发展中的，每个时期的生理、心理特点都不同，成长任务与问题也不同。相应地，父母与孩子的交流方式、对孩子施行的教育方法也要有所区别，如果用教育5岁孩子的方法教育12岁的孩子，"逆反"的发生就是必然的。所以父母需要不断更新自己的家庭教育知识，在孩子成长的同时，让自己的教育素养不断提升，这样才能担负起家庭教育的主体责任。

» 父母不学习就可以教育好孩子，这种认知有悖于教育规律

强调"相互促进，父母与子女共同成长"不仅对家庭教育具有建设性意义，而且有很强的问题针对性，直指父母对自己在家庭教育中角色的错误认知。

在许多人的观念中，家庭教育就是父母实施对孩子的教育，父母是教育者，任务是对孩子提出要求，培养孩子成人成才。父母是不需要学习、以自己已有的

---

[1] 霍雨佳、李一、李育倩等：《2022年中国家长教育素养状况及提升策略》，载《中华家教》2023年第3期。

知识和经验储备就可以胜任的角色。

这种认知有悖于家庭教育规律。从父母作为教育者的角色来讲，如果父母不成长，孩子也不可能成长得好。从孩子的角度出发，模仿是他们学习的一种重要方式。父母是孩子尤其是低龄孩子主要的模仿对象。从父母的角度出发，身教是家庭教育的重要方法。

心理学家班杜拉的研究发现，对于未成年的子女来说，父母做什么比说什么更重要。劝说往往只能影响他们的口头行为，而行为示范对他们的外部行为有非常显著的影响。父母自身素质是影响子女成长的重要因素，扮演好父母这一角色，要求父母要不断提高自身的素质。

这种认知也有悖于家庭教育的本意。父亲和母亲是独立的个体，他们的价值并非只体现在服务于孩子的成长上，父母角色只是其人生中众多角色之一。教育功能是家庭诸多功能之一，教育功能的发挥必须从属于让家庭成员能够更好地"共同生活"的指向，不能阻碍其他家庭功能的发挥，亦不能置其他家庭成员的利益于不顾。

养育孩子并不是父母对孩子单向的辛苦付出，也不是像传统观念所认为的，收获的只是子女对进入晚年的父母的赡养。在养育孩子的过程中，父母收获着孩子成长带来的喜悦，收获着自身的成长，这样的育儿理念与实践更有价值，更符合家庭教育的本意。

不可否认的是，要把这种认知内化为父母对自己的要求，运用在教育孩子上，对于父母来说是一种挑战。亲子关系不是完全对等的人际关系。父母不论在生理、心理发展水平还是经济地位上都要强于孩子。

从成长需求看，孩子的成长不仅是社会发展的需求，也是个体成长的自然规律，有着必然性。父母学习和成长往往不再是社会的硬性要求，具有很大的可选择性。这也恰恰印证了倡导父母与子女共同成长的必要性。

» 父母要有亲子共同成长意识，不要把眼睛只盯在孩子身上

父母要提升作为社会成员、国家公民应该具备的基本素质

基本素质包括心理素质、道德品质、文化素养等。父母要谨记孩子时刻在看

着自己，期望孩子成为什么样的人，自己要先成为什么样的人。

父母可以对照《新时代公民道德建设实施纲要》中的相关要求，培养以爱国奉献、明礼遵规、勤劳善良、宽厚正直、自强自律为主要内容的个人品德，于社会做一个好公民，于工作做一个好建设者，于家庭做一个好成员，为家庭教育的成功奠定良好的基础。

要提升育儿能力，树立正确的育儿理念，自觉学习育儿方法

这种学习应当是不间断的，贯穿孩子的成长过程。随着社会对家庭教育的重视程度越来越高，父母可以获得的学习资源也越来越丰富，获取的途径也越来越多。父母应当结合自身情况，选择适宜的方式学习。

注重与子女间的互动、与生活的交叠，让父母与孩子互相成就

父母要把自己的成长展示给孩子看，让他们不仅从父母教育素质的提升中获益，也从父母自身素质的提升中获得成长。最近在做什么项目、准备参加什么考试、年终单位考核自己获评了优秀、自己在哪些公益活动中主动申报做志愿者等，都可以与孩子分享。父母也可以与孩子共同学习，共读一本好书，一起观赏一部好电影，之后交流感受。

父母要保持开放的心态向孩子学习，学会倾听孩子，学会向孩子求助，借由孩子使得自己与当今世界发展的脚步更契合。面对生活中的一些困扰，例如手机等电子产品的过度使用问题，父母可以与孩子一起商讨、设置使用规则，达成共识后全家人共同遵守、互相监督，父母与孩子一起养成适度使用手机的好习惯。

父母要给孩子做好榜样，不断完善自身

父母与孩子处于人生的不同阶段，父母是家庭教育主体责任承担者，一起成长是对父母与孩子的共同要求，也是家庭教育科学实施的必然结果。

从某种意义上说，孩子来到这个世界上，使父母有机会蹲下身子与其一起重新审视这个自己已经习以为常的世界，修正一些固化的认知，发现平凡与日常的美好。为了给孩子做榜样，不断完善自身；为了不贻误孩子发展，努力学习成为合格的引导者。要在这个过程中，实现父母与子女的共同成长。

第三章

培养必备生活技能
养成良好行为习惯

要想培养孩子具有家庭责任感，家长要经常带孩子做家务

大咖来了

王大龙，教育部高级访问学者，中国教育学会家庭教育专业委员会副理事长。

育儿贴士

孩子不论年龄大小，都是重要的家庭成员。家长要告诉孩子他们在家庭中应该负起的责任，而承担家务则是最好的方式。家庭中缺少了劳动气氛，缺少了认真的劳动，家庭幸福就成了充满浪漫色彩的幻想。因此，望子成龙的父母应该从孩子小时候起就为他们创造一种环境和条件，让孩子做力所能及的事情，让孩子有一双勤劳的手，使其终身受益。

案例分享

晓梅的姐姐今年46岁，前几天查出宫颈癌，幸运的是发现得还算及时，是初期，医生建议尽快手术。当晓梅和姐姐一起收拾衣物，为手术做准备时，姐姐的女儿低头摆弄了一会儿手机，说："妈，你们都去医院了，那谁来给我煮饭呀？"中午，晓梅正陪姐姐做术前检查，外甥女打电话来问："小姨，问问我妈，我中午吃什么？"到了晚上，手术终于做完了，外甥女又打电话来了，第一句话不是关心妈妈的身体，而是问为什么晚上洗澡时热水器的水是凉的。闹了半天才知道，是她根本没打开烧水按钮。晓梅一下子就火了，质问道："你都快大学毕业了，家里的事情怎么什么都不知道？"外甥女无辜地说："这些事情妈妈都不让我管，她说我没必要做这些，专心学习就可以了。"

数据说话

有学者追踪调查近两万份样本,对不同家庭背景和学校区位影响初中生寒暑假与平时的家务劳动参与问题进行了量化分析,结果显示:青少年的家务劳动参与总体偏低。在假期,家务劳动参与率只有54%,优势家庭学生家务劳动参与率只有43%;而在平时,学生每周家务劳动的均值为5.78小时,每天均值0.83小时,较美国九年级男生每周5.92小时、女生每周7.56小时,存在一定差距;父母最高学历、父母最高职业和家庭经济条件构成的家庭背景越普通,学生越可能参与家务劳动且时间越长,符合"'穷人的孩子'早当家"的传统说法。[1]

» 让孩子做力所能及的事,可以使其终身受益

中国人的传统是非常看重孩子劳动习惯养成的。宋代大师朱熹在《童蒙须知》中说:"夫童蒙之学,始于衣服冠履,次及言语步趋,次及洒扫涓洁,次及读书写文字,及有杂细事宜,皆所当知。"孩子只有从小在家做到"于洒扫应对进退之间,持守坚定,涵养纯熟",长大以后,才能通达事务、有所作为。

清朝曾国藩认为,理想的家风应当"耕""读"并列,不要丢失农家子弟的本色。"耕"(包括种菜、养鱼、养猪等)可养子弟勤劳之品质,并使家衣食足而有生机;"读"则可使家有书香之气。二者结合,则既能提高子弟的各种能力,又能磨炼他们的意志品质。

1938年国民政府教育部社会教育司在《家庭教育》一书中提出孩子习惯培养之重要,书中共提出20个好习惯,其中卫生习惯、清洁习惯、自制习惯、勤勉习惯、精细习惯、尊重公益习惯、节俭习惯、劳动习惯都和家务劳动相关。

陶行知先生曾说:"人生两个宝,双手和大脑。用脑不用手,快要被打倒。用手不用脑,饭也吃不饱。手脑都会用,才算是开天辟地的大好佬。"

营造家庭浓郁的劳动生活气氛是劳动教育的基础。孩子不论年龄大小,都是重要的家庭成员。家长要告诉孩子他们在家庭中应该负起的责任,而承担家务则

---

[1] 肖纲领、谢永祥、林荣日:《走向差异化的劳动教育:家庭背景、学校区位与青少年的家务劳动参与》,载《教育发展研究》2022年第Z2期。

是最好的方式。

家庭中缺少了劳动气氛，缺少了认真的劳动，家庭幸福就成了充满浪漫色彩的幻想。因此，望子成龙的父母应该从孩子小时候起就为他们创造一种环境和条件，让孩子做力所能及的事情，让孩子有一双勤劳的手，使其终身受益。

» 家务劳动可以促进孩子的手部发育和大脑发育

对家长来说，让孩子做家务，刚开始时与其说是让孩子帮忙，还不如说是给自己增加负担，但这却是培养孩子养成帮助他人的良好习惯的大好时机。家长要充分信任孩子，让他们发挥自信去独立完成某项工作。同时也要帮助孩子理解，帮助他人是良好的品德。

家务劳动有助于孩子手部的骨骼和肌肉的发育

家务劳动有助于手部的骨骼和肌肉的发育，像钉扣子、洗手绢、择蔬菜、切黄瓜、和面、绣花、纳鞋底等都要运用手指的精细动作。

这些不同的家务劳动可以促进手臂、手腕、手指、手眼、手耳的协调。手的"十八般武艺"丰富多彩，包括抓、穿、插、刺、夹、剪、缝、倒、捏、掐、拧、撕、揉、捻、敲、拍、系、绑等。

手是躯干中最灵巧、最精细的部分，虽然手只是全身的一小部分，但对应大脑皮层的感觉、运动区域，其所占面积和拥有细胞的数量却是较多的。手需要大脑的高度发达才能灵活地操作，因而手的灵巧性是大脑皮层成熟度的重要体现。大脑的发育和活动依赖对外界各种感觉刺激的接受，手是感知世界的重要器官。

手指的精细动作，可以增强孩子的协调能力

不但手指的精细动作可以体现孩子的动手能力，更主要的是，听觉、视觉和运动协调能力，能够反映人的精细感觉对外部刺激的分析和综合能力。这种能力是由神经系统的发育水平决定的。随着年龄的增长，孩子的精细动作能力不断提高，在7岁以后已经接近或达到成人水平。

俗话说"心灵手巧"，其实应该说，手巧心才灵。通过手部小肌肉的运动，可以初步判定个体大脑皮层是否完整无损。所以，某种程度上可以说，手部动作能

预报智慧的潜在基础和学业成绩。

当然，弹钢琴、拉手风琴、吹笛子、吹黑管等乐器演奏，手工航模、舰模的制作，绘画、书法、陶艺、雕塑等活动，对手指、眼睛和耳朵的协调也是一种很好的训练。

家务劳动有助于开发孩子的大脑潜能

手指做简单动作时，感觉运动区的脑血流量约比手不动时增加10%，但在手指做复杂、精巧的动作时，该区的脑血流量就会增加35%以上。使脑血流量增加的动作训练会使思维更加敏捷。大脑感觉运动区皮层神经主要分为3个连续的部分，包括手部代表区、面部和其他运动代表区，手部代表区所占比例稍微大一些，从这个角度来看，双手协调运动的训练在大脑发育成熟过程中有着重要意义。

人的大脑完全成熟要到25岁，手的触觉是人类认识外部世界的重要手段，双手上分布着丰富的神经末梢以使其能够完成感知、运动（操作）的任务。锻炼手的功能，就是开发大脑的潜能，促进大脑的最优发展。

» 让孩子养成良好劳动习惯，家长要做好多方面准备

给孩子选择的权利

家长要给孩子提供一份所有他能够做的家务清单，让孩子自己选择其中的一两项。这会让他感到，自己拥有选择和控制的权利，从而心甘情愿去做自己选择的家务。

把任务细化，并给孩子做示范

一个整体的概念（像"把你的房间收拾好"）可能会让孩子困惑并挫伤孩子的积极性。把一个任务分拆成数个步骤（把玩具装进玩具箱里，把书放到书架上摆整齐等），孩子才会确切地理解家长的要求。

另外，家长应该亲自给孩子做示范，回答他所有的疑问，直到他能够独立完成。家长的耐心至关重要，即使孩子忘记了某个步骤，不要批评，高高兴兴地提醒孩子，直到他记住为止。

忘记"完美主义"

对孩子来说，积极地参与比起结果来说更为重要。如果孩子洗的袜子不够干净，擦的桌子不够亮，不要批评，批评会挫伤孩子的自尊，更会降低孩子与人合作的意愿。

给孩子做个好榜样

家长千万不要当着孩子的面抱怨做家务的烦琐和无聊，这会给孩子传达一个信息——做家务是一件非常可怕的事。家长应尽量让孩子认识到，帮助大人尽快做完这些事，大人就可以留出更多的时间陪自己一起玩。

不要强迫孩子

给孩子留一个缓冲的过程或一点余地。比如，"我可以让你玩十分钟，十分钟一到，你去收拾你的书桌"。

提供奖励

表扬和奖励会对孩子养成良好的习惯产生极大的帮助，而另一个有效的策略就是给孩子制订一个合理的计划：根据孩子所要完成任务的每一个步骤绘制一张任务图表。每当孩子顺利完成其中的一个步骤时，就奖励他一颗小红星。当孩子顺利地完成整个任务时，给予他所希望得到的合理奖励。

家长不要只关注孩子的学习，
而忽略对其生活技能的培养

大咖来了

房娟，博士，浙江师范大学教师教育学院副教授、硕士生导师，浙江省社会心理学会理事。

育儿贴士

现在很多家长不让孩子学习生活技能，怕耽误学习，这显然是不正确的观念。其实，孩子爱劳动、会劳动不仅不会耽误学习，反而还能够促进学习，有助于孩子的全面和谐发展。家长要充分认识到生活技能教育的必要性，切实培养孩子各方面的能力，促进其全面发展。

案例分享

小永出生在一个条件艰苦的家庭，但母亲非常重视孩子的教育，在他未满周岁时就开始教他识字，而小永一开始学习就展露出学习天赋，成了全家人的希望，自此开启了"开挂"般的学习之旅。年仅8岁的他考进了全县最好的重点高中，13岁以高分考进了大学，17岁大学毕业后考入国家级研究所硕博连读。小永独自来到北京上学，因从小到大的生活都是由母亲一手包办的，他严重缺乏生活自理能力，不认路、不会洗衣服、天冷不知添衣，学习上的天才在生活中却是个差生。生活自理能力的缺失让他在学习上和生活上都陷入力不从心的痛苦境地。自此，他变得极度抑郁，最终因为学业问题和生活技能欠缺被学校劝退。

数据说话

有学者针对家务劳动问题，对全国20980名中小学生开展问卷调查，结果显示：在家务劳动技能上，96.40%的学生能够掌握至少一项简单的家务劳动技能，也有3.60%的学生不会任何家务劳动；从难易程度看，对于简单的家务劳动，如打扫卫生（85.50%）、洗碗（81.60%）和收拾餐桌（76.00%），会做的比例较高；而复杂一点的家务劳动，如炒菜（36.80%）、煮面条（57.20%）、洗衣服（59.10%），会做的比例则比较低。①

» 孩子如果没有学会基本的生活技能，便无法掌控自己的人生

世界卫生组织指出，生活技能是指人的心理社会能力，是人采取适应和积极的行为，有效处理日常生活中的各种需要和挑战的能力，主要包括十种能力：自我认识能力——同理能力；有效交流能力——人际关系能力；处理情绪问题能力——缓解压力能力；创造性思维能力——批判性思维能力；决策能力——解决问题能力。

生活技能教育是把社会生活中所需要的技能教给孩子，促使其规避或主动解决社会生活中的问题。通过开展生活技能教育，可以提高孩子的心理素质，使孩子具有良好的行为素养，进而建立良好的行为习惯。

海南省教育科学规划课题"后疫情时代海南省中小学生心理健康问题与解决策略研究"的研究成果显示，孩子需要掌握以下六个方面的生活技能：

一是生活方面，从衣、食、住、行四个最基本的方面入手。孩子需要了解健康、正确的饮食方法，合理膳食并保持营养均衡。具备洗衣、整理床铺、打扫卫生等生活自理能力，了解一些简单的病痛并学会自我诊疗。

二是学习方面，让孩子学会制订学习计划，合理安排学习时间，高效利用时间进行学习和休息，掌握恰当的学习策略。

三是心理方面，让孩子意识到肯定自己、承认他人的重要性，学会倾听和表述，恰当疏解压力，正确看待考试和成绩。

四是沟通方面，学会恰当地与父母、朋友交流，使用合适的词语、语气、肢体语言与别人交谈，并注意交际中的礼仪。

五是抗风险方面，互联网高度发达，虚拟的世界里也危机四伏，因此需要学

---

① 赵卫华、李晶晶：《中小学生劳动教育严重脱离日常生活》，载《当代教育家》2022年第7期。

会防范网络诈骗。现实生活中，学会正确用火用电，防止生活中可能发生的小事故，并习得在天灾人祸发生时求得生存的方法。

六是理财方面，倡导勤俭节约，建议适当储蓄，反对大手大脚、追求名牌和攀比，正确理解商品的价值与价格。

» 家庭教育就是生活教育，劳动教育是生活教育的基本内容

从家庭条件看，许多家庭都未达到富裕水平，勤劳的品质在现在和未来都不会过时。从国家层面来说，我们的国家正迈向共同富裕的新征程，人均财富距离发达国家还有较大距离。只有"撸起袖子加油干"，才能实现共同富裕。

家庭教育的本质是生活教育，生活教育是孩子最需要的家庭教育，而劳动教育是生活教育不可或缺的内容。从家庭生活来看，学会做饭、洗衣等于掌握了两项基本生活技能，对孩子的学习、家庭生活及社交能力都具有促进作用，将使其终身受益。

现在很多家长不让孩子学习生活技能，怕耽误学习，这显然是错误的观念。其实爱劳动、会劳动不仅不会耽误学习，反而还能够促进学习，有助于人的全面协调发展。家长要充分认识到劳动教育的必要性，切实培养孩子各方面能力，促进其全面发展。

《家庭教育促进法》将立德树人作为家庭教育的根本任务，而能否真正培养孩子的道德品质与生活实践密切相关，甚至可以说没有生活技能教育，没有深厚的生活实践，培养良好道德品质可能成为空中楼阁。只有家庭进行生活教育，学校进行知识教育，社会进行实践教育，三种教育相辅相成，这种结构完善而严谨的平衡教育才能为培养出真正的人才奠定坚实基础。

» 家长是培养孩子必备的生活技能的第一位老师

寓教于乐，培养孩子自理能力

孩子的模仿能力很强，对学习生活技能有时会显得很有兴趣，家长就要把握时机，让他们学习做他们能做的事，例如洗脸、刷牙，年龄再大一点时，就是扫地、做饭、洗衣服等。孩子刚开始自己做时，可能会很慢，会做错，但不经一事，

不长一智，要包容孩子，让孩子在轻松愉悦的氛围中掌握生活技能。

循序渐进，帮助孩子学会生活自理

学会自理，掌握生活技能不是一蹴而就的，它需要家长帮助孩子在一定的时间内循序渐进地练习。一方面，家长应该不失时机地为孩子提供锻炼的机会和条件，放手让孩子去尝试和体验他们要自己干的事情。另一方面，让孩子做的事情，应符合他们的身体及心理发育水平，应是他们力所能及的，对比较复杂的任务，可以将大目标分解成一个个小步骤、小目标，分段来完成。

因材施教，关注孩子成长的个体差异

孩子的成长存在个体差异，这个特点告诉家长对孩子不要轻易地进行横向比较。孩子的成长受多种因素影响，即使对相同年龄的孩子来说，他们的接受能力不同，对他们的要求也要有所区别，因材施教是最为合理的教育方式。作为家长，应该多观察、多交流，了解孩子的需要和能力，因材施教，帮助孩子提高自理能力和生活技能。

体验成功，提高孩子成长的自我效能感

对于孩子的任何一点进步，家长都不该忽视，应及时地给予表扬和鼓励，让孩子感受到成功的愉快。孩子获得成功的愉快感是推动自理能力发展的动力。当孩子限于自身能力，无法达到预期目标时，家长应该耐心细致地进行引导，并辅以鼓励性语言。必要时家长可以协助孩子完成任务，帮助孩子树立锻炼自理能力的信心。

巩固强化，内化孩子生活技能和良好习惯

任何一项技能的形成都是多次练习巩固的结果，在孩子掌握基本的生活技能之后，家长要提醒孩子，使孩子的生活技能在多次练习中不断强化，逐步养成良好的行为习惯。就教育而言，家庭是孩子身心发展和成长的最为重要的环境。家庭教育的核心是培养孩子的健全人格，掌握生活技能是孩子生存和形成健全人格的基础。

培养孩子的时间管理能力，家长的正确引导比催促更有效

大咖来了

符丹，博士，西北农林科技大学心理发展与教育中心教授，中国心理学会注册心理师，国家二级心理咨询师。

育儿贴士

缺乏时间管理技能的孩子会表现出很多方面的欠缺，其中最明显的表现就是学习效率低下。在社交方面，也可能会影响孩子与同学的社交发展。在人格发展方面，缺乏时间管理技能可能导致孩子难以自我监督和控制，容易形成负面的自我评价，进而影响他们的自尊水平。而在生活中，由于不知道如何有效地管理时间，可能会产生多方面的压力和焦虑。

案例分享

朵朵是一名六年级的小学生，她性格乖巧，和老师、同学相处得都很好，唯独在学习上非常喜欢磨蹭，写作业拖拖拉拉，连起床、吃饭都变得越来越磨蹭，经常惹妈妈发火。马上要小升初考试了，妈妈为朵朵报了写作提升班，结果，说好的七点出发，到七点十分还没能出门，妈妈忍不住发飙："六点就叫你起床，结果磨蹭到六点半，刷个牙十分钟刷不完，系个鞋带都得五分钟，现在好了，早餐都来不及吃！你都多大了？你有没有点时间管理的意识？自己去跟老师解释！"朵朵眼泪夺眶而出，一向乖巧的她忍不住顶嘴："昨天晚上十一点才写完作业，周末也没有自由时间，我哪有时间可管理？"母女间的"大战"一触即发。

» 时间管理可以帮助孩子提升自我掌控感，养成良好行为习惯

时间管理是管理学提出的一个概念，主要指的是有效地规划和控制个人或组织的时间，以提高效率、生产力和整体生活质量。对于孩子来说，时间管理是一项重要的技能，可以帮助他们更好地找到自己的节奏，提升自我掌控感，积极适应学校生活，培养兴趣爱好，并开展其他活动。时间管理对于孩子的成长而言，主要有以下几个方面的促进作用：

帮助孩子养成良好的行为习惯

帮助孩子合理管理时间，可以将需要完成的任务分解成几段，并形成计划。有计划地完成任务可以确保行动顺利且高效。同时，可以帮助孩子养成不拖延的行为习惯。

帮助孩子珍惜时间，热爱生活

帮助孩子学会时间管理，培养良好的时间观念，可以帮助孩子更好地珍惜时间，热爱生活，让孩子能够意识到时间的宝贵，并且深刻领会"时光一去不复返"的道理。

培养孩子自我管理的能力

时间管理可以促进孩子更好地进行自我管理，自我管理的能力不仅可以帮助孩子科学合理地运用时间，而且可以让孩子变得更加独立。

» 教孩子学会时间管理的重点，是帮助孩子建立对时间的感知

家长之所以要帮助孩子进行时间管理，是因为孩子良好的行为习惯是在成长过程中逐步形成的。孩子年龄越小，越容易培养行为习惯。此时，主要给孩子做一些行为示范，再通过一定的训练和强化，确保孩子对行为的习得。

对不同年龄段的孩子进行时间管理教育时，需要因材施教。例如，学龄前的孩子人格意识还未健全，对其进行行为干预和训练就显得十分重要，无须向孩子进行太多"说教"，可以通过营造良好的家庭环境和言传身教来培养孩子合理管理时间的能力。

到了小学阶段，适当的说理和行为训练对孩子来说意义重大，孩子的思维快

速发展，家长可以以思辨的方式帮助孩子认识合理管理时间的意义。

对孩子来说，"时间"是一个看不见、摸不着的抽象概念，很难通过解释说明的方式，让孩子了解它的意义。因此，孩子越小，越需要家长的帮助和指导，家长要将抽象的时间概念以非常自然的方式融入孩子具体的生活日常，通过培养孩子有规律地生活，让吃饭、睡觉及玩耍等都变成培养时间观念的一个环节。

而教孩子学会时间管理的重点也应该是帮助孩子建立对时间的感知，在一个有弹性的范围内，控制好自己各项活动或任务的时间。

缺乏时间管理技能的孩子会表现出很多方面的欠缺，其中最明显的表现就是学习效率低下。具体可表现为完成学习任务时的磨蹭或拖延行为。在人格发展方面，缺乏时间管理技能可能导致孩子难以自我监督和控制，容易形成负面的自我评价，进而影响他们的自尊水平。

» 家长在引导孩子进行时间管理时普遍存在的误区

过度控制，对孩子的时间安排全权做主

一些家长在为孩子制订时间安排时忽视孩子的意见，导致孩子无法自主进行时间管理，在实际生活中没有机会实践时间管理。

当家长对孩子的每一项活动都进行严格安排时，孩子很难有机会学习如何自我调节和自我管理，也缺乏参与时间安排与管理的实际体验，这会严重剥夺孩子练习时间管理的机会，甚至会影响孩子的自信和独立性。

期望过高，用成人的时间管理标准要求孩子

家长在实施时间管理时没有考虑孩子的年龄和发展水平，试图用大人的时间管理办法来要求孩子。例如，一说到时间管理，一些家长可能想到各种各样流行的时间管理方法，如时间管理手账、某某工作法、时间日志等，但常常以失败告终。

因为小学、初中阶段的孩子思维发展和行为管控方面还未成熟，他们在时间管理上还做不到成人那样理性。

目标错误，将时间管理等同于挤出时间来做更多的事

家长一定要明确孩子时间管理的目标是提高效率，而不是挤出更多时间来给孩子安排更多的事。例如，如果孩子周末很快写完作业的结果是"再多做一套卷子"，孩子做得越快任务就越重，那么，久而久之，孩子不知不觉就会养成磨蹭的习惯。

因此，家长切记不能借着教孩子时间管理的机会给他安排更多的事情，高效的时间管理应该给孩子带来更多的自由和愉悦，而不是没完没了的新任务。

» 帮助孩子培养良好的时间管理能力，家长要正确引导

把时间还给孩子，允许孩子有适当的自由时间

想要孩子有管理时间的意识和能力，就要允许孩子拥有自己可管理的自主时间。而且，孩子越大，他自己可支配的自由时间应该越多。如果孩子的时间都被家长安排满了，那么孩子就只能被动服从安排，永远学不会自己管理时间。

当然，孩子越小，家长对孩子自由时间的安排具有的话语权越大，也必须有一定的要求约束。尤其是一些容易失控的时间，比如电视时间、手机时间及游戏时间等，家长需要和孩子一起约定具体时长。

帮助孩子建立"要事第一"的观念

由于大脑发育还未成熟，孩子做事的专注力和持续性比成年人要差很多，加之孩子的好奇心旺盛，很容易被各种事情吸引，时间经常在无意间碎片化流失。因此，家长需要尽早帮孩子理解"要事第一"，让孩子知道重要的事情要优先和专注地做完，不能拖到最后。

设定明确的目标，并及时给予孩子积极反馈

与孩子一起协商，设定他们认同的短期和长期的目标，并与孩子认真讨论如何通过每日计划来达成这些目标。注意，目标的设置应该具体、可达成性高。家长要观察孩子的积极行动，多鼓励孩子做得好的一面，以提升孩子对时间管理的自我掌控感，强化其自我管理的信心。

给孩子做好时间管理的示范

孩子往往会模仿大人的行为模式。因此,家长做什么远比说什么对孩子影响更大。在时间管理方面,家长要以身作则,比如要有时间观念,平时做事有条不紊,有序推进自己的目标计划,为孩子示范从容的生活、工作节奏,帮助孩子发展良好的时间管理技能和习惯。

孩子的时间管理不应仅限于学习方面,应包括多方面活动

家长要充分重视孩子休息、娱乐和体育锻炼的时间分配,确保孩子有一个全面且均衡的日程安排,这对孩子的身心健康至关重要。

给孩子足够的自由时间来进行锻炼和玩耍,这种自发的活动对促进孩子的创造性思维和社交技能非常重要。家长应该在确保孩子完成必要的学习任务的同时,关注孩子的身心健康、兴趣培养和社会交往。

培养孩子良好的学习习惯，家长不要成为添堵者或破坏者

大咖来了

贺岭峰，博士，上海体育大学心理学院教授、博士生导师，教育部高等学校心理学类专业教学指导委员会委员，复旦大学、华东师范大学特聘教授，中国婚姻家庭研究会理事，中国心理学会婚姻家庭心理与咨询专业委员会委员。

育儿贴士

在小学一年级到三年级，只要帮助孩子养成相对短时高效的学习习惯，家长就可以适时退出了。一旦孩子可以做到自己调控学习时间并做好反馈，家长就应该放手，到了小学高年级就应该把监督作业的责任交给孩子自己了。

案例分享

小刚10岁，上小学三年级，做作业的时候总是坐不住。别人家的孩子一两个小时能完成的作业，他可能拖到三四个小时都完不成，经常做到后半夜。在做作业的过程中，一会儿上厕所，一会儿吃零食，一会儿又去找文具，总之，就是坐不住，做作业中间不停被打断。妈妈也很崩溃，只好在旁边监督他做作业，但是看到他做作业的样子，就控制不住要发火。这一发火，孩子做作业就更加拖拉，最后两个人都身心俱疲。妈妈担心，随着孩子年级的升高，作业量会越来越大，完成起来会越来越艰难。一边对孩子的未来充满焦虑，一边心疼孩子做作业到后半夜，不知道如何解决。

» 良好的学习习惯具体有五个方面

学习习惯，是个体在学习过程中形成的一种个性化、重复化、自动化的学习

行为方式。事实上，它也是一种学习的流程、节奏和风格。良好的学习习惯，有利于激发孩子的学习动力，有利于形成高效的学习策略，有利于培养自主学习能力，有利于提高孩子学习的效能感，使孩子终身受益。良好的学习习惯具体来说有以下五个方面：

具备探索求知的欲望

具备这样特质的孩子有着很强的学习内驱力，对自然、社会、他人、自身存在旺盛的好奇心和求知欲，并希望通过学习来探索这个世界。就是身上有那么一股劲儿，很想去发现新的东西，掌握新的本事。在学习了新知识或者掌握了新技能之后，有很强烈的成就感和满足感。越是遇到有挑战性的、比较困难的问题，就越能激发斗志，越战越勇。

拥有自主学习的能力

把学习当成自己要完成的重要事项，当成生命当中最主要的任务，优先规划，优先完成。在这个过程中，自己制订学习计划，寻找策略和方法，拓展相应知识，掌控学习时间，找到不足并及时改进。也就是说，在没有外在压力的情况下，依然能够高效地学习。

养成良好的预习习惯

学习这件事，重复是非常重要的。因为根据艾宾浩斯遗忘曲线，人对知识的遗忘速度是先快后慢的。这就意味着及时复习非常重要。预习、听讲、练习、复习、做作业、考试，这是一个完整的流程。

预习好了，听讲就有针对性，就是个验证或者释疑解惑的过程，再练习就解决问题了。回家后复习一下，发现没忘，又能够想起来学过的东西，通过做作业和考试再验证一遍。这样，一个知识点过了五六遍，基本上就不会忘记。晚上睡个好觉就归纳整理后储存到长时记忆中。

掌握时间管理的方法

学习效率=学习总效果/学习总时间，所以时间是分母，不是学习时间越长越好。研究表明，分段学习的效率是最高的。就是一个学习循环，先集中注意力学习20—25分钟，再休息5—10分钟，然后进入下一个学习循环，这样的分段学习效率是最高的。

形成自我奖赏的路径

要想让学习变成孩子自己的事，在整个学习闭环中，及时的自我反馈和自我奖赏是非常重要的。

这个奖赏不应该是来自家长和老师，也不应该是来自第二天老师批改完作业以后的回馈，更不应该是以后的某次考试。要形成孩子本人对自己学习过程和学习效果的监督、评价、管理和激励，只有自我激励的孩子才是真正的学习者。

» 不良的学习习惯会对孩子的学习造成影响

缺少自我学习监控

孩子对作业这件事情没想法，老师留什么作业，就按部就班地去完成什么作业，把作业当成任务去完成，也不知道为什么要做这项作业，做到什么程度算是好的，做完了也不管结果怎样。这样孩子就成了学习的"劳工"，而不是学习的主人。有没有能力监控自己的学习过程，是"学霸"和"学渣"的真正分别。

反馈不及时

无反馈不学习，学习最重要的是即时反馈，不是作业做完就完事了。通过复盘，发现自己还有哪些地方掌握得不扎实，问题到底是出在审题上，还是出在公式的引用上，抑或出在对知识点的理解上？一定要知道问题出在哪儿，及时地改进才是有价值和意义的。

总想跟别人比

平时的作业和考试都和别人比是没有意义的，只有中高考是和别人比较，平时都是和自己比。看看自己是不是改正了已有的错误，是不是找到了新的学习路径，是不是发现了自己知识的盲区，平时就注重发现问题、解决问题，而不是只看名次进步了没有，老师表扬了没有。获得学习上的自我增值，这才是我们平时学习的真正目标。

熬学习时间

很多孩子习惯性地熬时间,觉得自己尽力了,一做作业就是几个小时,经常做到后半夜。其实,这违背了做作业的真正目标。与其这样熬时间,不如用这些时间去做一些课外的拓展、兴趣爱好、社交或者娱乐活动,可能对自己的帮助更大。

» 家长培养孩子良好的学习习惯,要多措并举

抓住培养学习习惯的最佳时机

家长应在学前和小学阶段着重培养孩子的学习习惯。学前阶段,通过互动游戏激发学习兴趣,如阅读绘本、玩积木拼图等锻炼思维。小学阶段,帮助孩子制订学习计划并监督执行,设定学习目标和时间节点以提高效率。同时,鼓励孩子独立思考,培养自主学习能力,教授科学的学习方法,如何有效记忆、如何合理安排时间等,帮助孩子应对学习挑战。

要让孩子有一个独立的学习空间

在家里,一定要有一块空间是属于孩子自己的,是专属于孩子学习的领地。这块空间只能用来学习,不能用来刷手机、追剧、吃东西或玩玩具。目的就是让孩子形成这样一个印象:学习是非常重要的一件事,它不可以跟其他东西混在一起。

一定要优先配置学习的时间

不能把学习的时间放到最后。很多孩子回家吃完晚饭以后要先玩一会儿,打一会儿游戏,追追剧,玩好了之后,才去做作业,这样,做作业和玩耍的位置就被颠倒了。做作业永远是要优先完成的任务,只有完成作业之后,才可以玩。

家长要对孩子的学习早一点放手

小学三年级之前家长可以在学习习惯方面多约束孩子一些,三年级之后,尽可能让孩子自主学习,自主写作业。

家长可以在孩子做作业前问三个问题:"今天作业多不多,大概多长时间能

完成？"这是提醒孩子对自己的作业作规划。"今天的这些作业你决定先做哪一科，后做哪一科？"这是提醒孩子要制订学习规划。"你做完作业后最想干点什么？"这是通过孩子最想做的事情激发起孩子做作业的欲望。

家长不要成为孩子学习上的添堵者或者破坏者

孩子正在做作业，家长过来说："唉，字写得这么难看，擦了重写。"这就是特别打断思路的一件事。作为家长一定要知道，孩子是按照中考和高考的考试要求进行平时的家庭作业的，考试中家长不可能让孩子停下来去改难看的字。

在小学一年级到三年级这个阶段，只要帮助孩子养成相对短时高效的学习习惯，家长就可以适时退出了。一旦孩子可以做到自己调控学习时间并做好反馈，家长就应该放手，到了小学高年级就应该把监督写作业的责任交给孩子了。

幼儿期是养成生活习惯的最佳时期，为孩子一生打下基础

大咖来了

苏婧，北京教育科学研究院早期教育研究所所长、研究员，北京幼儿园女园长协会专家委员会主任，中国学前教育研究会常务理事，北京市教育学会学前教育专业委员会理事长，第十二届国家督学。

育儿贴士

教育就是培养习惯，塑造健康的人格。幼儿良好的生活行为习惯对其后续的发展有着至关重要的影响，不仅关系到儿童智力和认知能力的发展，更影响到儿童的社会性发展和良好人际交往关系的形成。

案例分享

1978年，75位诺贝尔奖获得者在巴黎聚会。有人问其中一位白发苍苍的科学家："你在哪所大学、哪所实验室里学到了你认为最重要的东西呢？"这位科学家说："是在幼儿园。"大家带着好奇接着问："在幼儿园里学到了什么呢？"这位科学家回答道："把自己的东西分一半给小伙伴们；不是自己的东西不要拿；东西要放整齐，饭前要洗手，午饭后要休息；做了错事要表示歉意；学习要多思考，要仔细观察大自然。从根本上说，我学到的全部东西就是这些。"

» 幼儿时期养成良好的生活习惯，可以增强自理能力

叶圣陶曾经说过，教育就是培养习惯。幼儿时期是培养良好生活习惯的重要时期，我国著名教育家陈鹤琴先生把培养幼儿生活自理能力看成可使他们终身受

益的事，主张凡是孩子能做的就应该让他自己做。

幼儿良好的生活行为习惯对其后续的发展有着至关重要的影响，不仅关系到儿童智力和认知能力的发展，更影响着儿童的社会性发展和良好人际交往关系的形成。

幼儿教育对人一生的发展具有长远影响。家长应该注重培养儿童为其一生发展奠定基础的良好的生活、学习、行为习惯。

幼儿时期是培养良好生活习惯的重要时期。通过养成良好的生活习惯，幼儿不仅能够增强自理能力，更能为今后的发展打下坚实的基础。美国心理学家威廉·詹姆士曾说，播下一个行动，收获一种习惯；播下一种习惯，收获一种性格；播下一种性格，收获一种命运。培养孩子的生活能力会使孩子受益终身。

幼儿生活习惯包括饮食习惯、卫生习惯、作息习惯、体育锻炼习惯、礼仪习惯和衣着习惯等。教育部《3~6岁儿童学习与发展指南》则是从作息习惯、饮食习惯、卫生习惯、锻炼习惯四个方面来阐述的。陈鹤琴先生把幼儿良好的生活习惯分为饮食习惯、衣着习惯和睡眠习惯。

» 家长应在入园前培养孩子的自理能力

家长在培养孩子生活习惯时，往往存在以下误区：认为孩子年龄太小，不相信孩子的能力，总喜欢包办代替；有"树大则直"的想法，甚至认为孩子的生活习惯不用过早培养，长大以后自然会慢慢习得，顺其自然就好；有些家长嫌麻烦，觉得费事，比如怕孩子自己吃饭会弄得哪里都是，收拾起来很麻烦等。

对于刚入园的孩子来说，生活自理能力包括独立吃饭、穿脱外衣鞋袜、上厕所自己提脱裤子等。在幼儿园，老师提倡孩子"自己的事情自己做"，如果孩子没有一点生活自理能力，本来在一个陌生的环境里就不舒服，再看到自己不会做的事情别的小朋友却都做得来，会有一种挫败感，甚至是畏惧心理，从而产生害怕上幼儿园的心理，因为幼儿园没有使他感到开心快乐。刚入园的孩子，如果能具备一些基本的生活自理能力，在幼儿园就会充满信心，可以较快地适应幼儿园的生活。

» 培养孩子的生活习惯离不开家长的信任、引导、示范与合作

要相信孩子，敢于放手

"既然成功了，我就会继续努力！"赏识孩子的能力决定了家长育儿的水平。很多家长对孩子缺乏赏识，主要是因为对孩子缺乏信任。要"深刻"地认识孩子，从根本上讲，就是要去除"成人中心论"。孩子不是传统观念里什么也不懂的人，他们是有着巨大发展潜能的人，是积极主动、有能力的学习者。只有相信孩子的能力和潜力，家长才能做到真正放手。

要为孩子创造更好的条件，提供必要的支持

通过环境熏陶，幼儿可以养成良好的生活习惯。家长要充分利用一切可以利用的资源来培养幼儿的良好生活习惯。这就需要家长努力为幼儿营造出一个积极向上的精神环境，使隐性教育的价值发挥到最大。

要从幼儿的玩具、活动等方面下手，努力为幼儿创造一个既温馨又舒适的物质环境。幼儿由于年龄较小，对事物的认知还停留在启蒙阶段，可以对幼儿强调一些良好的生活习惯。比如，"饭前要洗手""要学会自己的事情自己做""不能随地吐痰"等。

另外，由于这个年龄阶段的幼儿大多数都对卡通人物比较感兴趣，家长可以把一些良好的生活习惯以卡通画的形式张贴在幼儿生活的环境里，随时随地提醒幼儿要养成良好的生活习惯。

以情感体验来促进幼儿良好习惯的形成

幼儿良好生活习惯的培养过程是一种体验式学习过程，需要借助个体日常生活中的具体情境，并通过个体自己的积极建构与亲历式体验得以实现和巩固。家长不妨创设一些游戏的情境，使幼儿在游戏中获得愉悦的情感体验，从而促进良好习惯的形成。

如让幼儿玩给娃娃喂饭的游戏，在游戏的过程中让幼儿学会正确使用餐具，引导幼儿学会自己吃饭，并使幼儿充分认识到挑食的不良影响等。

要重视榜样的力量，注重言传身教

观察和模仿是幼儿最擅长的学习方式，对于年幼的孩子来说，单纯的说教很

难起到良好的作用,关键是看教育者自身所表现出的一贯而稳定的教育行为。因此,家长要注意自身言谈举止的示范作用。

童书、绘本中的人物和幼儿身边同伴的良好品行,都可以成为幼儿学习的榜样。因此,家长需要注意帮助孩子寻找并发现故事中的人物和同伴的优点。利用能引起儿童共鸣的榜样,引导孩子形成良好品行。

建立家园沟通互动机制,分享科学育儿理念和策略

教育部《3~6岁儿童学习与发展指南》明确提出,家庭、幼儿园和社会应共同努力,为幼儿创设温暖、关爱、平等的家庭和集体生活氛围。"家园共育"是家庭、幼儿园双方共同完成对幼儿的教育,即以家庭和幼儿园为主体,以促进幼儿健康快乐发展为共同目标,发挥各自的资源与条件优势,履行各自的权利与义务,在相互尊重、相互了解、相互配合、相互支持的前提下,通过双向互动,借助多种形式,协同配合,促进幼儿整体性发展。

幼儿教育的过程,并不是仅凭家庭或幼儿园单方面发挥作用。家庭、幼儿园、社会都是幼儿成长过程中至关重要的教育资源。幼儿园与家庭犹如一车两轮,必须同向同步行驶才能更好地促进儿童健康、和谐成长。

孩子的行为习惯不能靠说教来培养，要努力在实践中养成

大咖来了

陶新华，博士，苏州大学大学生心理健康教育研究中心原总督导、副教授、硕士生导师。中国心理学会首批注册督导师，中国生命关怀协会婚姻与家庭专业委员会副主任委员兼秘书长。

育儿贴士

好习惯和坏习惯在最开始都只是一个简单的行为，不能养成好习惯就一定会形成坏习惯。孩子习惯的养成有一个关键期的问题。幼儿园和小学是培养生活习惯与学习习惯的关键期，也是最佳时期。不然，到升入中学，就是改造习惯时期了。如果错过关键期，对习惯的改造将要比塑造艰难得多。

案例分享

东东小的时候是一个十分可爱、聪明的孩子。在东东7岁时，他的父母离婚了，之后又相继组成新的家庭。父母只提供东东的学费、生活费，在生活和学习上对他放任自流。东东因缺乏家庭管教，也得不到父母的关怀和教育，开始结交一些社会上的小混混，跟着他们整天喝酒、抽烟、聚众打架。等东东的父母发现时，东东已经养成了很多不良行为习惯，这让东东的父母感到很无助。

数据说话

有研究显示，在健康相关行为方面，我国青少年整体情况良好，但仍有部分学生存在饮食不规律、营养不均衡、体育锻炼时间和强度不足、休闲活动时间较少、活动内容单调、睡眠质量不高、睡眠时间不足等问题。在睡眠方面，

2020年的调查研究显示，我国青少年平时晚上的平均睡眠时间为7.7小时，不足通用最低标准的8小时；休息日晚上的平均睡眠时间为9.4小时，处于合理范围之内。此外，我国青少年晚睡比例较高，在零点及之后睡觉的青少年比例达6.3%，睡眠不足的问题比较突出。在身体锻炼方面，2020年的调查研究发现，我国青少年平均每周参加超过1小时体育锻炼的天数为2.5天，平均每月进行较剧烈运动的天数为2.8天。与2010年相比，我国青少年参加体育锻炼的状况有所好转，总体处于中等偏上水平。但仍有10%左右的青少年从不锻炼身体，上网、做作业等坐着的时间较长，这部分青少年身体健康状况不佳的可能性较大。①

» 生活习惯将伴随人的一生，好的生活习惯会产生积极影响

要养成良好的作息习惯，每天要按时睡觉，按时起床，在固定的时间内入睡。

要养成良好的饮食习惯，每天定时、定量饮食，不挑剔食物。尽量荤素搭配。少吃垃圾食品，不吃对身体有害的食品。

要养成良好的卫生习惯，要勤洗澡、勤换衣服，每天起床后主动刷牙洗脸，饭前便后洗手等。

要养成热爱劳动的习惯，孩子在家里及学校都应该进行一些力所能及的劳动，避免养成懒惰的不良习惯。在劳动过程中，孩子不仅能锻炼身体，提高技能，还能逐渐形成责任感及集体荣誉感。

要养成体育锻炼的习惯，规律运动有助于释放大脑内的神经递质，如多巴胺和内啡肽等，这些物质可以调节情绪、减轻焦虑。

以上五种生活习惯都能为孩子塑造良好的精神面貌，让孩子保持积极的生活态度，这为他们树立正确的人生观和价值观提供保障。

» 良好的时间观念和自律的习惯，是孩子成才的必由之路

良好习惯的养成与拥有较强的时间观念密不可分

按时进餐、睡眠、工作、学习、休息、娱乐、散步等，养成良好的时间观

---

① 唐芊尔：《研究显示我国青少年健康行为整体情况良好》，载《光明日报》2023年05月25日，第8版。

念，就可以给孩子以积极的时间感应，使其养成按时做事的习惯，按时完成某项内容，从而逐步在时间环境中调节好生理节律，使生物钟按时走。

拥有时间观念，可以帮助孩子合理分配时间，提高做事情的效率，延长生命的"长度"。在其他人"明日复明日"地拖沓之时，具有良好的时间管理能力的孩子可以在规定时间内完成任务，并因此拥有更多的时间来发展自己的兴趣爱好，探索新事物。

孩子要形成自我管理的意识和习惯

家长要改变替孩子包办一切的做法，扭转孩子的依赖心理。尝试让孩子做一些力所能及的事情，让他们逐渐能够按照自己的计划安排自己的生活。这样长期坚持下去，就会促使孩子养成良好的作息习惯，有利于培养孩子做事情的计划性和执行力。

» 孩子普遍存在的不良行为集中在饮食、运动、睡眠等方面

饮食不合理

"早上起不来，早餐吃不好，午餐快餐化，挑食偏食多"是孩子在饮食方面的普遍不良习惯。一方面，不按规律进食容易导致肠胃疾病、贫血和营养不良；另一方面，膳食不均衡——频繁食用重盐重油和高热量的食品，不吃水果、蔬菜和五谷杂粮——为肥胖、糖尿病、心脑血管疾病等健康问题埋下"定时炸弹"。

缺乏运动

现代科技发展和同辈的竞争压力使孩子们的生活越来越"静止"，缺乏足够的体育锻炼，这不仅会带来一系列生理健康隐患，如心脏病、骨质疏松、容易疲惫、记忆力下降、肥胖，而且会导致焦虑、抑郁和压力水平升高等心理问题。

过度依赖电子产品

电子游戏是放松和休息的不错选择，但是要把握适度原则。过度沉迷网络游戏会使孩子的自控能力下降并影响学习成绩，玩得多、休息得少导致上课无精打采、学习效率低下。长期沉溺于电子产品，容易导致对自己的主体生活失去兴趣、缺乏毅力、自控能力下降、学业荒废、回避现实等。

熬夜

据《2022中国国民健康睡眠白皮书》统计，被调查的高中生平均睡眠时间仅6.5小时，初中生的平均睡眠时间为7.48小时，小学生为7.65小时。调查指出，青少年睡眠时间缩减的主要原因，是学习压力减轻后，不少学生将睡眠时间分配给了电子产品和娱乐，娱乐代替学习压力，这也成为孩子晚睡的首要原因。

长期熬夜基本等同于慢性自杀，它不仅会夺走好视力、降低免疫力、导致内分泌失调，还会提升一系列疾病的发生概率，如肠胃疾病、心脑血管疾病、肝脏疾病、癌症等。晚上不睡，白天犯困，也会让孩子出现神经衰弱等问题，严重的甚至会导致抑郁。

» 家长培养孩子养成良好的行为习惯，要以身作则，持之以恒

注意利用关键期

孩子习惯的养成有一个关键期的问题。幼儿园和小学是培养生活习惯与学习习惯的关键期，也是最佳时期。不然等到了中学，就是改造习惯时期了。如果错过关键期，对习惯的改造将要比塑造艰难得多。在这个时候，家长可以培养孩子讲文明、懂礼貌、讲卫生、规律作息、健康饮食、阅读纸质书等基本习惯。

家长要以身作则，为孩子打造良好的学习环境

7岁前的孩子主要生活在家庭中，父母或其他重要亲人的行为是孩子几乎所有模仿行为的来源。比如父亲爱说脏话，孩子会在父亲的不断重复中习得这一行为并最终表现出来。如果家人没有及时纠正这个行为，那么说脏话就会成为这个孩子的一个不良习惯。

如果父母有阅读的习惯，孩子也会潜移默化地模仿这一行为，并在家人的激励中养成热爱阅读的习惯。因此，父母应当经常在行为、举止和谈吐等方面给孩子做榜样，讲话时要注意礼貌，举止要文雅，表现出高尚的情操、道德行为和良好的习惯，并且要在孩子做出这些良好行为时及时鼓励。

及时反馈

注意孩子第一次出现的行为，采取及时惩罚和强化策略。例如，孩子第一次

骂人的时候，并不是出于恶意，而是觉得好玩。这时，孩子会观察父母或其他成人对自己行为的反应。如果成人的态度是冷淡的、严肃的，孩子就会明白：大人不喜欢我的这种行为。因此，他会减少这种行为。如果这时有成人对孩子的行为作出赞扬、夸奖或者高兴地笑等反应，孩子就会觉得自己的行为是受到成人喜欢的。因此，他会重复这种行为，从而养成不良的习惯。所以，当孩子开始出现讲脏话等不良行为时，家长必须马上通过某种惩罚方式，比如剥夺孩子喜欢的小零食或表明自己不高兴的态度等，让孩子及时得到"这是一件坏的、不被允许的事情"的反馈。

同理，当孩子第一次出现类似于向长辈礼貌问好的良好行为时，家长该如何让孩子继续保持这种行为呢？依旧是及时反馈。家长要通过表达自己开心的态度、赞美孩子或者给予孩子某种物质奖励来强化孩子的行为，使得良好行为出现的可能性提高，最终内化为孩子的一种习惯。

长期坚持才有成效

家长必须明白，任何行为习惯都不是说教出来的，而是在反复训练和实践基础上养成的。21天就可以养成一个好习惯，其实是一个误会。一般情况下，一个简单的良好行为习惯的形成需要一个月左右的时间，有的需要几个月甚至几年的持续努力。

好行为坚持的时间越长，好习惯就越牢固。因此，家长一方面应该注意孩子自发出现的好行为，通过强化来保持；另一方面应该积极配合学校发布的教育计划，帮助孩子养成良好的习惯。

第四章

打造温馨健康家庭
加强思想品德建设

好的家庭文化，
可以为孩子一生的幸福奠定良好人文基础

大咖来了

姚鸿昌，中国家庭教育学会理事，中国家庭教育学会专家指导委员会委员，中国家庭教育学会宣传教育专业委员会副理事长。

育儿贴士

家庭教育不是配合学校督促孩子听话和好好学习功课的"助学教育"，而是立德树人和全面发展的"育人教育"。这就要对孩子在道德品质、身体素质、生活技能、文化修养、行为习惯等方面进行培育、引导和熏陶。家庭文化对家庭教育的作用和意义主要是引领家庭教育的方向，将孩子培养成有理想、有本领、有担当的好孩子。

案例分享

小飞是一名初中生，他的父母经常邀请朋友来家里打麻将，过程中抽烟酗酒，行为放纵。然而，他们却要求小飞放学回家就得写作业，还不断强调他一定要考上好大学，将来挣大钱给他们养老。在这种不健康的家庭环境影响下，小飞渐渐染上了抽烟喝酒的不良习惯，心思也不在学习上，开始频繁逃学，最终发展到辍学，整天闷在家里玩游戏。小飞父亲看到儿子如此堕落，感到既生气又无奈。小飞父亲的教育方式简单粗暴，经常打骂小飞。这不仅没有起到正面引导作用，反而让小飞心生叛逆，最终选择离家出走。小飞的父母慌了神，想尽各种办法才把他找回来。经此一事，孩子的问题成为家庭矛盾的导火索，小飞的父母时常为此争吵，互相指责抱怨，家庭关系变得异常紧张。

» 好的家庭文化能让人富有精神内涵、积极进取、向上向善

家庭文化是建立在家庭物质生活基础之上的家庭精神生活及其成果，既包括家庭的衣、食、住、行、玩等物质生活所体现的文化色彩，也包括家庭道德伦理、家庭文化生活、爱情婚姻生活、亲子陪伴生活、隔代照护生活等所体现的核心价值与行为准则。也可以说是家庭成员的精神生活及生存习惯、生活方式、生命价值取向和精神追求的总和。

显然，好的家庭文化能成就富有精神内涵、积极进取、向上向善的美好人生。家庭文化既包括物质生活所体现的文化色彩，又包括精神生活的内容和成果。家庭的物质生活离不开衣、食、住、行、玩，而衣、食、住、行、玩各有各的文化。

家庭文化不同，价值取向与精神追求也不一样。有"穿金戴银、山珍海味、别墅豪宅、宝马奔驰、娱乐享受"的享乐文化，也有"简洁高雅、营养均衡、环境和谐、行万里路、读万卷书"的健康文化。

» 家庭教育不是配合学校"助学"的，而是立德树人的

积极健康的家庭文化要倡导"爱国爱家、相亲相爱、向上向善、共建共享"的家庭文明新风尚，重视人生全生命周期的健康成长与幸福发展，引导家庭成员在包容差异、互相学习、优势互补、智慧整合中实现共同成长与进步。

创建一个"以夫妻相爱为核心，尊老爱幼为伦理，平等沟通为心灵智慧，融入时代环境为方向"的和谐家庭，帮助包括孩子在内的所有家人在追寻理想目标、提升家庭文化素养中走上"学习化生存、智慧化生活、意义化生命"的幸福人生道路，是家庭建设的重要内容。

家庭文化对家庭建设的作用和意义主要是促进家庭和谐，引领家庭幸福，让家庭成为国家进步、社会和谐的基础。因此，要重视家庭基点论、文化基因论、共建共享论、共同发展论的研究与实践。

家庭教育不是配合学校督促孩子听话、好好学习功课的"助学教育"，而是立德树人和全面发展的"育人教育"。这就要对孩子在道德品质、身体素质、生

活技能、文化修养、行为习惯等方面进行培育、引导和熏陶。

所以，家庭文化对家庭教育的作用和意义主要是引领家庭教育的方向，培养有理想、有本领、有担当的好孩子。

» 家长在培育家庭文化时，容易陷入的误区

认为家庭文化就是道德说教

很多家长认为"我说你就得听""我是为你好"，一旦孩子不能按照家长的意愿去做，就认为孩子不懂事、不孝敬。父母经常道德说教，但又不重视身体力行，孩子就会在说教的文化中变得什么道理都懂，但做不到知行合一。

认为家庭文化就是学好功课

很多家长认为家庭文化就是孩子出人头地，考取高分获得高学历；家庭文化指向的就是配合学校督促孩子学好功课的"助学""帮学""逼学"过程。由于忽视立德树人、全面发展的文化思想引领，孩子缺乏生存生活能力，既影响未来就业从业，也很难在"智"学"慧"思中实现创新发展。

忽视中老年人的文化传承作用

有些父母只把老人作为照护孙辈的帮手，却忽视了老人可以通过学习反思和再成长，借助丰富的人生阅历点石成金，让良好家风得以传承，还能远离隔代教育的尴尬。家庭是一个老少三代甚至四代人互动成长的文化环境，缺乏文化自省的照护，既影响家庭文化的传承，也让中老年人失去"学思行悟"的再成长机会，容易陷入"风烛残年苦度日"的人生难堪。

» 培育积极健康的家庭文化，要理解其在家庭中的意义

要重视全生命周期健康成长与幸福发展的家庭文化

春夏秋冬家园美，元亨利贞四季行。人生就是一个全生命周期健康成长、幸福发展的过程。

春木有根，植根有"师"，人生之春成长的关键字是"师"。这里的"师"不

是"老子天下第一"的家长强权文化，也不是只教知识不育人的功利文化，而是引导孩子实现健康成长的引导培育文化。

夏火有情，燃情有"家"。人生之夏成长的关键字是"家"。家长学会创建好家庭、实施好家教、传承好家风，就可以在和谐的家庭文化中培养有理想、有本领、有担当的孩子。

秋金有慧，增慧有"悟"。人生之秋成长的关键字是"悟"。中老年人读书反思可以顿悟生命智慧，让丰富的人生阅历点石成金，让家风相传，还可以远离隔代教育的尴尬。

冬水有福，享福有"心"。人生之冬成长的关键字是"心"。老年人有一颗乐行乐思乐学的心，就可以健康长寿颐养天年。

重视和谐家庭文化的创建

在家庭中，夫妻关系和谐是家庭文化关系和谐的"核心激励源"，亲子关系和谐是家庭文化关系和谐的"高效成长力"，敬老关系和谐是家庭文化关系和谐的"生命智慧师"。

实现亲子关系和谐需要懂"分"。这是陪伴孩子和引导孩子自主成长、自立自强的"放手"过程。实现夫妻关系和谐需要会"合"。这是双方性格色彩搭配、双方家庭文化融合的过程。

建设基层社区美好家园，不仅能促进邻里关系和谐，还能让社区居民浸润在"爱国爱家、相亲相爱、向上向善、共建共享"的文化氛围里，使社会主义核心价值观在家庭中扎根、在亲情中得以升华，并在大家共同成长与发展的过程中切实落地。

企事业单位重视家庭文化建设，可以促进企业和谐发展，促进职工幸福成长。鼓励职工向孩子学习，和孩子一起成长，可以使其唤醒童心，提升成长力。家长成长力强，在工作岗位上就能不断进取，活出精彩人生，孩子也能在家长的影响下走上学习化生存的道路。鼓励职工向爱人学习，在包容差异、优势互补、文化融合中创建和谐家庭，可以提升其文化力。用文化力塑造家长的个人形象，不仅能收获人生幸福，也能带动孩子走上智慧化生活之路。

要重视为孩子一生幸福奠定良好的人文基础

建议培养"爱国爱家、相亲相爱、向上向善、共建共享"的家庭文化新风尚。家长要通过陪伴孩子"三玩"激活"三情",鼓励孩子"三做"唤醒"三爱",引导孩子"三知"实现"三合"。具体为:

"三玩"—"三情":陪伴孩子"玩泥沙、观虫鸟、望星空、探秘密",激活孩子的自然情趣。自然情趣是生命之真。陪伴孩子"玩工作、学分享、做家务、学沟通",激活孩子的人文情感。人文情感是生存之善。陪伴孩子"玩阅读、做手工、问问题、学反思",激活孩子的心灵情操。心灵情操是生活之美。

"三做"—"三爱":鼓励孩子"自己的事情自己做",唤醒"爱好"。爱好是成才者之神。鼓励孩子"他人的事情帮助做",唤醒"爱心"。爱心是成人者之慧。鼓励孩子"不会的事情学中做",唤醒"爱学"。爱学是成就者之师。

"三知"—"三合":知境是融入新时代环境,实现健康成长与幸福发展。合道而行人发展。知人是发现他人,成长自己,利他服务,共同进步。合德而为人向善。知己是读书反思求诸己,知行合一走好路,心灵美。合心而美人幸福。

很多家长努力打造家庭硬环境，但起决定作用的是软环境

大咖来了

田国秀，博士，首都师范大学教师教育学院院长、教授、博士生导师，中国家庭教育学会理事，中国青少年研究会理事。

育儿贴士

很多家长对于家庭硬环境的建设很重视，把大量的时间、精力、金钱用在硬环境建设上。但决定家庭环境的重要因素是软环境，比如家风、父母关系、亲子沟通、家庭游戏等。打造软环境要用心、仔细、严谨、精致，需要家长统一思想，达成共识。

案例分享

芳芳的家庭原本比较和睦，近期不知道什么原因，芳芳的父母常常陷入争吵，相互埋怨，或者陷入冷战，一两天都不说话，家里的气氛非常压抑。这让原本活泼外向的芳芳变得越来越不爱说话，不愿意与别人接触，喜欢把自己锁在房间里看动漫，沉浸在自己的小世界。父母的争吵和冷战让芳芳觉得害怕，也担心是不是自己哪里做得不好才让父母心情不好，关系变差。学校老师反馈芳芳在校表现不如从前积极阳光，上课不举手发言，也不竞选班委，不主动和同学交流，越来越孤独敏感，成绩也有所下降。

» 家庭价值观在家庭环境中起到灵魂作用

一说起环境对孩子的影响，很多人会想起孟母三迁的故事。其实孟母三迁强调的是外部环境对孩子的影响，但对孩子影响最大的是家庭环境。家庭环境包括

软环境和硬环境。硬环境就是看得见的物质环境，是家里的基础环境，如家里拥有的东西，家里的布置、用品，涉及吃、穿、住、行等方面。随着中国社会的不断发展，越来越多的家庭在家庭硬环境方面得到了很大改善，能够为孩子提供很好的硬环境。软环境有很多种，如果按照大的方面来分，家庭软环境包括家庭的价值观、家人之间的关系和家人之间的沟通交流等。

家庭的价值观在家庭环境中起到灵魂作用。家庭价值观包括家庭成员坚守的做人做事、待人接物、对待工作的原则，甚至对于世间万事万物的信念。它是家庭软环境中的首要方面，也叫精神环境，是家庭环境极其重要的组成部分。

» 家庭价值观不用每天跟孩子表达，而要体现在关系和互动中

好的家庭环境包括好的家庭价值观

家庭价值观在家庭软环境中最具指导意义，是家长应该最具有自觉意识，也最具有主动意识去营造的一种环境。而恰恰很多家长更多的是以家风的方式，或是代际传递的方式来营造和延续这种软环境。家庭价值观并非需要家长每天跟孩子表达，而是要体现在两个层次：一是家庭成员的关系，二是与人的互动模式。

在孩子成长的过程中，要在特定的环境下，或者有巧妙的契机时，去跟孩子讲一讲，做给孩子看。家庭价值观和信念系统的形成、营造、经营，需要家长在各种各样的大事小情上保持严谨、一致，做到知行合一。不能给孩子讲的时候说要诚实，落到自身就是另外的标准了。这会导致孩子在价值系统上产生混淆，甚至混乱，让孩子在不同人面前用不同的价值尺度。

好的家庭环境包括好的家庭关系

在建设家庭软环境时，家长要努力维护家人之间的关系，并教会孩子如何交往。因为一个孩子形成什么样的性格，与人交往的时候采取什么样的方式，今后走向社会、进入职场后如何维持人际关系，都需要在家庭中学习，在家庭结构里习得。

如果家人之间有矛盾、有冲突、有失衡，就会影响家庭环境。如果家庭结构呈现出失衡态势，比如有些家庭男女地位失衡情况比较严重，孩子长时间生活在

这种不正常的家庭关系中，就会选择站队。孩子会考虑听话的时候更愿意听谁的话，要钱的时候能从谁手里要出来，在关键的环节上谁能够拍板。孩子就会去讨好这个人，会看他的眼色行事。长大之后进入职场，孩子也会将这种行为模式带到工作中。

家长培养孩子的最终目的，就是培养一个正直、善良、乐观的孩子，但家庭关系结构的扭曲会给孩子带来很多不良的影响。建议家里的每个成员都不要越界，要保持适度的边界。从家庭的软环境建设来说，家长需要特别敏锐地发现、严谨地处理，让家庭关系平稳，不要出现断裂、超越，或者过激的现象。

好的家庭环境包括好的家庭成员之间的沟通交流模式

每个家庭都有自己的交流模式，有些模式可能比较有利于和谐家庭的建立，有的家庭交流模式问题较多。比如说，有的家庭中，所有成员都特别闷，少言寡语，什么事都不放在桌面上说，在心里闷着，一直积攒到一定程度再爆发，这就是不健康的交流方式。

家庭在交流上需要有原则，也要适度。少言寡语型的家庭和话痨型的家庭是两个极端，都需要转变，达到家庭成员有效沟通，这样的家庭交流模式也会给孩子带来好的影响。

建议家长特意创设一些活动，比如全家聚在一起共同读一本书，并一起探讨，全家一起做一个游戏，或者固定每天的家庭交流时间，每周开一次家庭会议，每周有一次家庭户外活动，可以在这些时间进行家庭交流，激发健康的家庭沟通交流模式。

好的家庭环境包括家长在家庭内外都要做好榜样

家长在家庭之外要做好榜样，给孩子做好表率和引领，在适当的场合，要通过语言和行动把要表达的信息传递给孩子，不能让孩子自己猜，否则容易给孩子造成误导。

家长在家庭里也要做好榜样。有些父母在同事、领导、外人面前特别在乎自己的形象和谈吐，很在乎自己给别人留下的印象，但是在家里不讲究谈吐和穿戴，行为放任，这不是家庭交流的正常方式。家长作为家庭教育的引领者，需要高度重视这些方面。

» 决定家庭教育的因素是软环境

打造软环境需要家长统一思想，达成共识

很多家长对于家庭硬环境的建设很重视，而决定家庭教育的重要因素是软环境，比如家风、父母关系、亲子沟通、家庭游戏等。打造软环境要用心、仔细、严谨、精致，需要家长统一思想，达成共识。我们身边有很多家长把大量的时间、精力、金钱用在硬环境建设上，需要引起重视。

家长要在日常生活的细节中展现家庭价值观

家长要做给孩子看，在与身边人交往的言谈举止中，展现家庭价值观。比如如何与长辈说话、如何与晚辈交流、如何与邻里相处、如何对待公共事务（停车、保护环境、参与社区公益等），家长与他人的交往互动，会给孩子起到示范作用。这种影响可能是无声的，却是有力量的。

建议家长要有意识地寻找和孩子沟通交流的机会

特别是在一些特殊的时间节点上，家长要引导孩子沟通交流，分享自己的观点，在把自己的观点传递给孩子的同时，也让孩子表达，加强亲子沟通。

教育的最终力量来自关系

家长在家里怎么说、怎么做，相当于家长为孩子营造的一个微缩的、预演的、模拟的成长环境。孩子今后变成什么样的人，有什么样的性格，就是家长把孩子放在什么样的关系里养育得到的结果。建议家长一定要处理好家人之间的关系，如果家庭关系出现问题，要及时调整。

要多与外界沟通交流，沟通时要言行一致

家庭教育不是孤岛，不可能把家门一关，跟谁都不往来。家长在开展家庭教育时，要多与外界沟通交流，沟通时要言行一致，表里如一，切记不要在家里是一种说法，到了外面又是另外一种说法。这就变成了两面派甚至多面派，会让孩子认为家长是虚伪的、不真实的、不诚信的。

好的家庭关系就是好的家庭教育，主要的体现是文明和睦

大咖来了

赵石屏，重庆师范大学教授，中国高等教育学会家庭教育学专业委员会名誉理事长，《中国教育报》首席家庭教育专家。

育儿贴士

有的家长认为自己好好挣钱养家，有了钱就有了好的家庭关系，简单地以物质功能替代家长的多重责任。家长将亲子关系简单化为物质关系，只重视满足物质需求，忽视精神培育，对孩子不提要求、任其所为，这是家长角色和家长责任的严重缺位。

案例分享

28岁的小夏大学毕业后在一家设计公司工作，但她对建立亲密关系有些焦虑和恐惧，内心害怕与人发生矛盾。原因就在于在小夏童年时期，她的父母辛苦创业，虽然她的家庭物质条件优越，但父母忽视优化家庭关系。在她的记忆中，小时候父母总爱吵架，要么冷战，要么动手，家庭关系总是十分紧张。小夏说："我都快30岁了，有的时候看到同事吵架，即便跟我毫无关系，我在旁边还是会吓得心怦怦跳，觉得特别可怕，这个阴影一直跟随着我。"成年后的小夏性格敏感内向，害怕在关系中受伤害，所以总是退缩、畏惧、怯懦。"我不懂得生气，别人总认为我脾气好，只有我自己知道是我不敢表露自己的情绪、想法，害怕冲突。"

» 好的家庭关系就是好的家庭教育

《家庭教育促进法》为什么提出家长要构建文明和睦的家庭关系？因为家长

是家庭教育的主体，也是主要承担者。环境是影响孩子成长发展的三大因素之一，而家庭关系是家庭教育环境的重要方面。所以，好的家庭关系就是好的家庭教育。家长构建文明和睦的家庭关系，就是优化家庭教育。

文明是一种达到智慧水平的生存方式和状态，中华文明五千年延绵不绝，其中很重要的一点就是重视治理家庭——"齐家"，提倡以修身、自我完善为基础，通过治理家庭，实现治国平天下的人生理想。文明和睦的家庭关系有以下表现和特征。

建立有秩序的规则

文明和睦的家庭关系，一定是有秩序和规则的。在中国几世同堂、同财共居的传统大家庭中，家庭的内外部关系都有严格的伦理秩序和关系规则，这样才能保证家庭功能的正常运行。

从家庭内部关系来看，秩序规则表现为遵从伦理秩序，重视家庭角色定位，明确各自权利义务。长幼之间要有次序，对父母、叔伯要有孝心、言行恭敬。家庭的同辈之间要和气谦让。

良好的家庭外部关系表现有二：一是善待亲戚，二是惠及乡邻。家富不忘回报家乡，惠及家乡人，这是优化家庭外部关系的传统美德，这个传统一直延续到现在。它体现了个人、家、国、天下不可割裂的内在联系，也是家长处理家庭内外关系的具体示范。它具有很高的社会价值和教育价值。

重视个人修身

构建良好的家庭关系，要从个人的品德修养做起。孟子曰："天下之本在国，国之本在家，家之本在身。"修身是齐家治国的逻辑起点，是"内圣外王"的桥梁和根本。所以，"自天子以至于庶人，壹是皆以修身为本"。

欲齐其家，必先修身。这样才能建立起家庭成员之间交往、相处及利益分配的规则和习惯，形成相互依存、相互支持、具有建设性的家庭关系，而不是内耗的、抱怨的、破坏性的家庭关系。

重视家庭的情感功能

家庭是社会的一个初级群体，初级群体的重要功能之一是为成员提供情感支持。所以家庭关系中的包容性应该远远大于其他社会关系，因此家庭关系应该是弱理性的，也就是说家庭不能只讲道理，应该把亲情放在比讲道理更重要的位置。家庭成员不能因为争对错而牺牲亲情，因为每个人都需要从家庭获得情感支持，获得内心的安全感、亲密感。

所以，构建和睦的家庭关系，良好的情感交流至关重要。面对现代社会生存竞争激烈、压力增大的现实，理智成熟的家长会更加注重优化情绪管理，更加注重发挥家庭的情感支持功能，保持家庭成员之间的尊重、爱护、鼓励、包容、耐心等建设性的情感支持，克服抱怨、冲动、发泄、消极等破坏性的情感敌对。

比如日常生活中，"和颜悦色""好好说话"就是好的情感环境。家庭成员之间的欢愉情绪，相互的情感依赖——家庭的这一情感支持功能，是其他社会群体所不具备的。

» 在传统思想下构建现代文明和睦的家庭关系面临新问题

现代中国家庭正处于社会变迁、改革开放的巨变时期，传统的家庭教育思想和方法面临变革带来的巨大挑战，多元文化的汇集引起一系列教育思想、观念的对抗冲突，因此，构建现代中国文明和睦的家庭关系会面临新的问题，容易出现误区。比如，一概否定传统教育思想，或者认为优化了家庭物质环境，就等于优化了家庭关系。主要有以下误区。

不立家规

优化家庭关系首先要建立秩序，要有规则。"国有国法，家有家规"，家规是一个家庭所规定的行为规范，一般是由一个家族世代传承下来的规范后代子孙的准则，也叫家法。国家有国家的法律，家庭有家庭的规矩，这个规矩是必须遵守的，凡事都要讲规矩。

有人认为在现代社会，核心家庭已成为主流家庭结构，只有父母和孩子两代人，关系比较简单，父母让着孩子，不会有什么冲突，不需要建立秩序、规则。这就把规则简单化了。一则任何社会类型的家庭都是有长幼秩序的，二则只要有角色定位、责任权利边界，就要有共同遵从的原则、约定。

今天我们也能见到不少家庭成员为争夺利益，互不相让，反目成仇的情况，追根溯源，还是因为治家不严，无章法、无规则。

家长角色缺位

有的家长认为自己的责任就是挣钱养家，有了钱就能有好的家庭关系，简单地以物质功能替代家长的多重责任，这种唯物质化的观念导致家庭关系物质化，忽视情感功能，忽视相互陪伴、情感交流对家庭关系建设的重要价值，很难形成家庭成员同心同德、风雨同舟的核心力量。

家长只重视孩子的物质需求，忽视精神培育，将亲子关系简单化为物质关系，只重视满足物质需求，忽视精神陪伴，对孩子不提要求、任其所为，这是家长角色和家长责任的严重缺位。因为亲子关系涉及人类家庭生活的大部分内容，家长承担着多种责任：养育孩子、管教孩子，避免孩子的不当行为，保护孩子免于伤害、为孩子提供情感支持，给孩子身教示范，协助孩子解决挫折和冲突，让孩子有归属感且自我认同等。身为家长必须充分意识到这一点，避免将重大责任简单化。

» 每一个家庭成员都要参与构建家庭关系，且要注重方法

注重家庭建设，优化家庭功能

"家和万事兴"是中华民族高度认同的家庭理想和治家理念，家庭建设的目的是"家和"，"家和"能大大优化家庭功能，提高家庭凝聚力，优化家庭对成员的支持，有效化解家庭紧张、角色冲突、家庭困难。"家和"本身就是家庭的精神财富，包含着丰富的精神世界、良好的精神空间，更是孩子健康成长必需的精神营养。

处理好家庭物质建设与精神追求的关系

"文明"本身包含了比较丰富的物质基础，家庭建设也必须包括物质基础的建设，家长更承担着挣钱养家的重大责任。但是家长一定要有清醒的认知，有钱绝不等于有好的家庭关系，有钱不等于孩子就能健康成长。家庭一定要处理好物质建设与精神追求的关系，防止物质至上、唯物质论。要重视精神追求，弘扬家庭美德，传承优良家风，形成积极健康的家庭精神风貌。

心理学研究表明：物质需求被剥夺会引起身体疾病，而人对安全感、爱、自尊、自我实现、真善美等的精神需要被剥夺，会引起更严重的心理病态。因此家长要营造足够的精神空间，提供足够的精神营养，从而保证孩子精神世界的健康。

中国传统文化蕴含的精神营养包括浩然正气、以天下为己任、志存高远、学无止境、闻鸡起舞、读万卷书、行万里路、琴棋书画、金戈铁马、修齐治平，等等。这些能够给孩子构建起巨大的精神空间，也是孩子精神发育的源头，是家庭建设重要的内容。

家长"身先行之"，做出良好示范

建立良好的家庭关系，首先，家长要以"身正、心正"为本，"身先行之""不怒而威"；其次，家长对其他家庭成员尤其是对孩子的关注，是价值的、情感的投入，需要牺牲个人的时间等，这就需要家长克服自私的天性，意识到自身的责任且勇于承担。

教育孩子遵守社会公德，家长一定要以身作则，做好示范

大咖来了

田宏杰，博士，中国青少年研究中心少年儿童研究所研究员，国家二级心理咨询师，中国青少年研究会理事，中国家庭教育学会标准工作专业委员会理事，北京市家庭教育研究会理事。

育儿贴士

现在的孩子学得多、见识多、表达能力强，他们在意识层面能够清晰和流利地表达如何遵守社会公德，但在公德践行层面的能力不足，表现出知行脱节的情况。

案例分享

益亮是一个高二的男生，在食堂因为排队打饭的事与其他同学发生冲突，被老师点名批评。周二中午，益亮走进食堂，正准备去队尾排队时，站在队伍中间的好朋友喊他过去站到一起。后面的队伍实在太长，而且益亮着急吃完饭去找老师批改作业，就站了过去。刚站好，后面的人就喊："哎，你怎么插队？这么多人排队呢，你好意思吗？"益亮很不好意思地说："我就是说个事，说完就走。"后面的人还不肯放过，奚落地说："被人说了你就说要走，没人说就要厚脸皮装糊涂。"益亮恼怒地说："你说谁呢？谁厚脸皮？我就说个话，怎么不行……"两个人越吵越凶，在整个食堂引起骚乱。

» 孩子做出符合社会规范的具体行为，就是遵守社会公德

社会公德是指"社会公认的、依靠社会舆论和人们的内心信念维持的、调整

人们相互关系的行为规范的总和"。2019年，中共中央、国务院印发实施《新时代公民道德建设实施纲要》，将社会公德的内容确定为文明礼貌、助人为乐、爱护公物、保护环境、遵纪守法五大维度。

我们可以把这五个维度分为三类：个体与人的关系、个体与环境的关系、个体与社会的关系。与人的关系包括文明礼貌和助人为乐的维度，与环境的关系包括爱护公物和保护环境的维度，与社会的关系包括遵纪守法的维度。对孩子而言，遵守社会公德其实就是在各种具体情境中做出符合社会规范的各类具体行为。

比如，在文明礼貌维度，孩子要能够做到，在安静的公共环境中，保持安静，不打扰别人；碰撞到别人时，能及时道歉并关注自己是否给对方带来伤害；想请求他人帮助时，能够用礼貌的用语并表现出恳切的态度等。在这些具体情境的具体行为中，孩子理解人与人的关系、人与规则的关系、人与社会的关系，并调整自己的行为以符合社会的规范，这样孩子就习得了社会公德。

» 遵守社会公德可以增进自我认同、构建社会关系、追寻人生意义

遵守社会公德，能够帮助孩子获得社会认同，发展出更好的自我认同

人是社会性的动物，得到社会认同是每个人的最基本的心理需求，每个人都希望自己能够被社会认同，并为社会作出贡献。一个孩子的行为符合社会公德时，就更能被社会认同，在这种情况下孩子的自我认同会得到发展。

遵守社会公德，能够让孩子建构更好的人际关系和人与社会的关系

符合社会公德意味着孩子的心中不是只装着自己，还装着他人，装着社会规则，这样孩子在与人交往时就能够关注到自己的需求，关注到他人的需求，关注到社会的规则，就能够在与人相处中做到双方共赢，建构良好关系。

遵守社会公德，能够让孩子体会到更大的社会担当和人生意义

当孩子能够做出符合社会公德的行为，能够帮助或造福他人和社会时，他会体会到更大的社会担当，理解自己人生的意义。对于现在这些生活在富足生活环境中的孩子来说，"我为什么学习"这个问题的答案一定不是"考个好大学、找个好工作、未来多赚钱"，而是更多地指向人生价值和社会担当，从小遵守社会

公德的孩子，心中才会有更多这样的价值与担当。

» 如今的孩子在社会公德方面存在的主要问题

儿童对社会规则和社会评价的漠视

很多"70后"和"80后"家长都有一个共同点，就是太注重社会规则和社会评价，总是把社会规则和他人评价放在自己的意愿和需求之前，这让家长在遵守社会公德时会委屈自我，或者因有太多的外在压力而缺少内在动力。

而当今的青少年一代，他们从小被灌输的理念是"不要太在乎别人的看法，要做你自己"，他们太关注自己的意愿和需求，不太把社会规则和社会评价放在心里，这使得他们在遵守社会公德方面缺少外在压力，因此难以产生动力。

如何在自我行为和社会规则与评价之间寻求一个很好的平衡，是当代家长需要修习的功课，也是现如今孩子们需要修习的功课。

对自我关注过多，而共情能力受限

社会公德中的文明礼貌和助人为乐两个维度都涉及与人的关系，要处理好与人的关系，最重要的情感基础是共情能力。共情能力也就是孩子能够理解他人的处境和需求，能够对他人的需求作出考虑。

现在的孩子关注点更多地在自我或自我所做的事情上，这使得他们共情能力发展受限，难以关注他人行为及他人需求，因此在践行社会公德方面存在共情能力不足的困境。

公德意识与公德行为的脱节

现在的孩子学得多、见识多、表达能力强，他们在意识层面能够清晰和流利地表达如何遵守社会公德，但在公德践行层面的能力不足，表现出知行脱节的情况。比如，他们能够理解垃圾分类的意义，并清晰地讲出垃圾分类的方法，但是在实际生活中的垃圾分类行为方面却常常落后一大截。

» 家长要帮助孩子处理社会要求和内心需求的矛盾

社会公德培养的难点在于社会的要求与孩子内心需求之间常常会存在矛盾，

比如社会要求是"在食堂打饭要排队",但孩子的内心需求有时是"那么长的队排起来好烦,好浪费时间,如果能快点打饭就好了"。此时"应该排队"的要求与"我希望能快点"的需求之间就会产生矛盾。家长在生活中要帮助孩子处理好这个矛盾关系,找到既符合社会要求、又满足内心需求的途径。

家长要引导孩子正确认识公德践行中的两难困境

对孩子而言,公德践行困难的原因常常是在践行时遇到两难困境。比如,在食堂排队时,如果前面有熟人,要不要走过去和他排在一起?孩子一方面的需求是节省时间,另一方面的需求是遵守规则,这时怎么处理两种需求的矛盾?家长要引导孩子心中既装着自己的需求,又装着社会的规则,在符合规则的情况下合理满足自己的需求。

如果自己不太着急就餐,那就遵守规则去排队;如果自己真有急事要着急就餐,那就在社会规则允许的范围内寻找恰当的方法,比如和排在队伍中的其他同学商量让自己站到前面,或者看看能否请前面的同学帮助带餐。正确认识公德践行中的两难困境,孩子才能够既做到践行公德,又在公德践行中保持灵活性,体现对人性的尊重。

要激发孩子内在动机,不要让孩子迫于外在压力或为了获得外在称赞而遵守公德

家长要少用外在的表扬或批评来控制孩子的公德行为,而要多指向行为的内在作用来让孩子明白遵守公德的意义。如果孩子在公共场合做出符合公德的行为,比如孩子在图书馆里保持安静,家长不要说"你真是个好孩子""你看大家都在夸奖你",而是要指向这个行为具体为他人或环境带来什么好处,比如可以说"大家都在安静看书,你也在安静看书,在安静的环境里大家都在安静看书,这种感觉真好",孩子就能够感受到这个行为的好处,从而激发保持行为的内在动机。

如果孩子在图书馆里吵闹,家长不要说"你再吵,别人都讨厌你了",而是说"你看,周围的几个人都在安静看书,我们太大声会影响到别人",这样,孩子的眼中装下别人的处境和需求,才会产生改变不当行为以符合公德规范的内在动机。

家长自己要做一个遵守社会公德的人，为孩子做好示范

家长是孩子最好的榜样，如果家长只用语言告诉孩子"遵守社会公德很重要，你需要遵守社会公德"，孩子学会的也只是用语言表达"遵守社会公德很重要，我们需要遵守社会公德"，但他在实际行动中是否践行这个规则是很难保证的。

如果家长是用行为在具体情境中践行社会公德，比如开车时按照车道的规范走，不随意换道插到别人的车的前面，孩子看到家长这样的行为，他学会的也是在类似的具体情境中用行为去践行社会公德。

孩子从小养成的良好家庭美德，
会自然而然地变成好习惯

大 咖 来 了

刘余莉，博士，中共中央党校（国家行政学院）教授、博士生导师，中国婚姻家庭研究会副会长，中国传统文化促进会《群书治要》传承工作委员会主任。

育儿贴士

现在社会一些人奢侈炫富，尤其短视频的带动，更加重了这种不良风气。曾国藩在家书中曾教导子孙：家败离不开一个"奢"字，人败离不开一个"逸"字，讨人厌离不开一个"骄"字。如果孩子从小就过着骄奢浪费、不思进取的生活，那真是离家败不远了。

案 例 分 享

2023年1月，北京"万柳书院"事件冲上热搜。一个男孩发布了一条短视频，因其视频定位在一套房子几千万元甚至上亿元的豪宅区，迅速涨粉100多万，很多网友前来评论区"顶礼膜拜"，还自称"老奴"。这些充满阶层等级气息的词语充斥在网络社交用语中，令人警醒与深思。

» 家庭美德从小养成，会像天性一样自然而然变成良好习惯

家庭教育是教育的开始。习近平总书记强调："家庭教育涉及很多方面，但最重要的是品德教育，是如何做人的教育。"这种品德包含家庭美德，指导我们过一种有道德的幸福生活。

古人为我们总结了很多家庭美德："勤俭，治家之本。和顺，齐家之本。谨

慎，保家之本。诗书，起家之本。忠孝，传家之本。"一个人接受了什么样的教育，他就成就了什么样的人格。孔子说："少成若天性，习惯如自然。"家庭美德从小养成，会像天性一样自然而然变成良好习惯。

家庭美德不仅能培养孩子知恩图报、饮水思源的意识，还可以使孩子树立起一种重道义、重恩义、讲情义的行事原则，更可以培养孩子的执行力，让孩子一生受益无穷。

一个人在生活、学习、工作中有强大的执行力，才能把事情落到实处。孩子的执行力从哪里来？就是从家庭美德中来，首先是从对父母的态度开始培养起来的。想一想我们的家教中有没有"父母呼，应勿缓；父母命，行勿懒"的意识。现在的孩子听到父母叫他，要么爱搭不理，闻如未闻，要么漫不经心地回一句："没看我忙着吗？"

《孝经》中说："爱亲者不敢恶于人，敬亲者不敢慢于人。"有了恭敬心，就能够克服傲慢，谦恭有礼，言行谨慎，对任何人都不会轻视、傲慢。由此修身，不仅能够把各种人际关系处理好，更能在生活和工作中具备令人敬佩的良好习惯与修养。

» 中华文化向来提倡孝悌之道，在当下社会尤其不能忽视

在家庭美德中，"孝悌之道"是一切美德的基础，也是一个人私德的起点。古人说：能尽孝道孝顺父母的，其心和；能修悌道友爱兄弟姐妹的，其心顺。"和顺"这两个字就是孝悌的精神。中华文化向来提倡孝悌之道，在当下社会尤其不能忽视。除了孝悌之道，现代家庭还应该重视以下三种家庭美德。

懂得仁爱

从小就教育孩子不能自私自利，要懂得仁爱。这也是中华优秀传统文化的核心理念之一。中国人讲"一体之仁"，这个"仁"字从人、从二，想到自己时也要想到对方，自己和对方实际上是一体的。

既然是一体的，就不应用对立的方式去解决问题。如果孩子能懂得"仁爱"的内涵，成为真正有仁爱之心的人，在家里不会对家人有怨恨，在外也不会跟别人产生对立、冲突和矛盾。

孩子会把对父母的孝、对兄弟的友悌推而广之，达到"四海之内皆兄弟"的境界。不仅自身和谐安宁，懂得自爱爱人，而且把这种仁爱扩大到万事万物中，为他人、社会、自然着想，心量广大，逐渐养成一种有大格局的处世品格。

崇尚勤俭

现在社会一些人奢侈炫富，尤其短视频的带动，更加重了这种不良风气。曾国藩在家书中曾教导子孙，家败离不开一个"奢"字，人败离不开一个"逸"字，讨人厌离不开一个"骄"字。如果孩子从小就过着骄奢浪费、不思进取的生活，那真是离家败不远了。

态度谨慎

现在的人普遍压力重重、烦恼不断，很多孩子也有这种倾向，根本原因就是生活方式背离了"道"。古人按照"道"去生活，表现出来的心理状态是喜悦，是"君子坦荡荡"的感觉。"道"，就是一个正常人所应该过的生活，按照自然节律来饮食起居。遵循"道"去生活，就要培养一种谨慎的态度，令外在的形式和内在的品性调和得恰到好处。

比如坐有坐相、站有站相，穿衣也要有相，如果穿着随便，轻浮散漫的态度一旦养成，表现在外，就会显得不端庄，也会被人轻视。

孩子从小学习这种谨慎的行为态度，习以成性，长大后待物处世自然有分寸，不会产生"长戚戚"的压力，不会因随波逐流、没有主见而成为庸人。

» 家长在培养孩子的家庭美德时，要避免的一些误区

家庭教育是美德教育的开始。《说文解字》上说"育，养子使作善也"。一个孩子有了家庭美德，就能在学校延续这种美德，继而在社会上扩展之。家长在培养孩子的家庭美德时，要注意避开一些误区。

意识上不重视

家长往往更重视培养孩子的技能，关注学习成绩，而忽视家庭美德培养这种根本性的教育。孔子以德行、言语、政事、文学四科来教导学生，首重德行，说

明要"先正其心,后为文学,游于艺也"。

也就是要先培养起一个人孝敬父母、尊敬长辈、尊师重道的德行,在其有了谦恭有礼的处世态度后,再让其去学习知识技能。没有谦虚有礼的处世态度,空有知识技能,就会学得越多,越傲慢,最终成为一个"有知识学历,而没有德行修养的利己主义者"。

培养美德过于功利和表面

《礼记》提出:"教也者,长善而救其失者也。"将人善良的一面强化,将人的过失之处纠正。但现在的家庭教育很多是急功近利的,没有起到"长善救失"的作用。如果家长本身对美德的认识就是表面的,只会要求孩子,而自己却做不到,又如何对孩子起到实际的教导作用呢?

比如,自己的父母生病了,都不能在身边尽心照顾,却要求自己的孩子孝顺自己;又比如,自己听父母说话都没有耐心,却要求孩子听从说教。这都是言行不一的表现,难以让孩子信服和遵从。

» 家长培养孩子的家庭美德,要与孩子一起成长

家长在培养孩子的美德时,不应只把孩子看成受教育的对象,而应当与孩子一同成长。《论语》中孔子曾多次强调:"其身正,不令而行;其身不正,虽令不从。"父母怎么做,儿女就跟着怎么效仿。可以运用以下方法培养孩子的美德。

言传身教

实践证明,"上行则下效""身教胜于言教"确实不假。古人说:"儿女不用管,全凭德行感。"儿女其实用不着父母去管很多,父母自己做好了,自然能够言传身教。古人说:"言教者讼,身教者从。"父母用语言去教导孩子,孩子会反问:"你都没有做好,有什么资格说我呢?"就会和父母起争讼,于是逆反心理也就产生了。

以礼为准绳

家长要教导好孩子,就要提升自己的道德修养,要学习《弟子规》《礼记》

等伦理准则。家长只有学习好这些最起码的礼，才能以此为依据教育引导孩子。《礼记》中说："分争辨讼，非礼不决。"《墨子》中说，如果没有一个统一"礼"的标准，就会出现"一人则一义，二人则二义，十人则十义"。

孩子在价值观没有形成之前，如果没有学习过"礼"，就容易受到邪曲不正风气的污染，到那时家长再去纠正他，就很难了。

如果没有好的品德，
孩子学习成绩再好，也难免出现问题

大咖来了

曹萍，中国教育发展战略学会家校协同专业委员会副理事长，中国青少年研究会原副秘书长。

育儿贴士

家长千万不要认为培养孩子的良好品德是可有可无的事情，要把它当作重要的事情看待。所有关于孩子的事情都不只是学校的事情，特别是孩子良好个人品德的培养，家庭教育和家长的作用更大。家长的个人品德更能影响孩子，如果家长德行有亏，会对孩子产生消极和负面影响，因此，家长个人品德的建设尤为重要。

案例分享

小强的父母是生意人，整天忙于事业，很少有时间关注孩子个人品德的培养，只关心孩子的考试成绩，觉得其他方面的教育交给学校老师就可以了。小强在小时候会有一些不礼貌的行为，比如见到长辈没大没小，跟小伙伴搞恶作剧把对方吓哭。小强的父母觉得只是男孩子淘气顽皮，长大了就好了，因此一笑置之。现在小强已经进入初中，在学校里和同学交往时不擅长人际合作，经常与人发生矛盾，也不太遵守公共秩序，经常我行我素，比如该排队的时候不排队，在一些公共场合大声喧哗等，因此受到大家的批评。

» 没有好的品德，孩子学习成绩再好，也有可能出现问题

教育的根本任务是立德树人，支撑孩子一生的是他的品德。《家庭教育促进

法》在明确家庭教育内容时，第一条就是道德品质。该如何落实和践行？要从培养孩子的个人品德开始。

品德是道德标准和社会规范内化的产物，内化的过程凸显了教育的意义和价值。品德是道德行为准则所表现出来的稳固的倾向与特征。真正稳固的倾向与特征结果的出现，需经过不断的内化。

不能说目前的家长没有对孩子进行个人品德的教育，但存在欠缺。许多家长对孩子的教育有一种倾向，觉得知识很重要，学习成绩好，考上好大学，就会有好工作，一生就可以完美顺利。这种观念具有很大风险。

如果没有好的品德，孩子的知识水平再高，学习成绩再好，也难免出现问题。因为学习成绩不足以支撑孩子在社会上立足。厚德载物，一个人的品德越高尚，在社会上越能站稳脚跟，不断进步。如《资治通鉴》所言："才者，德之资也；德者，才之帅也。"

对于培养孩子良好个人品德的意义，以及个人品德对孩子的积极作用，怎么强调都不为过。道德品质不仅是孩子生存的维度，更是衡量孩子生命意义的维度。

》 社会主义核心价值观是塑造孩子品德的关键内容

孩子应该具有哪些个人品德，对此，每个人都会有自己的标准，甚至有人认为个人的标准和国家的、社会的标准是不一致的，其实不然。我在与家长沟通的过程中，会经常问他们一个问题："你希望孩子成为一个什么样的人？要成为这样的人需要具备什么样的品质？"问孩子："你的梦想是什么？需要什么样的品质来支撑你实现你的梦想？"

讨论结果排在前面的是：关爱、善良、厚道、宽容、勇敢、仁义；谦卑、忠诚、敬业、尊重；感恩、孝顺、爱国、接纳；慈祥、慈悲、爱护、热情；诚信、友善、真诚、诚实。这些可以分为仁、敬、孝、慈、信五个维度。

社会主义核心价值观的公民层面指的是爱国、敬业、诚信、友善。其内容都含在其中。这说明个人、家庭、社会三者是一致的，因此家长在培养孩子个人品德时可以紧紧抓住以上品德。这些品德是孩子成长过程中的关键要素，可以帮助孩子树立正确的价值观。

» 家长虽然知道要培养孩子的良好品德，但经常陷入误区

想得太简单

许多家长觉得自己该说的都说了，该做的都做了，孩子就应该掌握了。其实品质培养是一个内化的过程，不是一蹴而就的，不是听了就做得到的。

品德培养不分主次

品德培养要分主次，要分时间段，不能"眉毛胡子一把抓"，否则在培养的过程中就找不到重点，品质培养也难以落地。

认为一些品质孩子大了自然就具备了

这种想法是不可取的。孩子品德的培养不仅需要家庭和社会共同努力，也需要从小培养，它是一个渐进的过程，需要家长积极引导和示范。例如，有的家长在培养孩子孝敬的品质上，认为孩子大了就懂事了，就能照顾父母了。恰恰相反，如果父母对孩子放任自流，寄希望于孩子自己领悟，孩子长大后甚至可能不孝。父母是孩子生命中最重要的人，是生他养他的人，以父母特殊的身份培养孩子孝敬的品质，言传身教、以身作则是最好的、最根本的方法。

缺乏耐心和爱心

《家庭教育促进法》谈到的教育方法之一就是严慈相济，关心爱护与严格要求并重。例如，一个孩子惹了祸，对方找到家里，他躲在房间里不敢出来，妈妈对他说："自己惹的事要自己面对，你要出去，必须出去！"孩子很害怕地出去了，接受对方的批评和指责，此时家长只冷眼旁观。孩子学会了独立，但同时心中的温暖少了许多，为他之后的家庭生活带来了困扰。因此，父母在培养孩子的过程中要避免一味地讲大道理、提要求，要有爱心和耐心，注重引导，同时要给予孩子足够的支持和安全感。

» 品德的培养不是说出来的，是不断内化于心、外化于行的过程

要结合孩子的个性和社会需求的共性，确定着重培养孩子哪些个人品德

例如，一个喜欢钻研、充满好奇心的孩子，家长就要培养他坚持、创新、热

忧、勤奋、严谨等个人品德；一个在团队活动中乐于参与、善于组织的孩子，就要培养他担当、信任、合作和谦卑等个人品德。

但是，不管孩子具有什么样的个性，都需要具备爱国、敬业、诚信、友善等品质。所以，家长要结合孩子的个性和社会需求的共性确定着重培养孩子的哪些品德，跟孩子讲清楚，做好沟通。借势借景告诉孩子要拥有什么品质，而不是简单地传递一个概念。

家长要以身作则

家长给孩子起示范作用，对孩子的品质养成非常重要。这是给孩子打样，是对孩子潜移默化的影响。特别重要的一点是家长一定要说到做到，知行合一，否则就会起反面作用。

家长要给孩子创造绽放个人品德的机会，形成正强化

例如，通过设计孩子独自参与的活动所带来的挑战和需要处理的问题，培养孩子正义、合作、谦卑、尊重、奉献等品质；通过设计家庭活动来培养孩子的恭敬、担当、责任等品质。

积极回馈，给予肯定

在道德品质的培养过程中，如果孩子做到了，一定要给予孩子积极回馈和肯定。不要用一句"你做得不错"来简单回应孩子，更不能忽略，视而不见。例如，培养孩子从小有礼貌，除了清晰地告诉孩子什么是文明用语，还要跟孩子说见人要叫人，并且在称谓的后面加一个好字，如见到阿姨要说"阿姨好"，见到爷爷要说"爷爷好"。

任何人听到这样的话，都会给予积极的反馈。孩子收到信息反馈后，就会慢慢巩固自己懂礼貌的良好品德。家长给孩子创造各种机会，让孩子绽放。在绽放和得到回馈的过程中，孩子身体中的每一个细胞都会得到正向滋养。

培养孩子个人品德越早越好

在孩子成长的早期阶段，他们的大脑处于快速发育和可塑造的阶段。这个时期孩子对外界的学习能力较强，能够更快地吸收新知识和形成行为习惯。因此，越早开始培养孩子的品质，越容易对他们的成长轨迹产生积极的影响。

家长可以在参与家庭活动、社区活动时通过互动、绘画、游戏、观摩等方式培养孩子好的品德。

培养孩子的良好品德不是可有可无的事情，要重视起来

现实生活中，很多家长觉得中小学都有思想品德课程，品德教育应该由老师承担，和家长关系不大。有这种观点的人，认为学校应该对孩子承担更多的教育责任，觉得学校教育应该比家庭教育更重要。

但是，所有关于孩子的事情都不只是学校的事情，特别是孩子良好个人品德的培养，家庭教育和家长的作用更大。家长的个人品德更能影响孩子，如果家长德行有亏，会对孩子产生消极和负面影响，因此，家长个人品德的建设尤为重要。

培养孩子爱国不是可有可无的事情，家长扮演着重要角色

大咖来了

郭元凯，博士，中国青少年研究会青少年发展政策研究专业委员会主任、副研究员，共青团中央中国特色社会主义理论体系研究中心研究员。

育儿贴士

家国情怀的形成不是一朝一夕的，也不是可有可无的事情，它更多是在潜移默化中逐渐积累的，是在各种"润物细无声"的教育活动中慢慢养成的。家长对孩子进行爱国主义教育要讲究方式方法，采取灌输、说教等形式往往效果不佳。如果在教育过程中丢失开放和包容的态度，只会起到反效果。

案例分享

12月13日是南京大屠杀死难者国家公祭日。有家长提出，每到这样的纪念日，自己总想给孩子讲点什么，也必须给孩子讲一讲，但关于南京大屠杀事件的视频有些不大合适给孩子直接看，担心太多血腥暴力会给孩子留下心理阴影，但直接描述，孩子可能又想象不到。因此不知道在这样的纪念日，该如何以此为契机培养孩子的家国情怀。

数据说话

有学者关注中小学生爱国观念与爱国情感发展现状，对全国77367名中小学生进行调查研究，结果显示：中小学生的爱国情感有待加强，中小学生的"爱国情感"仅排在五种调查的道德情感中较末的位置（第四）；与此同时，

中小学生的爱国情感随着其年龄的增长呈现出先增大后减小的波动趋势，特别是处于高中阶段（16—18岁）的学生的爱国情感面临的挑战更大。①

» 培养家国情怀，可以激发孩子的社会责任感和社会参与意识

所谓家国情怀是个体基于民族传统、历史文化和价值观念而产生的一种自我归属感，是个人对自己的祖国和民族深厚情感依恋的体现，是对国家繁荣稳定和发展的责任感，以及对维护国家利益、尊严和荣誉的使命感，体现了个体与国家之间的紧密联系，这是一种促进个人发展的道德精神力量。

家国情怀的内涵十分丰富，它是爱国思想、文化自信、社会责任感、公民意识、人文关怀、创新精神和国际视野的综合体。

爱国主义是中华民族精神的核心，党和国家历来重视公民的爱国主义教育。党的十八大以来，党中央高度重视爱国主义教育，作出一系列重要部署，推动爱国主义教育取得显著成效。

培养孩子的家国情怀有诸多原因，可以从国家、社会、家庭和个体四个方面进行分析。

从国家层面来看

培养孩子的家国情怀是培养社会主义事业建设者和接班人的需要。《新时代爱国主义教育实施纲要》指出，要将爱国主义精神贯穿于学校教育全过程，强调从娃娃抓起，着眼固本培元、凝心铸魂，着力培养爱国之情，厚植家国情怀。

从社会层面来看

人是社会关系的总和，培养孩子的家国情怀是促进社会和谐稳定的重要举措，是社会凝聚力和民众幸福感升华的重要表现。

从家庭层面来看

作为孩子成长的基本单元，家庭的教育方式和家庭氛围直接影响孩子的思想

---

① 张峰峰：《中小学生爱国观念与爱国情感发展现状及德育策略——基于77,367个中小学生的调查研究》，载《教育科学论坛》2022年第23期。

和行为。培养孩子的家国情怀，可以营造幸福美满的家庭氛围，增进家庭成员之间的感情和彼此的支持理解，增强家庭意识和家庭责任感，为孩子提供健康成长的环境。

从个体层面来看

家国情怀对于孩子的成长有多方面的促进作用，可以有效增强孩子的归属感和身份认同感。一方面，家国情怀强调爱国主义、集体主义和奉献精神等价值观念，能够引导孩子塑造正确的世界观、人生观、价值观，培养孩子热爱家庭、关爱社会、尊重他人的品德。另一方面，培养家国情怀可以激发孩子的社会责任感和社会参与意识，使孩子更加关心社会问题，也能够提升孩子的学习动力和实践能力，形成广阔的视野和多元思考，为个人的全面发展奠定基础。

» 缺少家国情怀会给孩子造成一些不良影响

家国情怀是个体与国家关系的重要体现，缺少家国情怀，在给国家、社会和家庭带来不利影响的同时，还会给孩子造成一些不良影响，主要体现在以下几方面。

缺乏归属感和认同感

缺少家国情怀的孩子无法精准理解自己的身份和责任，对于家庭和国家的归属感和认同感总体较弱，容易感到孤独和不安全。

缺乏社会责任感

缺乏家国情怀的孩子容易只关注自身利益而忽视他人和社会的需求，对国家和社会问题不太关心，缺乏共同发展的意识和动力。

个人价值观偏颇

缺乏家国情怀的孩子容易追求个人主义和功利主义，无法正确认识社会问题和道德标准，容易受到外界负面价值观的影响和裹挟。

缺乏学习动力和实践能力

缺乏家国情怀的孩子相对缺乏对国家文化的认同和对民族精神的理解，很容易产生不知为何而学的思维错觉，久而久之缺乏学习的动力和实践的热情。

» 家长在培养孩子家国情怀时容易存在的主要误区

强制灌输，忽视家国情怀的内在培养

家国情怀的形成不是一朝一夕的，也不是可有可无的事情，它更多是在潜移默化中逐渐积累的，是在各种"润物细无声"的教育活动中慢慢养成的。家长对孩子进行爱国主义教育要讲究方式方法，采取灌输、说教等形式往往效果不佳。如果在教育过程中丢失开放和包容的态度，只会起到反效果。

缺乏示范，忽视家长个人的榜样力量

如果家长只是口头上强调而很少付诸实际行动，有时候甚至存在言语与行为不一致的现象，这会让孩子很难理解和接受。此外，一些家长过分依赖学校教育来培养孩子的家国情怀，忽视了家庭教育的重要性，忽略了孩子身边的人在家国情怀养成过程中的榜样力量。

搞"一刀切"，忽视孩子成长的个体差异

每个孩子都是独一无二的个体。因此，每个孩子的家国情怀都有其独特的表现方式和发展路径。有的家长在培养孩子的家国情怀时，因缺乏科学的家庭教育方法，存在采取一种方法对孩子强行塑造的问题，这会造成孩子对家国情怀教育的抵触，也容易造成家国情怀教育的走形走样。应该尊重和理解孩子的特点和需求，给予他们足够的自由空间和支持。

» 家长在培养孩子的家国情怀方面扮演着重要角色

从孩子成长经历和社会互动中的重要特征来看，家长毫无疑问在培养孩子的家国情怀方面扮演着重要的角色。为更好地对孩子进行家国情怀的培养，建议从以下几方面着手。

营造家国情怀教育氛围

家长要积极打造促进家庭和睦、社会和谐的温馨有爱的环境，通过悬挂国旗、收藏国家文化纪念品、共同观看爱国主义教育影片、做一些有红色教育意义的游戏及手工等，进行引导和讲解，促进孩子在自我成长和学习中，培养家国情怀，夯实家国情感，让孩子在游戏和学习中潜移默化地了解和领略祖国的魅力和文化底蕴。

发挥榜样示范带头作用

家长要成为孩子的良好榜样，要从自身做起，在日常生活中把握机会，从平时身边的小事做起，引导孩子正确认识自己的责任和义务，要将热爱祖国、融入社会、孝敬父母、夫妻相爱、呵护孩子、关爱亲朋等表现在日常行动之中，让孩子从家长身上感受到家国情怀的力量。

引导孩子参与社会实践活动

家长可以通过引导孩子参与公益活动、关注社会热点问题等方式来让孩子亲身感受社会责任和国家的重要性。比如参观纪念馆、博物馆、文化遗址等，参与社区志愿服务活动，或者参加与社会发展相关的讨论或座谈会。社会实践活动结束之后，家长还应该与孩子一起深入反思和系统总结，引导他们总结经验，加深对家国情怀的理解和认同。

秉持开放包容的培育心态

家国情怀教育不是培养孩子的极端民族情绪，而是让爱国主义、集体主义、社会主义精神等内化为青少年成长的人生支点。因此，家长在教育过程中要让孩子接触到多种文化和观念，克服偏见，强化尊重和包容的意识，让孩子从中体会到宽广的思维空间，培养内心深处的家国情怀。

第五章

培养广泛兴趣爱好
避免孩子沉迷网络

培养孩子的兴趣爱好不等于上兴趣班，家长要少些功利心

大咖来了

刘国平，北京出版集团父母必读杂志社主编，北京市家庭教育研究会秘书长，中国家庭教育学会理事。

育儿贴士

培养孩子的兴趣不等于上兴趣班。孩子们上的很多兴趣班，不一定都是他本人的兴趣。不用为了"广泛"而广泛。让孩子找到自己真正喜欢的，坚持之下变成擅长的，这样对孩子才是最有益的。

案例分享

然然5岁了，看着周围的小朋友都上各种兴趣班，也吵着要父母给她报班。父母很尊重然然的意见，按照她的意愿给她报了好几个兴趣班，有画画的，有唱歌的，有朗诵的，还有舞蹈课和体能课。可是半年下来，然然对很多兴趣班都失去了兴趣，只有一个体能课还在上。本来，父母看然然兴趣广泛，十分高兴，报班的时候也尊重她的选择，给她报自己想上的班，没想到最后竟然是这个结果。

» 家长要善于发现孩子的兴趣

每一个孩子都是独特的，都有自己的兴趣和特长。如果我们喜欢做的事，正好是我们擅长的，那么我们大概率会是一个幸福的人。作为家长，我们就是要有意识地观察孩子，寻找他喜欢的、擅长的，然后帮助孩子坚持下来。那么，作为家长应该从哪几个角度去观察和发现孩子的兴趣呢？

可以在生活的细微处去发现孩子的兴趣

童年期的孩子个性尚在发展变化中,因此这个阶段是塑造、培养兴趣和能力的关键时期。所以,家长要顺应孩子的成长规律,帮助孩子培养兴趣爱好。比如,有的孩子喜欢安静,我们偏偏希望他去做主持人,当然,到他10岁的时候他未必做不到,但在幼儿园阶段,可能对他来说就有点难。所以在学龄前,我们需要的是了解孩子的天性,为孩子选择一些顺应其本性的兴趣爱好。

可以依据"多元智能理论"寻找孩子的兴趣

心理学家霍华德·加德纳提出的"多元智能理论"认为,人的智能包含语言智能、音乐智能、数学逻辑智能、空间智能、运动智能、自我认知智能、交往智能和自然观察智能等。家长可以观察孩子在不同智能上的表现,进行有针对性的引导和培养,帮助孩子借助自己的优势发展特长。

比如,有的孩子口头表达能力比较好,有的书面表达能力比较好,词汇量丰富。我们可以多和孩子聊天,鼓励他描述和表达自己的感受或想法,同时引导孩子多阅读、朗诵、演讲和写作,培养他们做主持人、作家等。

有的孩子面对立体几何不发愁,或者画画很好,会看地图,擅长搭建等,那么家长除了给他提供多种搭建、拼插的玩具以外,还可以多带他玩定向越野、绘制地图,了解各种建筑结构、绘制结构图,参加一些相关的研学活动(如古建筑、城市规划等相关的主题)等。

有的孩子善解人意,善于倾听、沟通和交往,能够很快和别人熟悉起来,有很多朋友。家长可以多和他探讨别人对同一件事情的不同感受和想法,和他一起看影视剧和文学作品,聊聊里面微妙的人物关系和人际互动,练习人物的心理描写,甚至可以引导孩子去涉猎一些心理学的相关知识,培养他做记者、主持人、心理咨询师等。

还有的孩子喜欢观察自然,对生物和大自然感兴趣,对物体进行辨认和分类的能力强。家长可以多带他参观自然博物馆,走进大自然,养各种动植物,并引导他阅读有关自然的书籍,写观察记录、学习做标本等。

总而言之,在孩子小的时候,我们可以结合孩子的性格(先天的个性特征)、喜好和擅长的事,全面开花地让孩子尝试,看看他究竟对什么感兴趣。特别是在学龄前期，不用过早地给孩子定性，因为我们可能还没有发现他的一些特长，我们可以让孩子在尝试和体验中逐渐发现和发挥自己的优势。

» 培养兴趣不是上兴趣班，要让孩子找到真正喜欢并坚持的

孩子在幼儿园阶段会展现出诸多的兴趣爱好，此时，家长应该多观察，及时和幼儿园的老师进行沟通和交流，了解孩子在幼儿园的行为表现。一旦发现孩子对某一个方面表现出兴趣或在某种能力上表现出天赋时，家长要及时做好引导和分析，帮助孩子明确自己的兴趣爱好。

小学阶段是孩子人格形成的关键时期，科学、合理地引导孩子培养适合自己的兴趣爱好，有助于孩子在未来学业和职业上的选择和发展。

但进入中学阶段，孩子的学业压力会明显对兴趣爱好的培养产生阻碍作用，因为孩子的精力和时间有限，往往会疲于应付各类学科类补习班，使得兴趣爱好成为生活中的奢侈品。

孩子长大以后能有一个擅长的兴趣爱好，可以让生活丰富很多。因此，作为家长，需要给孩子创造更多的可能性。

在培养孩子的兴趣时，有一个误区值得家长注意，那就是兴趣不等于兴趣班。孩子们上的很多兴趣班，不一定都是他本人的兴趣。不用为了"广泛"而广泛。让孩子找到自己真正喜欢的，坚持之下变成擅长的，这样对孩子才是最有益的。

» 培养孩子广泛的兴趣爱好，家长要做好这些准备

孩子的兴趣丰富而广泛，要给孩子尝试的机会

孩子的兴趣爱好是很广泛、很丰富的，只要给他们尝试的机会，他们会表现出对很多事物的兴趣，有的兴趣甚至会超出很多成人的固有观念。比如，成人通常会觉得饲养宠物就是养个小猫、小狗、小鱼、小鸟、乌龟等，但有的孩子可能对昆虫、蜥蜴等情有独钟。

再比如，一般的兴趣班多是关于科学、艺术等学科领域的，或者球类、游泳、轮滑等体育运动类的，但有的孩子却可能偏爱不太涉及具体运动门类的体能

课。甚至，孩子可能就是喜欢跑跑跳跳或者随着音乐舞动，观察蚂蚁、飞虫或者和泥玩水等"上不了台面"、看上去和兴趣培养没有什么关系的"傻玩"。

孩子的兴趣通常不太稳定，"三分钟热度"非常常见

比如，小女孩可能在一段时间内痴迷公主，喜欢各种公主类图书、玩具。过一段时间以后，她就会宣布自己不再痴迷公主，而是喜欢兔子，开始热衷于收集各种有关兔子的玩偶。类似的，很多孩子上兴趣班不过半年就失去了兴趣。

这是因为小孩子对周遭世界的了解还比较少，对于他们来说很多事物都是新鲜的，他们很容易对不了解的事物表现出好奇和兴趣。但是随着时间流逝，新鲜劲过去了，加之还会有其他的新鲜事物闯入孩子的视野，他们对先前的事物的兴趣就会降低甚至消失。

孩子学习不擅长的东西，不仅不能产生乐趣，还会消磨兴趣

孩子在学习一个新东西的时候，如果他本身不擅长，或者能力暂时还达不到，不能从学习中获得成功和乐趣，那么他的兴趣也会渐渐被消磨掉。另外，孩子是否喜欢上课的老师，有没有好朋友一起学习，学习的方式是否适合他，都可能成为影响孩子兴趣的重要因素。

家长要多给孩子提供尝试的机会

家长要多让孩子尝试，这不仅有利于帮助他们找到自己真正擅长和喜欢的领域，同时也会丰富他们的经验和见识，从长远来看是有益的。只是，家长需要善于把这些经历转化为孩子的财富。

在培养孩子的兴趣爱好时要少设限，少些功利心

有些家长内心对于兴趣爱好的认识存在局限性，因而会不自觉地给孩子设限。比如觉得学乐器就是学钢琴、小提琴、古筝、笛子等常见的乐器，对于一些偏门或者非常规的乐器，比如单弦、口琴等不予认可，即便孩子非常喜欢也不想让孩子学。

另外，家长培养孩子的兴趣爱好常会不自觉地带着一些功利心，多会替孩子选择一些对于升学、获奖有利的兴趣班或课外班，这些都不利于孩子培养兴趣爱好。

» 培养孩子的兴趣爱好，家长要综合考虑，以孩子为本

培养孩子的兴趣，要遵循孩子身心发展规律，并结合生活实际

培养孩子的兴趣爱好是一个循序渐进的过程，家长需要有耐心，同时还要掌握一些选择和安排的技巧。在培养孩子兴趣的过程中，不仅需要遵循孩子身心发展的规律，还需要结合生活实际，例如家庭经济状况、社会文化环境等。

上兴趣班要综合考虑，试听和考察很重要

幼儿园阶段，学费、时间、孩子是否喜欢或是否擅长是我们要综合考虑的因素。试听和考察很重要，越小的孩子越容易因为一位好老师而爱上一个兴趣班。所以，如果能遇见一位好老师，一定要珍惜这门课。

选择符合自己价值观的兴趣班

家长要梳理一下：我们的目标是什么？我们想培养一个什么样的人？这些决定了我们给孩子报什么班，也是价值观的体现。在选择过程中，我们一般不会去选择一个不符合自己价值观的兴趣班，比如，宣扬"不要输在起跑线上"的兴趣班；不断指责家长对孩子付出得不够，以此营造出一种焦虑情绪的培训班；偏重提升技能，但忽视孩子的社交、情绪的培训班等。

培养兴趣爱好，千万不要把孩子的时间填满

建议家长每天保证孩子进行2小时的户外活动，并留出一些发呆的时间给孩子，避免将孩子的时间填满。我们可以让孩子多尝试不同的兴趣爱好，但未必要去报班。

以上是对幼儿园阶段孩子的一点建议。进入小学阶段的孩子，时间就更有限了，需要家长帮助，结合自身的优势，精选一些特长进行培养。当然，共同之处在于要给孩子更多自由选择的时间，这个时间，才是孩子真正的自我精神的小天地，有了自由选择的时间，他才能更好地发展自己的兴趣爱好。

家长错误的观念，
会使孩子错失培养健康审美的最佳时机

大咖来了

边霞，博士，南京师范大学金陵女子学院院长、教授、博士生导师，学前教育国家重点学科艺术教育方向带头人，教育部高等学校文化素质教育指导委员会委员，首届江苏省学校美育教学指导委员会委员。

育儿贴士

随着大数据时代的到来，一些畸形网络文化涌入孩子们的日常生活，孩子们容易出现极端审美追求，比如审美上的从众心理，追求社会流行的审美标准，忽视个人特性。作为影响孩子审美素养发展的重要的外部因素，家庭应充分发挥培养孩子健康审美追求的作用。

案例分享

朵朵喜欢涂鸦，最开始只在画板上随便画，后来她发现家里的墙壁上也能画画，以至于家里许多墙面和家具都遭了殃。妈妈看到后觉得在墙上画画影响了家里的整洁，便经常阻止朵朵在墙上画画。她给朵朵报了个绘画班，让她在绘画班跟随老师学习简笔画。妈妈从朵朵带回家的简笔画中看到孩子画什么像什么，很是高兴。后来朵朵在家里自由绘画的现象越来越少，更多的只是完成绘画班的任务。朵朵上小学后，妈妈又看到身边朋友的孩子还学了乐器，她觉得小提琴是"乐器皇后"，便直接给朵朵找了个老师学小提琴，每周末开车一个多小时带朵朵去老师家里学小提琴。回来后，一做完作业，妈妈就催着朵朵去练琴，结果，朵朵对小提琴和绘画越来越没有兴趣。

» 培养健康的审美追求，可以让孩子志趣高雅、远离低俗

审美追求包含着人在进行审美活动时所反映出来的审美判断和审美趣味。健康的审美追求不仅要满足人们当下普遍的审美需求，也要超越当下的审美需求走向更高层次。健康的审美追求包括每个人有着积极、良好的审美判断，追求正向、高雅、多元化的审美趣味，愿意感受、欣赏美和创造、表达美，感受人生和生活的美好。

培养健康的审美追求在孩子成长的过程中有着重要价值，可以让孩子拥有积极健康的审美趣味、审美判断，让孩子志趣高雅、远离低俗。这些健康审美追求有利于孩子养成良好的生活习惯，从而受益终生。

健康的审美追求会通过感性的方式直接影响孩子的情感发展，帮助孩子形成良好的审美素养，让孩子在美好的事物与环境中健全完善人格、陶冶高尚情操，从而成为一个心灵美、语言美、行为美的人。此外，培养孩子健康审美追求一定程度上也有利于家庭的和睦与社会的繁荣。

» 孩子受到畸形网络文化冲击，容易出现极端审美追求

目前孩子的审美追求整体上呈现乐观、多元发展的趋势，孩子已经有了一定的审美知识，也逐渐形成了相应的审美意识和审美能力，获得了较为丰富的审美体验。

具体来说，在审美判断和审美趣味方面，当前的孩子有较为基础的视觉信息辨别能力和解读能力，他们会留意生活和自然中的形式美，比如身边的美景或事物，但深层视觉信息解读能力还有待进一步提升。

孩子由于认知能力有限且正在发展，在面对数量繁多、真假难辨的外界信息时容易不知所措，甚至受到不良信息影响。孩子在审美追求上容易重快感轻美感、重表面轻内涵，忽视对深层审美经验的追求。

比如，当前不少孩子会被网络上大量的短视频、口水歌带来的生理性的快感所吸引，审美判断趋于世俗化、平面化，可能会忽略艺术水准高和有思想深度的审美资源。

另外，一个人的审美判断和审美趣味可以是广泛多样的。孩子的审美偏好也

常常呈现"萝卜白菜各有所爱"的局面。比如在穿衣风格、兴趣爱好等方面会有着相对个性化的审美喜好。有些人的审美风格可能倾向于简洁美、优雅美、清淡美，也有人可能更喜欢浪漫美、崇高美、华丽美。

但在大范围内，审美趣味还是有相对的标准的。高雅的审美趣味和低俗的审美趣味、好的审美趣味和坏的审美趣味还是有一定的区别的。

随着大数据时代的到来，一些畸形网络文化涌入孩子们的日常生活，孩子们容易出现极端审美追求，比如审美上的从众心理，追求社会流行的审美标准，忽视个人特性，一些孩子过分讲究衣着打扮、身材管理等外在美，盲目追星，出现容貌焦虑，而把自身道德修养、艺术素养的丰富放在了次要位置。

» 家长对家庭美育认知不清，培养孩子审美时容易走入误区

把美育简单理解为艺术教育

其实，美育不只包括艺术教育，其范围涉及艺术、科学、自然、社会、生活等诸多领域，是涵养人的情感、心灵的教育，在对诸多美的体验、感悟和创造中，提升人的审美情趣，实现身心和谐、感性和理性的整体发展。艺术教育只是美育的一部分，不是美育的全部，更不能替代美育，但艺术教育是实现美育的重要途径。

认为家庭美育中的艺术活动须由专业老师来指导

具有这种理念的家长，让孩子过早进行专业化培训，比如音乐、美术、舞蹈等各种特长班，把宝贵的早期家庭美育机会交与他人。从儿童发展规律来说，孩子早期的艺术学习应以感受与体验为主，注重孩子好奇心、内驱力的激发与培养，关注孩子整体艺术素养的提高，而不只是传授技巧。成人不应该以自己的思维或功利性视角束缚或限制孩子的审美感知与自由创造。

认为孩子在长大后自然而然就完成了美育，不用费心引导

爱美是人的天性，但要培养孩子健康的审美追求，就需要家长逐渐引导孩子树立正确的审美观，各个阶段的美育都应该引起家长的重视。在家庭美育中，需要根据孩子各个阶段的身心发展和所处环境的不同，在内容和教育引导方式上进

行相应的补充和调整。

» 培养孩子的健康审美追求，家长是第一责任人

有的家长可能认为，小孩子懂什么审美，让他们吃好玩好就行，至于审美，等他们长大后自然就有了，到时候学校教育也可以完成对孩子的审美教育。这样的想法会使孩子缺失培养健康审美追求的最佳时机。家庭作为影响孩子的审美追求和审美素养的重要因素，具有持久性和潜在性。培养孩子的健康审美追求，家长可以从多个方面着手。

要给孩子创造美的物质环境

家长要为孩子打造一个整洁、舒适、温暖的家庭环境，比如注重家里的美化，陈设布置要整洁、优雅。可以让孩子一同参与设计自己的房间，也可以准备一些审美艺术类、人文经典类的书籍杂志。

要为孩子营造良好的精神环境

通过家庭成员的衣着打扮、言谈举止、待人接物、饮食起居等方面渗透健康的审美情趣，让孩子在耳濡目染中受到美的熏陶。比如家长的穿着要得体，行为举止要文明大方，言语要措辞得当、注意分寸。平时讲话不要带脏话，更不要用语言伤害孩子的自尊心。

可以多和孩子一起参与审美艺术活动

比如和孩子一起看美术展、听音乐会、逛博物馆、参与艺术工作坊实践等。这种环境和艺术氛围会潜移默化地影响孩子。家长可以随着孩子的年龄增长，循序渐进地在审美艺术活动中与孩子分享感受和想法，让孩子获得健康、向上的审美体验。

要有意识地让孩子接触大自然和社会

家长要使孩子在欣赏自然美和社会美的过程中积淀审美经验。比如春天到了，可以利用周末或假期带着孩子一起去踏青、露营，让孩子感受大自然的色彩，听一听大自然的声音，用孩子喜爱的方式将美保存起来，画一幅美丽的写生，拍一张漂亮的风景照片，采集落叶制作标本，以此来丰富他们的审美情感。

培养健康审美追求要有针对性

在幼儿期,尤其要保护孩子的好奇心,多鼓励和支持孩子进行提问、观察与探索,最终使好奇心逐渐内化为孩子的人格特质。在青春期,基于孩子敏感、内心情感丰富的特点,要认真了解孩子的审美偏好和发展特点,尊重并保护孩子的个性,引导其健康审美情趣的发展。

不具备体育专业技能的家长，也可以指导孩子科学地运动

大咖来了

谷长伟，博士，首都师范大学学前教育学院讲师，北京市学前儿童保教工作者协会健康体育专业委员会副主任委员。

育儿贴士

家长在陪伴孩子运动的过程中往往从成人思维角度出发，操之过急，在指导过程中经常"粗暴"干预，进行训斥或给以枯燥指令，这样可能会引起孩子的叛逆心理，磨灭他们的运动兴趣。

案例分享

11岁的小石头身高155厘米，体重却高达67.5千克。为了帮助他减肥，爸爸在暑假制定了严格的"减肥套餐"，包括合理饮食和晨跑。一个月不到，小石头确实瘦了，但精神状态却大不如前。爸爸带他去医院检查，并自豪地告诉医生，为了减肥，他们每天晨跑5千米。然而，检查结果显示小石头的肌酸激酶严重超标，诊断为"横纹肌溶解"。医生解释，突然的高强度运动，结合感染、高温等因素，可能诱发横纹肌溶解，严重情况下会损伤肾功能，甚至导致急性肾衰竭。小石头爸爸这才意识到，运动减肥需要循序渐进，不能操之过急。

» 科学运动对于孩子的成长发展百利而无一害

科学运动能促进孩子身体各器官、系统机能的正常发育

科学运动可以增加细胞营养物质的供给，使肌纤维增粗、骨骼更加坚固、关节灵活性增强等。此外，运动还可以促进运动系统、循环系统、呼吸系统等生理

系统发育，提高抵抗力和适应能力。运动改造大脑，动作的发展与中枢神经系统发育有密切关系，能提高神经系统对感知觉和肌肉运动的综合协调能力，身体运动时更加协调、准确和灵活。

科学运动能促进孩子的认知发展

科学运动能够促使大脑和全身构建起更多的神经网络，进而让整个身体都成为学习的载体。运动为孩子创造了大量机会，助力他们掌握空间和形状的概念，使孩子能够更好地发展抽象思维能力。例如，孩子在物体的上方、下方、周围移动时，他们便能很快掌握这些方位词的概念。

科学运动能促进孩子的方向感和空间意识的发展，这有利于读写能力发展。运动可以提高孩子解决问题的能力，在游戏中遇到问题时，他们会发现有很多方法能解决问题。

科学运动能促进孩子的社交能力和情感发展

科学运动可以帮助孩子在社交能力和情感发展上进行调整，为他们提供成功的经验，帮助孩子在群体中与同伴建立相互关系。运动既能为孩子带来欢乐，又能培养他们勇敢、顽强的意志品质和自信心，同时还能培养他们乐群、合作的意识，有利于良好个性的养成。

» 让孩子科学运动，其实有方法可循

运动内容丰富多样

应选择多样的运动内容，如踢球、跳绳、跳皮筋、有氧操等。

遵循时间短、间歇多、低强度、少力量的原则

这主要是因为这一阶段的孩子正处在发育期，心肺功能尚不健全，适宜选择一些时间短、间歇多的运动，着重发展他们的灵敏性和协调性。

注意培养正确的姿势

这一时期的孩子骨骼正处于骨化阶段，肌肉力量较小、弹性较大，容易造成弯曲变形。应注意培养正确的姿势，避免长时间做单侧肢体的、较大负荷的动作。

遵循身体全面锻炼原则，避免早期专项化

孩子应参加多样化的体育运动，全面提升身体素质。但现实生活中家长望子成龙、望女成凤心切，早早为孩子选择了专项化训练，如幼儿足球，幼儿从很小的时候就参加专门组织的、有计划的、长期的高强度运动。为此，教育部体卫艺司专门颁布了幼儿足球的八项禁令。儿童早期专项化锻炼容易造成局部肌肉的慢性劳损或外伤，也容易使儿童对锻炼产生错误的认识和烦躁心理。

» 家长可以通过以下方式，指导孩子科学运动

游戏

孩子天生喜欢玩耍，体育游戏是他们最喜爱、最主要的运动方式。家长可以选择一些喜闻乐见的民间体育游戏，如老鹰捉小鸡、老狼老狼几点了、斗鸡、跳皮筋、砍包等。孩子在复杂多变的游戏情境下，灵活地躲闪、跑、跳等，有利于他们协调、灵敏等素质的发展。

律动操

只要音乐一起，孩子就会不由自主地和着拍子运动。律动操正是在欢快的音乐伴奏下进行的一些走、跑、跳等基本动作，是体操的一种。它属于有氧运动，能够起到健体、强身的作用。

球类活动

孩子喜欢玩各种各样的球，小篮球、小足球、气球等。在开展球类活动时要跳出"运动项目"本身，以游戏为主，不宜过早开展专项训练。球类活动一般由两人或多人进行，有竞争性，而且球类活动需要很好的速度、灵敏性和协调性。球类活动能够锻炼孩子的骨骼、肌肉和内脏，增强体质，提升大脑皮层的灵活性和执行功能。

户外徒步

大自然就是活教材，孩子应该经常利用周末或假期开展徒步活动，可以到周边的公园、景区进行走、跑交替的户外有氧活动。以幼儿为例，教育部《3~6岁

儿童学习与发展指南》中就分别针对3—4岁、4—5岁、5—6岁儿童提出了能连续行走1—1.5千米（中途可适当停歇）的指导要求。

» 家长陪伴孩子科学运动，要避免走入的误区

盲目跟风，过早开展技能训练

家长要避免将孩子与同龄人比较，不要着急把孩子送到体育培训机构，过早开展专项化训练。相关权威研究表明，低幼阶段的孩子并不适宜进行技能训练，除非孩子有天赋或有兴趣。

成人思维，方法不当

家长在陪伴孩子运动的过程中往往从成人思维角度出发，操之过急，在指导过程中经常"粗暴"干预，进行训斥或给以枯燥的指令，这样可能会引起孩子的叛逆心理，磨灭他们的运动兴趣。

忽视热身和放松

热身和放松是运动前后必不可少的环节，可以帮助孩子调整好状态。如果忽视热身直接进入运动过程，可能带给他们运动损伤；如果忽视放松，则不利于孩子运动后的恢复，带来身心上的疲惫。

» 保障孩子科学运动，家长要负起主要责任

新奇有趣的运动项目总是备受家长追捧，如高山滑雪、少儿蹦床、少儿攀岩、少儿跑酷等。短视频网站上总能看到一些孩子进行高难度运动，而且孩子年龄越小，获得的关注和评论就越多。冬奥会中的谷爱凌、苏翊鸣等人的成才之路固然令人赞叹，却不是人人可以效仿的。保障孩子科学运动，可以从以下几点做起。

兴趣优先

对于低龄儿童，《学龄前儿童（3~6岁）运动指南》指出，在参与体育运动时，要以培养兴趣、树立品德、学习动作、丰富体验为目标，以游戏为开展体育运动的主要形式；对于学龄儿童鼓励并支持其掌握至少一项运动技能，有助于培养其

养成规律身体活动的习惯,也是增强其体质的关键。

孩子参加运动,首先要考虑其兴趣爱好,兴趣培养起来了,事情就好办了。其次要寓教于"动",在运动中培养孩子的良好品德和意志品质,能与伙伴合作,能正确地看待输赢等。

符合标准

《中国儿童青少年身体活动指南》指出,儿童青少年每日应累计进行至少60分钟的中高强度身体活动,每周至少3天的高强度身体活动和增强肌肉力量、骨骼健康的抗阻活动。《学龄前儿童(3~6岁)运动指南》也指出,3—6岁儿童全天内各种类型的身体活动时间应累计达到180分钟以上。其中,中等及以上强度的身体活动累计不少于60分钟,建议"每天应进行至少120分钟的户外活动"。

着装适宜

日常生活中,经常发现孩子在运动时穿皮鞋、公主裙等不适合运动的衣服鞋帽,这些不利于儿童运动。孩子运动时,首先要选一双合适的鞋子,大小适宜、透气性好、鞋底柔软且支撑度好;其次衣服要以运动服为主,面料柔软舒适、透气性好,合身(不宜过于宽松或过紧)。

运动要日常化、生活化

对于孩子运动,少一些内卷,多一点科学。培养孩子科学运动就要做到动得更多、坐得更少,健康快乐又灵巧。例如,饭后散步、周末爬山、日常参与家务劳动等。

贵在坚持而不勉强

夏练三伏、冬练三九,儿童参与运动贵在持之以恒、形成习惯。但也不应勉强,当出现身体不适时,家长要指导孩子及时调整。

培养孩子科学素养，
家长要先提升自己的科学素养和水平

> **大咖来了**
>
> 邹丽娜，博士，中国科学院幼儿园心理健康中心主任，中国心理学会青年工作委员会委员，北京早期教育发展促进会理事。

> **育儿贴士**
>
> 培养孩子的科学探索精神，不只是在科学领域让孩子保持好奇并主动探索，而且应当迁移到孩子学习和生活的方方面面。这种精神是影响孩子未来学业的重要品质，也有利于他们发展良好的社交和情绪。

案例分享

北京市的一所幼儿园开设幼儿科学课程，并开展了一系列的家庭教育讲座和科普活动。在此过程中，很多家长宁愿花很多时间让孩子学习数学、语文、英语等学科知识，也不愿意投入时间陪伴孩子开展科学探索。通过对部分家长的访谈，可以发现家长对早期科学启蒙有很多困惑，比如，不少家长觉得"还是把宝贵的时间留给对未来学习成绩有用的事情上""科学启蒙离孩子太遥远了，有点虚""自己也不是搞科研的，没能力启蒙孩子""孩子对科学不感兴趣""不知道怎么带孩子探索"。

» 不是只有科研工作者才具有科学精神

科学精神不是只有科研工作者才具有的精神，而是一种学习、思考和认识世界的态度，它体现在生活的方方面面。当前，越来越多的家长开始重视和培养孩子的创新精神和科学精神。孩子的发展关乎党和国家未来，所以，培育孩子的科学探索精神刻不容缓。

儿童科学教育研究者把儿童科学的学习分为三个层面，包括科学知识、科学能力和科学态度。我们可以认为科学态度就是科学探索精神，比如好奇心、探究意识、执着的精神，还有尊重实证、大胆猜想、敢于质疑的勇气等。

掌握科学知识是提升科学能力的基础和保障，科学能力的提升可以进一步促进科学态度的塑造和培养。因此，引导孩子学习科学知识、培养科学能力、具备科学态度是培养孩子科学探索精神的关键。

培养孩子的科学探索精神，不只是在科学领域让孩子保持好奇并主动探索，而且应当迁移到孩子学习和生活的方方面面。这种精神是影响孩子未来学业发展的重要品质，也有利于他们发展良好的社交和情绪。

比如，我们通常说的勇于坚持，也就是孩子做事情能够有始有终，能克服困难完成任务的品质。这种品质在科学探究中极为重要，因为当孩子去探索一个现象，比如平衡，或者反复去尝试测量浮力的时候，他们需要面对很多次的失败、挫折，不断调整、尝试和改进。这个过程就在潜移默化中培养了孩子勇于坚持的品质，这种品质也会在孩子的其他各种活动中表现出来。

又如，我们说的尊重实证，在科学探索中，在得出一个结论前，家长需要让孩子用实验去证明。孩子喜欢并经常利用这种思考方式，在作判断、作决策时，就会自然而然地思考：有什么证据证明这个说法？这是21世纪人的核心素养中非常重要的素质，也就是审辩式思维。孩子作出一个决定或接受一种说法前，他们需要深入思考、找到证据，不会轻易相信一个观点，更不会人云亦云。

» 家长要不断提升自身的科学素养和水平，避免走入误区

家长在培养孩子的科学探索精神时，务必注意方式方法。这里值得一提的是，家长在培养孩子之前，需要不断提升自身的科学素养和水平，尽可能避免在培养过程中走入一些误区。比如：

认为科学探索就是学习很多的科学知识

学习知识只是科学启蒙的一个目标，学习科学知识是培养科学精神和科学态度的基础，更为重要的是培养孩子的能力和探索的态度，比如观察、分析、猜

想、实验等能力，也包括保持好奇心、探索欲和坚持的态度。学习知识有多种形式和途径，这些都属于培养过程中较为外化的表现，就像培养孩子科学探索精神时运用的"术"。而"道"则是对孩子科学教育的整体认知，以及对知识框架的精准把握。实际上，怎样在科学探索精神的"道"上深耕细作，是一个值得深入思考的问题。

给孩子买科学图书，并要求孩子大量阅读和记忆

实际上，孩子进行科学探索有很多通道和载体，最适合孩子的是亲身体验、动手操作，在科学探索中更应该重视的是孩子的手和脑并用，思考和创造性。在选择图书过程中家长要为孩子严格把关，一定要选择健康、优秀的作品给孩子学习。自古以来就有"学而不思则罔，思而不学则殆"之说，在孩子学习的过程中还需要积极引导他们思考。

觉得科学探索离生活很远，家长没法开展科学启蒙

实际上，孩子的科学探索就应该在生活中进行，科学渗透在学习、游戏、进餐、户外活动等方方面面。就地取材才是家庭科学启蒙的特点。用纸巾探索吸水性、用肥皂制作泡泡、用卷尺去测量，这些都是科学启蒙。

科学源于生活，生活促进科学进步，这两者是相辅相成、相互促进的。家长需积极引导孩子热爱生活，关心关注生活中的问题，启发孩子思考解决问题的办法，从而提升解决问题的能力。这个过程中，需要鼓励和肯定孩子多去实践，敢于突破，大胆创新，对于孩子犯的错误予以包容，避免盲目批判指责等。

觉得自己的科学思维不足以引导孩子

其实家长在孩子探索的过程中应该扮演的不是老师的角色，而是支持、陪伴、引导和合作伙伴的角色，为孩子提供一个安全开放的环境，支持孩子的大胆探索和表达，同时能够给孩子一些建设性的建议和帮助。至于并不熟悉的科学原理，则可以借助网络资源与孩子共同查阅，也不失为一种科学探索的过程。

» 引导孩子增强科学探索精神，应该从保护和增强两方面入手

家长引导孩子的科学探索精神，应该从保护和增强两方面入手。保护是说保

护孩子天生的好奇心和探索欲，同时为他们提供一个宽松安全的探索环境；增强是说给孩子探索的工具和方法，引导孩子用科学的方法去观察和提问。

家长要认可、加强和拓展孩子的好奇心

孩子天性里就写上了"好奇"二字，他们天然对很多事情有好奇心。家长的任务是认可、加强和拓展这些好奇心，在日常的互动中就可以完成这个任务。比如，重视孩子的每个问题，不要去判断哪些问题值得回答。认真对待孩子的所有疑问，并给孩子一个合理的回复。

家长不具备科学知识也没关系，可以带着孩子去查阅图书、上网搜索，让孩子感觉到自己的好奇被支持，同时学习父母对待问题的态度——不知道没关系，可以努力去获取知识！

多给孩子一些空间和机会去学习和探索

比如，给孩子多准备一些探索的基本工具，像放大镜、滴管和量杯等。更重要的是允许孩子造成适度混乱。探索需要反复试错，各种材料会让房间看起来比较杂乱，然而这些就是探索的基本条件。借助一定的学习和探索工具是必要的，这些工具可以辅助孩子去了解他们感兴趣的事物，并探索其中的规律，帮助孩子形成自主探索的习惯和能力。

教孩子提出问题

提出问题是探索的开始，可以给孩子示范如何用不同方式提问，像"6W"的提问方法——为什么（why）、做什么（what）、什么人（who）、什么时候（when）、什么地方（where）、怎样做（how）等等。家长给孩子示范，针对各种现象提出促进探索的问题，比如看到水洒在桌子上，就问孩子："为什么水洒在桌子上，桌子看起来颜色变了呢？"提醒孩子随时随地探索。

鼓励孩子从错误中学习

错误是什么？它能造成更多可能性，给我们机会去做新的假设、替换和改进，所以在科学活动中千万不要执着地跟孩子要"正确答案""成功的结果"，重要的是在探索的过程中培养孩子的学习品质——大胆猜测、细心求证。

鼓励孩子观察和记录生活中事物的变化

家长要让孩子把探索变成一种习惯,哪怕是观察妈妈身上发生了什么变化,家里的餐桌上多了什么,今日的天空有什么不同,这些小细节,都会帮孩子逐渐建立起观察、提问、求证的意识。同时,让孩子用图画、符号、数字、文字相结合的方式记录自己观察到的事物。

要想未来不被机器取代，就要培养孩子的创新意识和能力

大咖来了

张侃，博士，中国科学院心理研究所研究员、原所长，发展中国家科学院院士，中国心理学会原理事长，中国心理学会认定心理学家。

育儿贴士

孩子在未来如何才能够不被机器取代呢？多年来心理学、社会学、政治学和历史学研究的结果显示，需要具有不可取代的能力。这个能力是什么呢？就是创新。

案例分享

2023年11月，合肥市的五年级学生小卢凭借其设计的"非机动车道减速带"荣获全球发明大会中国区金奖。这款减速带融合地面弹簧伸缩与智能探测技术，能在路口红灯亮起时，感应非机动车并发出语音提示，引导行人与非机动车后退至安全区域。小卢的灵感源自学校交通安全班会，他深感减少交通事故损害、增强行人保护的重要性。在老师的鼓励下，他耗时半年，通过实地调研与问卷调查，不断优化设计，最终完成了从1.0到4.0的模型升级，实现了这一创新发明。

数据说话

有学者针对中国学生创新素养问题，对156所学校、49636名学生、5321名教师展开调查研究，结果显示：学生创新能力随着每周运动时间增加而提高，到20小时出现小幅下降，30小时以后又出现明显提高；学生每周兴趣班时间在5小时左右时创新能力得分最高，5小时以后创新能力得分逐渐下降；

随着学生年龄的增加，创新能力得分逐渐下降。母亲学历提高，学生创新能力得分增加，但变化幅度很小；父亲学历高，学生创新能力得分高。①

» 要想避免孩子未来被机器取代，就要培养孩子的创新能力

我们现在所处的时代，正是一个发生巨大转变的时代。因为过去的时代，有几百年的时间，人类都在努力用机器的力量替代人身体的力量，现在的转变是开始用机器的力量来取代人的脑力活动的力量。

随着机器取代脑力劳动，家长们应该思考自己的孩子未来能不能在社会上有很好的工作和生活及如何避免被机器取代。

孩子在未来如何才能够不被机器取代呢？多年来心理学、社会学、政治学和历史学研究的结果显示，需要具有不可取代的能力。这个能力是什么呢？就是创新。

从人类未来更好的生存角度来说，要给孩子们准备好一套"装置"，这套"装置"就是创新能力，这是人类未来生存和发展所必须具备的。

» 不只是获得了诺贝尔奖就是创新，其实创新有很多形式

什么是创新？有的家长给孩子讲创新，讲得太虚无缥缈了，好像获得了诺贝尔奖才是创新，获得了国家科学技术进步奖才是创新，其实创新有很多形式。

一是原始创新，就是这个东西过去没有，现在经过人的脑力劳动，从无到有，有了新的创造。二是开拓性创新，就是这个东西本来就有，但是经过人的劳动，它的功能得到拓展，包括技术革新和一些小的发明创造。三是整合性创新，就是把不同的东西整合到一起，产生一种新的东西。

» 目前孩子的创新意识和能力普遍较低，原因有多方面

应试教育忽视了学生的个性和创造力发展

应试教育在中国存在了一千多年，这种教育体系的一个弊端是忽视了学生的

---

① 王蕊、王捷、楚天舒：《中国学生创新素养的相关因素及政策建议——基于大数据分析模型的实证研究》，载《全球教育展望》2023年第9期。

个性和创造力发展。这种教育体系主要以应付考试、记忆和机械性的学习为导向，而不是真正关注学生的个性特点和创造性思维。应试教育下，学生面临激烈的竞争压力，追求分数和排名，导致学习的目的偏离了实际的知识获取和创造性思维的培养。

很多时候，老师为了迎合应试教育，只采用传统的讲授式教学，而忽略了更具启发性和创新性的教学方法。这种情况影响了学生的发展，可能造成学生缺乏独立思考、创造性表达和解决问题的能力。

我们应该倡导因材施教，有的孩子学习成绩差，但是艺术特长优秀，就可以鼓励孩子在这方面发展。有的孩子动手能力强，可以鼓励孩子做一些发明创造。因此，不能思想僵化，用一个模式去培养所有的孩子。

家长在生活中扼杀了孩子的创新能力

在应试教育的影响下，很多家长忽视了孩子创新能力的培养。有的家长过于"保护"孩子，不愿让他们冒险尝试新事物或面对挑战。这种过度控制可能让孩子缺乏独立思考和解决问题的机会。

有的家长过分关注孩子的学习成绩，强调传统的应试教育，鼓励孩子追求高分数，而忽视了孩子的兴趣和创造力发展；有的家长根据自己的期望或社会的固定标准来评价孩子，要求孩子按照特定的模式成长，不鼓励孩子进行探索式学习，不给予孩子发展创新的空间。

» 家长要培养孩子的创新意识和能力，保护其好奇心

在不出现危险的前提下，家长要保护孩子的好奇心

有好奇心，就会有探索欲。好奇心和探索欲是非常宝贵的品质。有的人活到老学到老，就是因为从小有好奇心和探索欲，会不断地自主学习。

要让孩子保持对一些问题的疑问

好奇心本身就是对外界的疑问。从事科研工作，有疑问是最重要的。我对所有博士生的培养，第一条要求就是他们发现现有的研究中有什么是讲不通的，或者有哪些觉得不对的地方，要提出疑问。孩子有疑问说明他动脑筋思考了，要让

孩子保持疑问。

要注意孩子基本素质的培养

基本素质的培养又分成两个方面：一方面是技能性的，另一方面是人格性的。

技能性的基本素养包括两个方面：一是数学，二是语言。家长要让孩子在熟练使用中文的情况下，学习一门外语。英国和塞浦路斯一项联合研究显示，能说两种语言或两种方言的人认知能力比只会一种语言一种方言的人强，是因为会两种语言可以获得更多的信息。

对孩子来说，进行技能性的培养，数学是必不可少的。数学严格讲就是哲学，数学学习好了可以锻炼孩子的抽象思维能力。但也要根据孩子的实际情况进行培养，不要强迫数学学习能力一般的孩子学习奥数等超出孩子能力的知识，否则会适得其反。

人格性的基本素养实际上就是人与社会交往的特质。孩子懂得跟社会交往，遇到问题知道如何反思，这就和性格有关。性格发展比较好的人，创新能力也强一些。性格在孩子6岁之前基本上就定型了，别的东西可以未来再学，性格一旦定型了，要改变是很困难的。

对孩子提出的问题要有讨论，要让孩子自己选择

家长要培养孩子的创新能力，还有一些方法。比如对孩子提出的问题要有讨论，要让孩子自己选择。例如，给孩子买衣服，家长推荐三件衣服，让孩子选，孩子选了之后要问孩子为什么这么选，说出理由，锻炼孩子的思考能力和表达能力。家长启发式的提问可以让孩子更好地成长。

不要盲目花钱上培训班来培养孩子的创新能力

很多家长"不让孩子输在起跑线上"，为了培养孩子的创新能力，花很多钱给孩子报培训班。其实这大多数都是在浪费时间、浪费金钱、浪费精力。如果孩子本来学习就很累，放学之后还要上培训班，会加重疲惫，疲劳学习，反而会引起孩子的反感，让孩子丧失学习的兴趣。

如果孩子自己想培养什么特长，可以让孩子尝试。确定能够坚持，家长可以支持。如果孩子对家长花钱报的班一点兴趣都没有，那就不要让孩子学了。

孩子面临网络安全问题，
家长绝不能因噎废食和谈网色变

大咖来了

雷雳，博士，中国人民大学教育学院二级教授、博士生导师，中国心理学会认定心理学家，中国心理学会理事，中国心理学会网络心理专业委员会副主任，北京市家庭教育研究会常务理事。

育儿贴士

家长在孩子面临网络安全问题时，不能因噎废食，谈网色变。要看到网络在给孩子带来学习和成长机会的同时，也会带来消极的影响。但不能因为有消极影响就杜绝孩子上网。家长和老师要主动学习，提升自身的网络素养。

案例分享

菲菲以出色的成绩顺利升入高中。在暑假期间，除与同学们外出聚餐外，她大部分时间都在家里使用手机关注喜爱的明星的一举一动。由于菲菲的学习成绩优异，且使用手机的主要目的只是关注自己喜欢的明星，所以父母对她使用网络非常放心。然而，某天下午，粉丝群里有一名网友声称自己拥有某明星的独家消息。该网友称，只需扫描微信二维码，并按照"工作人员"的指示进行操作，就可以获取这些独家信息。菲菲点开了链接，填写了大量个人和家人的信息，并且输入了验证码。然而，菲菲并没有获得她所期望的明星信息，还差点让不法分子盗刷父母的信用卡。父母得知这一情况后，既愤怒又后怕，之后拒绝了菲菲的任何上网请求。

数据说话

《全国未成年人互联网使用基本情况研究报告》显示：25.5%的受访未成年人在过去半年内遭遇过网络安全事件，包括账号密码被盗（13.1%）、网上诈骗（11.0%）、个人信息泄露（6.4%）等。此外，38.3%的受访未成年人在上网过程中遭遇不良或消极负面信息，例如血腥暴力/犯罪教唆（15.8%）、淫秽色情（13.5%）和网络谩骂（16.6%）等。对于受访家长而言，91.2%的家长会对子女进行网络安全教育，包括防范网络诈骗（75.8%）、避免个人信息泄露（67.4%）和避免浏览不良信息（66.9%）等。家长自身的网络使用显示，65.8%的家长表示自己可以熟练使用网络，26.8%的家长表示懂得不多，7.4%的家长表示不会上网。此外，54.0%的家长要求孩子的上网行为必须在自己的监督之下。79.7%的家长与孩子制定了适度娱乐的约定，13.0%的家长完全禁止，7.3%的家长表示不会限制。①

》孩子上网存在安全挑战，主要是信息安全和个人安全

随着互联网的普及，越来越多的孩子开始使用网络。孩子们在网络中探索、学习、娱乐，但也面临严峻的安全挑战。网络安全主要体现在两个方面：一是信息安全，二是个人安全。不论是成人还是孩子，上网都会面临网络安全问题。但孩子因为认知和应对能力较弱，面临的问题与成人有所不同。

人们在网络上主要面临三类信息安全问题：一是网络钓鱼，通过虚构一个值得信任的来源，意图获取密码和信用卡信息等；二是网络欺诈，通过虚假的许诺、骗取信任来直接骗取受害者的个人财产，而不是个人信息；三是恶意软件，尤其是间谍软件，指的是那些伪装成合法软件的恶意软件，在未经用户同意或用户不知情的情况下访问手机和传播隐私信息，比如密码。

相对于信息安全，孩子在网络上遇到的个人安全问题较多。孩子有可能成为恶意用户的目标，这一点是家长和孩子尤为关心的问题。个人安全受到威胁，重点不在于财产损失，而是可能会对人身造成一些伤害。但也有一些因为钱财问题

---

① 滕素芬、许一苇、郭悦：《全国未成年人互联网使用基本情况研究报告——基于2018—2021年对全国中小学生、家长及教师的抽样调查》，载《少年儿童研究》2023年第4期。

导致个人安全问题的情形。

与个人安全相联系的问题通常包括四个方面。一是网络跟踪，是使用互联网或其他电子手段来跟踪或骚扰一个人、一个群体或组织。二是网络欺凌，通常是线下欺凌的扩展，比如使人难堪、假装身份、哄骗、拒绝和排斥、诋毁、诽谤等。网络欺凌比线下欺凌更经常发生，因为网络为作恶者提供了在欺凌时保持匿名和隐藏的方式，可以免遭反击。线下欺凌和网络欺凌有很大区别，网络欺凌对受欺凌者的影响比线下欺凌要大得多。因为网络欺凌内容存档可查，线下欺凌随着欺凌者与被欺凌者的物理距离拉开后，欺凌行为会慢慢消失，但在网络上发布的内容欺凌会留有痕迹，骂声相当于一个档案被存在网络上，今天可以有人看到，明天可以有人看到，一个月、一年之后还有人会看到。这使得网络欺凌在一定程度上比线下欺凌影响更加久远，形式也更加五花八门。三是在线捕食，指的是通过互联网使得孩子涉入不正当性关系的行为。在线捕食者可能通过聊天室或网络论坛引诱孩子加入不正当关系。四是淫秽内容或令人愤怒的内容。

» 家长在保护孩子安全上网中起到关键的监护作用

要主动介入

所谓主动介入，就是家长要知道孩子到底在网上干些什么。有时候孩子不愿意跟家长说，是因为亲子关系还不够密切，这时候家长应该多听少说。如果孩子得到的负面反馈太多，他们可能会不愿意与家长进行交流和沟通。多听少说可以让孩子有充分的表达，如果有不同意见或看法，家长可以和孩子一起讨论分析。让孩子可以感受到自己有表达观点的权利，孩子才会愿意告诉家长自己的网络活动内容。

要交流沟通

家长要在与孩子交流沟通的过程中，告诉孩子网络上是有潜在风险的，不要以为网络是绝对安全的，让孩子树立警惕网络风险的意识，如果孩子在网络上与其他用户进行互动时出现问题，要主动和家长交流。

要设定规矩

家长要对孩子设定哪些规矩呢？有什么时候可以上网，可以上网多久，哪些信息可以浏览。要告诉孩子在社交媒体发布信息不要设置定位。网络上有网络追踪的风险，很多孩子发朋友圈会泄露自己家庭的位置，造成一定的风险。

要巧用资源

近几年，在国家相关部门的督促下，网络应用增加了青少年模式等可以保护未成年人的措施，它可以过滤掉一些不良信息，屏蔽非法内容。家长还可以根据自己对孩子的了解，为孩子制定专属的内容权限。家长利用这些资源，可以有效避免孩子遇到网络安全问题。

要小心盯紧

孩子最好在家长看得见的地方上网。比如，有些家庭条件好的孩子用平板电脑和笔记本电脑，最好放在客厅这样人来人往的地方使用，这样相当于形成一种监控。一方面对孩子本身会形成一种压力，约束孩子的行为；另一方面，家长来来回回走动，无意间也可能看到孩子在网络上遇到的一些危险信息。

要及时举报

如果孩子在上网过程中遇到安全问题，例如儿童虐待，家长应该及时向管理机构举报。家长可以在举报的过程中，帮助孩子分辨哪些信息可以看，哪些信息不能看，帮助孩子建立一定的判断标准。

» 家长要培养自己的网络素养，向孩子学习

经常会听到家长持有一种观点，认为孩子上网是存在风险的，既然有风险，就不让孩子上网，从根本上解决网络安全问题。其实这是不正确的行为。

我们现在处在数字化时代，不上网是不行的。尤其是随着移动互联网应用的不断发展，生活中的方方面面都和网络联系起来，必须使用网络。要解决这个问题，家长首先要明白，数字时代和网络时代，不能停留在过去那些生存技能上，要去适应这个时代，去学习一些新鲜东西，自觉培养自己的网络素养。

家长要有终身学习的心态

网络时代很多东西变化非常快，相比过去，在当下终身学习更加重要。家长在孩子面临网络安全问题时，不能因噎废食，谈网色变。要看到网络在给孩子带来学习和成长机会的同时，也会带来消极的影响。但不能因为有消极影响就杜绝孩子上网。

家长也要向孩子学习

因为一些孩子在网络使用方面要比家长更加娴熟，孩子在吸收新信息方面比成年人更快，所以家长要多听少说，主动与孩子沟通。沟通的过程也给孩子创造了一个展示自我的机会。孩子更快学会了一些网络使用的技术，作为"老师"教家长如何使用，对促进亲子沟通很有帮助。家长也要和孩子一起交流、沟通、学习，放下家长的"架子"。

随着孩子年龄的增长，家长应该逐渐后撤

孩子大了，家长不必像婴幼儿和小学阶段管得那么多、那么严、那么深入。当孩子遇到网络安全问题时，家长应该逐渐给予孩子机会，一方面，让他展现自己的问题解决能力，另一方面，让他学会承担一些责任，在解决问题中学习、反思和成长。

预防孩子网络沉迷，
家庭是第一道防线，家长负主要责任

🎤 大咖来了

孙宏艳，中国青少年研究中心研究员，中国青少年研究会副秘书长，中国教育学会家庭教育专业委员会理事。

育儿贴士

缺乏良好的网络使用习惯和规矩、生活单调缺乏乐趣、没有休闲时间和伙伴、学习压力大、心理压力大、缺乏民主养育方式，是孩子网络沉迷的重要原因。要想预防孩子网络沉迷，家庭是第一道防线。家庭在预防孩子网络沉迷中占据不可忽视的地位。

✏️ 案例分享

睿睿从小品学兼优，升入高中后成绩也一直很稳定。因为上学期期末考得很好，爸爸奖励他一台电脑。后来，睿睿渐渐迷恋上了网络，一回家就上网，有时甚至深夜不睡。到周末他变本加厉，经常是通宵达旦，有时连饭都不愿吃。睿睿上课经常睡觉，作业不交，学习成绩也直线下降。因为爸爸长期在外忙生意，妈妈以为睿睿不吃不睡是在努力学习，心疼不已。直到老师打电话告诉妈妈睿睿在校的情况，她才恍然大悟。爸爸知道后一怒之下把网线拆了，把电脑锁了起来，但睿睿对上网已经非常沉迷了，他在学校借同学的手机上网，放学后偷偷去网吧。

📊 数据说话

2022年《未成年人网络权益保护及安全感满意度调查报告》显示：76.99%的受访成年人担心未成年人出现"网络沉迷"问题，66.09%的受访未成年人担心"网络沉迷"问题。调查显示,家长们普遍采用"限时"的措施来引导和管理未成年人,包括"规定了上网的时间限制"(71.30%)和"规定上网前提(如先完成作业)"(53.80%)等。此外,还有24.10%的受访成年人通过陪伴家中未成年人上网的方式进行引导和管理,17.50%的受访成年人给儿童安装儿童上网监控和过滤软件,16.91%的受访成年人要求家中未成年人上网只能学习不能玩游戏。对于"应由谁来主要引导和管理未成年人上网"的问题,受访未成年人认为家庭(73.10%)、自己(65.78%)和学校(58.22%)是排在前三名的责任主体;而在受访成年人中,排在前三位的分别是家庭(81.82%)、学校(69.64%)和互联网平台(58.51%)。[1]

» 孩子沉迷网络的特征基本相同,是线下问题在线上的反映

网络使用行为的不同

有网络沉迷特征的孩子开始使用网络的年龄都比较低,在9岁以前甚至6岁以前开始用网的比例远高于没有沉迷特征的孩子。有网络沉迷特征的孩子一般用网频率高,用网时间长。另外,有网络沉迷特征的孩子经常用手机上网,或者经常在网吧上网。这也意味着他们的网络使用更缺乏家长的管理。

生活状况不同

比如平时缺少娱乐活动,没有娱乐伙伴,学习压力比较大,没有能自己支配的休闲时间等。对比后发现,有网络沉迷特征的孩子在以上方面都存在较大问题,例如,有网络沉迷特征的孩子和正常使用网络的孩子相比,感到没有自主休闲时间的比例较高,感到学习负担重的比例较高。

心理和人际关系上不同

有网络沉迷特征的孩子经常感到孤单、没有朋友、不受欢迎、自卑、被瞧不起等。经过调查发现,和合理使用网络的孩子相比,沉迷网络的孩子感到被看不起的比例较高,感到心理压力大的比例较高。

---

[1] 孙宏艳、马铭阳:《近八成成年人担心未成年人"网络沉迷"》,https://baijiahao.baidu.com/s?id=1770112313415935396&wfr=spider&for=pc,最后访问时间:2025年2月19日。

家庭教育方式不同

我们经过调查还发现，沉迷网络的孩子，他们生活的家庭大多唠叨多、陪伴少，家长自己也在玩手机，很少和孩子沟通。也有的家庭对孩子管理过于严格，使孩子感到缺乏自由、不够民主。这些都会使孩子为减轻家庭压力而到网上去发泄情绪。

缺乏良好的网络使用习惯和规矩、生活单调缺乏乐趣、没有休闲时间和伙伴、学习压力大、心理压力大、缺乏民主养育方式，是孩子沉迷网络的重要特征，也是导致他们沉迷网络的主要原因。因此我们常说孩子沉迷网络往往是线下问题在线上的反映。

» 孩子沉迷网络，和家长在家庭教育中的误区有关

在孩子用网前，没有建立好用网规则和规矩

孩子小的时候更需要培养良好习惯，比如阅读习惯、运动习惯、休闲习惯等。但是有些家长只管给孩子提供互联网产品作为娱乐手段，却缺乏先给孩子立规矩的意识。也有的家长不懂怎么立规矩，唠叨多管理少，家长以为自己是在管理孩子使用网络，但是大多数是自顾自地唠叨，对孩子使用网络了解很少，孩子上网干什么、和谁玩、有哪些乐趣和烦心事，一概不知。

对孩子的生活关心少，陪伴少，唠叨多，忽视孩子真实的内心需要

很多家长也许觉得自己已经将全身心放在孩子身上，怎么关心还少呢？其实是没有关注到重点，对孩子的需求关心不够。如果孩子在休闲娱乐等方面的需求不能得到满足，他们更容易沉迷于网络。有的家长对孩子的管理仅停留在唠叨上，自以为管理得很好很多，但孩子并不喜欢，没有帮孩子解决学习上、生活上的困难。

重视孩子成绩多，忽视孩子的心理健康和生活中的其他因素

很多家长认为成绩才是最重要的，好成绩才是硬道理，却不知道很多看起来很外围的要素，却是影响孩子网络沉迷的重点因素。当一个孩子心理上的、人际交往上的问题得不到解决时，他就会很想到网络上去找安慰。所以，家长在预防孩子网络沉迷时，不能头痛医头，脚痛医脚，要综合施策。

忽视家庭教育问题，孩子上网出现的问题与家庭教育问题有关

很多家长对孩子陪伴少、沟通少、不够民主、不够尊重，总是把他们看作没有主体地位的小孩子。忽视孩子独立性和主体地位的结果是家庭教育不够民主，要么对孩子比较专制，要么对孩子比较溺爱，要么忽视孩子的心理需要，使孩子把网络作为心灵的港湾和精神的寄托。同时，有的家长不懂家庭教育方法，在网络使用上也缺乏给孩子树立榜样的意识。

» 预防孩子网络沉迷，家庭是第一道防线，家长是第一责任人

家长要更新养育观念，与时代同步

互联网时代，家长面对的是作为网络一代"原住民"的孩子，他们的需求和看法等都与家长这一代有很大差别。家长要做到与时俱进，与孩子一起成长。孩子喜欢的网络话题、网络产品，家长也要有所了解，而不能不敢提起这些话题。家长理解这一代孩子对网络天然的亲近感，才能与孩子"同频共振"。

家长要保证孩子的休闲时间

孩子越没有休闲时间，沉迷网络的可能性越大。休闲时间是孩子能自主的休闲时间，而不是被安排的休闲时间。有的家长虽然允许孩子休闲，但是已经按照自己的意志给孩子安排好了，忽视孩子的想法与意愿。比如带孩子去公园，但是要求孩子回来必须写篇作文，孩子就会感觉这种休闲成了任务。也有的家长忽视孩子的休息，用各种家庭作业剥夺孩子的睡眠时间。

家长要关注孩子的学习压力

适度的压力可以激发学习动力，但前提是一定要适度。如果压力过大，就会使孩子更想逃到网络中去。家长要关注孩子日常的学习行为，不能只看结果。对孩子的学习结果要认真分析，了解孩子的学习困难，给他们更有效的帮助。家长应该善于引导孩子树立合适的学习目标和成长目标，将大目标转化为小目标，并掌握阶梯式成长的目标和方法。

家长要重视和谐亲子关系的构建

亲子关系是孩子成长的强大动力，同时也是重要的情感支持。如果孩子缺乏

良好的亲子关系，在家庭生活里感到被忽视，感到压抑、不自由或者不被尊重等，都可能引起网络沉迷。家长要有平等意识，尊重孩子的想法和成长需求。好的关系胜过好的教育，关系是教育的前提。

家长要学习教育方法

互联网时代孩子懂得甚至比家长多，家长要学习如何与孩子沟通，如何对孩子的心理问题进行观察与疏导，如何安排好"双减"后孩子的闲暇生活，如何减轻孩子的学习压力等。这些问题，光靠唠叨是不能解决的。焦虑、唠叨、吼叫是教育的大忌。

要大力提升家长的媒介素养

提升媒介素养不仅仅是学习使用媒介，更重要的是学习理性对待新媒体时代的人和事。家长成长孩子才能更好地成长，因此家长不要忽略学习。家长有较高的媒介素养，就能更好地理解孩子的网络使用行为及网络沉迷的原因，从而更好地引导孩子合理使用网络。

如果孩子长期学习负担过重，就会影响其身心健康的发展

大咖来了

蔡丹，博士，上海师范大学心理学院院长、教授、博士生导师，上海师范大学儿童发展与家庭研究中心执行主任，中国心理学会青年工作委员会副主任。

育儿贴士

孩子如果长期处于过重的学习负担中，又无法得到父母、老师的积极关注和帮助，这个负担就会影响孩子的健康发展。久而久之，孩子从行为上容易产生拖拉、对抗、厌学现象，同时转而投入更轻松的环境，比如网络游戏、视频聊天等，从情绪上容易产生抑郁状态。

案例分享

小刚是一名初二学生，近期妈妈带他来到医院的"学习困难"门诊。小刚妈妈焦急地告诉医生，他已经连续一周没有去学校了，自己感觉孩子越来越抵触学习，怎么教都不会。上了几年网课后，小刚的学习效率变得很低，开学后他发现自己很难听懂老师讲课，也无法完成作业，成绩也从中等变成了倒数。妈妈认为凭小刚的智力水平，成绩不应该处于这个位置，对小刚写作业拖拉、学习成绩忽上忽下感到不满意，在陪伴小刚做作业时总是火冒三丈，冲突不断。经过专业评估，小刚并不属于"学习障碍"或"注意力缺陷"，而主要是由于学业挫败而产生的自卑、自我效能感低下等情绪情感问题，需要家庭、学校共同努力，帮助小刚回到课堂。

数据说话

有学者对中小学生学业负担归因及减负路径选择进行调查研究，通过对240多万份回收问卷进行分析，发现认为自己学业负担非常重和比较重的样本共计33.3万份，占全体学生的26.7%。进一步研究发现：小学生认为造成自己学业负担重的三个主要原因，分别是家长对自己学业期待高（44.2%）、学校老师布置的作业多（30.2%）、学校老师讲课听不懂（23.1%）；中学生认为自己学业负担重的三个主要原因，分别是家长对自己学业期待高（42%）、来自升学考试的压力（38.9%）、学校老师布置的作业多（33.1%）。[1]

» 如果长期处于过重的学习负担之下，就会影响孩子的健康发展

学习负担是指家庭或学校提出的学习要求或学习任务，超过孩子身体和心理所能承受的能力范围，由此带来的压力感受。学习任务和要求需要与孩子的身心发展水平相适宜。如果在一定范围内适度提高要求，并且在处理任务时获得足够的支持和指导，孩子通过努力和指导可以完成，这样的任务是最适宜促进孩子成长的。

但是，如果孩子长期处于过重的负担之下，又无法得到父母、老师的积极关注和帮助，健康发展就会受到影响。负担过重，自己又无法解决，孩子的自我效能感、自尊水平、自我控制的感受都会下降，觉得自己无论如何努力，都没办法完成任务。久而久之，孩子从行为上容易产生拖拉、对抗、厌学现象，同时转而投入更轻松的环境，比如网络游戏、视频聊天等，从情绪上容易产生抑郁状态。在产生抑郁之前一段时间，孩子都有无能为力的感受，对所需要投入努力和精力的任务提不起兴趣，相对也更容易产生亲子冲突和同伴冲突。

产生过重学习负担的因素往往与孩子个体因素，以及他们所处的环境因素有关。比如，同一年龄的学生，由于他们认知能力不同，个体压力易感性不同，面对同样难度的学业要求和任务时，感受不尽相同。

---

[1] 陈凡、任涛：《中小学生学业负担归因及减负路径选择——知识生产模式的视角》，载《浙江师范大学学报（社会科学版）》2023年第3期。

家庭环境中，家长如何对待孩子遇到的负担，是否能够及时帮助孩子，会影响孩子的压力感受与压力应对方式。如果家长能够营造良好的学习环境，主动关心、适当帮助、积极互动，孩子可能会形成积极的应对方式。

如果家长对孩子提出的要求过高，又不够重视孩子的感受，任务已经影响孩子的睡眠、娱乐、体育活动、亲子互动的时间，孩子就可能无法调节这些压力。此时，提出同样的学业要求，就会对他产生负面作用。

» 孩子学习负担较重，是因为家长的高期待和与他人的比较

近年来，国家出台了一系列保护未成年人的政策。比如"双减""五项管理""健全学校家庭社会协同育人机制的意见"等，要求各部门和机构关心关注未成年人的身心健康。因此，在正常的教育教学要求情况下，孩子的学习负担应当是适宜的。然而，目前孩子们感受到的学习负担并不轻。

究其原因，一方面是家长往往希望孩子有更好的学业表现，有更优秀的升学结果，考入更出色的高中、大学，未来有更体面的工作……在这种养育压力下，家长往往不由自主地对孩子有更高期待。

另一方面是由于与他人的比较，产生"内卷"。看到周围的朋友、孩子班上同学和其他家庭的孩子取得优异成绩后，稍微一比较，家长就会感到焦虑，认为自己对孩子的学习可不能怠慢、马虎，以免耽误孩子的前程。

因此，家长往往容易对孩子提出更高的要求。这种要求，不能说绝对错误，因为家长关注孩子、提供丰富的资源，本身是值得鼓励的。孩子在良好的学习环境中，往往会得到发展。面对适当的负担和压力，经过各种努力获得成功，会给孩子带来积极的影响。

但与此同时，我们也应该看到，家长对孩子的高期待与高要求，孩子是否能够实现？如果孩子通过努力也无法实现家长的要求，家长又表现出失望的情绪，就容易对孩子的成长造成负面影响。

比如，有一个家庭，妈妈是一位全职妈妈，爸爸工作比较忙，希望妈妈能全身心投入照顾孩子学习。孩子在一次小测验中成绩是"及格"，妈妈非常失望，认为自己这一个月的投入都白费了，于是对孩子更加严格要求，之后进一步控制孩

子每天晚上的活动。孩子觉得自己无法达到妈妈期待的成绩，再加上辅导作业时妈妈严厉的监控，久而久之对学习产生了厌恶情绪，甚至还出现了在学校违反纪律、欺负同学的情况。其实孩子更需要的是一个良好、轻松的学习环境。通过适当鼓励，正确引导，成绩会随着孩子的身心发展而逐渐改善。家长切忌只盯着学习表现，而忽略了孩子的需求。

» 减轻孩子学习负担，尤其需要家庭的支持

关注孩子德智体美劳各方面的发展

孩子的学习表现往往和智力发展有密切关系，但我们不能仅关注学业，还要关注思想品德、情绪情感、同伴交往、兴趣爱好、人格养成等多方面的素养。一个孩子在其他方面积极健康发展，往往也会反过来促进其学业表现。

建构温暖、支持的家庭养育环境

家庭环境是孩子成长发展的重要环境之一，也是孩子早期成长的主要环境，这个环境需要父母双方共同努力营造。孩子遇到学业挫折，暂时遇到困难，如果父母能给予足够支持和帮助，孩子由于学业挫折而产生的压力就会降低。父母保持良好的关系是家庭环境的基础，亲子关系可以通过日常增加积极的亲子互动来维护。我们提倡民主型的教养方式，尊重孩子的想法，放下电子产品，认真倾听孩子的表达。

家庭教育是非正式教育，要营造良好的家庭学习环境

家庭学习环境的营造，并非仅仅局限于辅导孩子完成学校布置的功课，还可以借助阅读、游戏、参观博物馆、郊游等多种多样的方式来实现。《家庭教育促进法》中明确要求"应当合理安排未成年人学习、休息、娱乐和体育锻炼的时间"，其实也就是提醒家长不仅要关注孩子的学习，还要注意保证孩子的睡眠时间、休闲娱乐时间、身体锻炼时间，这些都是促进孩子身心发展的重要因素。

尊重孩子的成长规律和个体差异

孩子处于快速发展阶段，学习的要求和任务也应该根据孩子不同的情况加以调整。"别人家的孩子"能做到的，未必适合自己的孩子。随着孩子的发展，亲

子互动模式也要加以调整。学龄前儿童需要亲密陪伴；少年儿童需要鼓励与认可；青春期的孩子需要给予更多空间，他们更愿意和同伴交往。家长要根据孩子不同的年龄特点，提出与孩子成长、发展相适宜的指导要求。

第六章

注重身心健康发展
关爱特殊家庭孩子

家长要想保障孩子的饮食营养均衡，关键要做到平衡膳食

大咖来了

李榴柏，博士，北京大学儿童青少年卫生研究所副教授、硕士生导师，中国学生营养与健康促进会专家委员会委员，中国学生营养与健康促进会学校卫生分会常务委员。

育儿贴士

孩子处于快速生长发育阶段，代谢旺盛，单位体重营养需要量高于成年人。因此，膳食摄入不足或营养不均衡极易导致营养不良、抵抗力下降，影响孩子身心健康和未来发展。营养不均衡是导致超重肥胖、低体重、贫血等营养不良问题及急慢性疾病的重要原因。

案例分享

一名来自英格兰布里斯托尔的少年自小学时代起就饮食不健康。一日三餐离不开薯条、薯片、香肠和加工火腿等高热量食品，主食只吃白面包，几乎不碰蔬菜和水果。因饮食常年不健康，他在14岁那年身体就已经出现了问题，时常感到疲倦和乏力。一年后，少年的病情加剧，听力和视觉开始发生衰退，在17岁彻底告别了光明。经诊断，男孩体内严重缺乏维生素B_{12}等营养成分，铜硒水平低、骨密度差。更严重的是，长期的营养不良已对他的视力造成了永久性损伤。

数据说话

《儿童蓝皮书：中国儿童发展报告（2021）》指出，当前我国儿童营养问题呈现出营养不足、隐性饥饿与超重肥胖三重负担的现象。营养不足包括

生长迟缓与消瘦。研究表明，它会对儿童的认知能力和身体素质发展产生负面影响，还会增加儿童感染疾病的风险，并且可能会影响成年期的健康和福祉。《中国居民营养与慢性病状况报告》显示：2002年中国6—17岁儿童青少年超重肥胖率为6.6%，而2019年已接近20.0%，儿童超重肥胖问题日益严重。2016年，中国儿童青少年肥胖率虽然仍低于美国，但肥胖人口数量已居世界第一。[①]

» 孩子只吃单一品种食物会营养不良，影响生长发育

膳食充足、营养均衡是孩子生长发育和健康成长的重要基础。膳食能够提供七大类营养物质：蛋白质、脂肪、碳水化合物、维生素、矿物质（包括微量元素）、水和膳食纤维。每一类营养物质都是人体必需的。碳水化合物、脂肪和蛋白质在体内代谢过程中会产生能量，供人体利用。能量就像汽车的马达，让我们维持生命活动，有精力去学习、工作等。

各种食物中都含有对身体有益的营养素，但每种食物为机体提供的主要营养素是不同的，没有一种天然食物能满足人体对所有营养素的需要。

因此，只吃单一品种的食物对于营养素的摄取是不利的，长此以往，会造成机体某些营养物质的缺乏，导致营养不良，从而影响生长发育和身体健康。每餐摄入平衡膳食，是保证营养均衡的关键。平衡膳食所含食物种类和比例可以最大限度地满足不同性别、年龄和能量需要的孩子的营养和健康需求。

健康饮食、均衡营养可以促进孩子正常生长发育，包括体格和神经系统发育，提高学习能力和其他社会能力，保证免疫功能发挥作用，抵抗疾病侵袭。孩子处于快速生长发育阶段，代谢旺盛，单位体重营养需要量高于成年人。

膳食摄入不足或营养不均衡极易导致营养不良、抵抗力下降，影响孩子身心健康和未来发展。营养不均衡是导致超重肥胖、低体重、贫血等营养不良问题及急慢性疾病的重要原因。

---

① 王诗堃：《父母要注意了！报告称中国儿童普遍存在三大营养问题》，https://baijiahao.baidu.com/s?id=1718728162508913210&wfr=spider&for=pc，最后访问时间：2025年2月19日。

» 每餐饮食要包括四大类，食物多样、合理搭配是核心

食物多样、合理搭配是平衡膳食的核心。每餐的膳食应该包括以下四大类食品，尽量实现品种多样化。各类食物应按照最新的《中国居民膳食指南》的推荐量摄取。

谷类和薯类：包括米、面、杂粮、马铃薯、红薯等"主食"，主要提供碳水化合物、蛋白质、膳食纤维、B族维生素等。高蛋白质食物：如大豆、豆制品、牛奶及奶制品、瘦肉、鱼、禽、蛋等，主要提供优质蛋白质。蔬菜水果类：包含各类蔬菜水果，主要提供碳水化合物、膳食纤维、矿物质等。烹调油类：主要来自植物油，增加不饱和脂肪酸，如橄榄油。

» 当前孩子存在高能量膳食摄入过多和运动不足的问题

目前，孩子的某些关键营养物质来源，如奶类、坚果和豆类、果蔬等摄入严重不足，只有很少比例的孩子能达到健康膳食模式的要求。同时，含糖饮料摄入普遍，有些孩子甜饮料饮用过多。

相当一部分孩子存在不健康的饮食行为问题（如偏食、挑食、节食等）。富含蛋白质和多种不饱和脂肪酸的食物是青少年体格、脑及神经系统发育的关键营养物质来源，应注意保证每天充足摄入。饮食不均衡的同时，大多数孩子还缺乏体育锻炼。

家长们一般都会竭尽全力满足孩子的营养需要，但由于缺乏营养知识而陷入很多误区。比如膳食品种单一，膳食供给不足；忽视牛奶、果蔬和水的作用；缺乏零食消费引导；容易受广告影响；对偏食、挑食、节食等不良饮食习惯不能及时纠正。

» 家长在孩子的营养均衡方面发挥着重要作用

童年期是体格、心理和智力发育及成熟的关键时期，也是饮食行为习惯和生活方式形成的重要阶段。家长在孩子营养均衡方面扮演着重要的角色。

主要表现在：重视家庭共餐对孩子营养和成长的多重作用，让孩子参与购买和制作食物；家长做好健康饮食和运动的行为示范，帮助孩子学会看营养标签，

注意传授科学的营养知识;创造健康的饮食环境,提供运动条件;科学养育,包括培养孩子的自主进食行为、不追着喂饭、规定规律作息和进餐时间等。重点在于限制进食速度和进食分量、不购买或少购买甜食和甜饮料、提供水果蔬菜,以及家长的示范和支持作用。

孩子的饮食模式逐渐从学龄前期的三顿正餐、两次加餐向相对固定的一日三餐过渡。合理搭配膳食,做到品种丰富、营养均衡、软硬适度、色香味俱全,孩子才会喜欢。其实,孩子的健康饮食并不一定很贵,贵的食物也不一定就健康。缺少肉和奶的情况下,食用豆腐、豆浆、坚果、杂豆同样可以提供丰富的优质蛋白、矿物质和维生素。

家长和老师要引导孩子树立科学的饮食观和健康观,指导孩子在不影响正餐的前提下合理选择、适时适度地消费零食,帮助孩子从小建立平衡膳食、合理营养的理念,养成良好的饮食习惯,促进其健康成长。

» 家长要让孩子吃动平衡,就要做到以下方面

选择平衡膳食,食不过饱:采用适合年龄的小碗用餐,控制进食速度(15—20分钟/餐)。合理搭配膳食、热量摄入适当:少吃肥肉、油炸食品和高糖食品(甜点、糖果、冷饮等)。每天摄入充足的主食、蔬菜、水果、瘦肉/蛋类/豆制品、牛奶五大类食物,每餐进食新鲜蔬菜。食物多样:每天至少进食12种食物,每周达到25种食物。

不喝或少喝含糖饮料,甜饮料每天不超过1杯(250毫升),每天应至少饮水1500毫升。推荐喝白开水,不喝生水。每天吃早餐,增加家庭共餐次数,减少在外就餐。炒菜时少放糖、油和盐,采用蒸煮或烘烤等方式加工食物,少用油炸,降低热量摄入。

养成运动习惯,增加体育锻炼:每天进行至少1个小时中高强度的体育运动或游戏。多进行户外活动(每天累计2—3小时)。减少长时间静坐的行为。静坐每隔30分钟,起来走动5分钟。

采取积极的上下学交通方式:在确保安全的情况下,尽量步行或骑车上下学。限制静坐视屏时间:每天闲暇看手机、电脑、电视等屏幕的时间累计不超过1小时。2岁以下的孩子不建议使用屏幕(电视、手机等)。

及时消除压力，保持心情舒畅，保证充足睡眠时间和良好睡眠质量。小学生夜间睡眠10小时以上，初中生9小时以上，高中生8小时以上。不吸烟、不饮酒，定期监测身高、体重和身体质量指数（BMI）变化。不盲目节食和减重，不盲目使用减肥食品、药品和器具。

父母与孩子朝夕相处，
在家庭中开展好生命教育责无旁贷

大咖来了

陈娟，博士，重庆师范大学教育科学学院副教授、硕士生导师，国家二级心理咨询师，中国心理学会注册督导师，全国高校心理委员研究协作组理事，重庆市心理卫生协会青年教师专业委员会副主任委员。

育儿贴士

生命教育是需要长期渗透、系统建构的复杂工程。家庭是孩子生命的来处，也是孩子成长的摇篮。父母是孩子最重要的启蒙老师，也是最亲近的温暖港湾。父母与孩子朝夕相处，接触的时间和机会最多。在家庭中开展生命教育意义非凡，父母责无旁贷。

案例分享

14岁女孩琳琳从小就是优秀出众的"别人家的孩子"。能歌善舞、乖巧懂事、聪明伶俐都是她一贯的标签。身为高级知识分子的父母对她寄予厚望，倾尽全力培养，长期分居陪读，帮助琳琳全面发展，英语、魔方、数学，各种竞赛拿奖拿到手软。然而，这样一个令无数父母羡慕的完美女儿，却在留下"我太累了"的字条后，选择了自杀。事后调查显示，刚上初二的琳琳已经好几年没有过周末和假期了，连生日都是在外地参加比赛时度过的。她不止一次央求父母带自己去动物园玩，但都被拒绝，最终没能成行。事发之后，父母在悔恨之余，也十分困惑："玩就那么重要吗？累一点的苦都吃不了吗？现在的孩子为什么这么脆弱？"

数据说话

《2021年世界儿童状况》报告显示：全球每年约有4.6万名青少年死于自杀，也就是每11分钟就有一名青少年自杀。自杀是10—19岁青少年死亡的五大原因之一。[①]《2022年青少年心理健康状况调查报告》显示：抑郁是青少年最为多见的一种心理健康问题，是自杀的重要风险因素。[②]《2023年度中国精神心理健康》蓝皮书显示，我国心理健康问题呈低龄化发展趋势。高中生抑郁检出率为40%，初中生抑郁检出率为30%，小学生抑郁检出率为10%。[③]

》只有珍爱生命才能保护生命，在此基础上，才能享受生命

珍爱生命与保护生命、超越生命一起构成了生命教育体系中最核心的三大板块。只有珍爱生命，我们才愿意去主动保护它。在珍爱、保护生命的基础上，我们才能去享受生命、发展生命，并赋予它更崇高的意义，从而完成超越生命并达成自我实现的圆融。具体而言，生命教育包括六项重要促进作用。

觉察生命的可贵

在明白生命起源的神圣和孩子诞生的奇妙的基础上，敬畏生命，感恩父母。对所有生命体都充满尊重，为自己来到这个世界感到幸运和幸福，为自己作为茫茫宇宙中独一无二的生命体而感到骄傲和自豪，这对孩子形成积极心态至关重要。

珍惜生命的存在

在充分认识"死亡"的基础上，意识到生命的弥足珍贵。认识到生命只有一次的唯一特征，主动远离可能伤害生命的危险，担负起维护生命安全的主动责任，明辨是非，珍爱生命。这也是建立生命心理免疫力的首要出发点。

[①] 阎侠：《联合国儿童基金会：打破沉默，促进心理健康需要每个人的参与》，https://baijiahao.baidu.com/s?id=1713418603346039469&wfr=spider&for=pc，最后访问时间：2025年2月19日。

[②] 陈社妍等：《蓝皮书报告 | 2022年青少年心理健康状况调查报告》，http://psy.china.com.cn/2023-08/10/content_42459520.htm，最后访问时间：2025年2月19日。

[③] 郭如震、岳增敏：《不能让心病折磨青春》，http://paper.people.com.cn/fcyym/html/2024-11/22/content_26092590.htm，最后访问时间：2025年2月19日。

赞叹生命的美好

在充分发展审美能力的基础上，用艺术的眼光去发现生命、欣赏生命。在享受生活的基础上，生成对世间万物的爱。获得敏锐的觉察、开阔的视野、更深的自省、更高的境界，以及更大的精神自由度，从而在内心深处获得乐观积极的正能量。

化解生命的困惑

在体验到生命的纵深和广袤的基础上，坦然正视自己每个生命阶段的独特议题，积极应对其蕴含的挑战，通过逐一攻克难关并发展出相应的能力实现成长与超越。同时悦纳生命的无常，获得未来取向和资源取向的积极视野，更加灵活和睿智。

提升生命意义感

帮助孩子拓展对自身及周围事物存在的感受和理解，构建出一套稳定的内在文化系统。调控孩子对自身行为及目标的选择，并影响孩子的情感体验。清晰地认识到自己的价值追求和理想抱负。帮助孩子树立健康的价值观和道德规范，使孩子感到幸福。

实现生命价值感

帮助孩子设立人生目标并为之奋斗，形成积极主动、乐观向上的生活态度，制订更加清晰的人生规划，教导孩子勇于担当。推动孩子提升成就感和效能感，使孩子感到充实和自信。

» 孩子缺少生命教育，会对身心健康造成严重影响

缺位的生命教育会被什么乘虚而入呢？可能是错误、虚假、扭曲的人生观、世界观和价值观，也可能是一片静寂的留白，从而使孩子陷入"存在虚无"的怪圈中无法自拔。

这种补位和怪圈可能带来两类问题：第一类是随波逐流而被裹挟陷入享乐、攀比、功利、金钱等假性意义感中；第二类是放大攻击拒绝裹挟，向外充满敌意、对立，或者向内抑郁、成瘾，或自伤自残甚至自杀。具体而言，家长在对孩子进行生命教育时，容易存在以下误区：

窄化概念，把生命教育窄化为生命安全教育

生命安全固然重要，但并非生命教育的全部内涵。在这种误区中，生命主体存在的体验、价值和美感都被忽视了。生命教育的感召力也因此大为缩减。

偷换概念，把生命教育偷换为心理健康教育

生命教育和心理健康教育虽然都涉及"生命"这一主题，但二者并不完全等同。虽然充满生命力的个体会在心理健康各个维度有所体现，但生命教育不能用情绪调节、人际关系构建、压力管理等去替代。

僵化内涵，把生命教育僵化为教条和规则

一旦回避生命的底层逻辑，生命教育就很容易走向"不准死"的僵化教条灌输。"如果生命如此痛苦，我为什么还要活着？"面对这种问题时，父母将束手无策。

忽视连贯，把生命教育只放在某个特定时期

片面地认为只有小孩子才需要生命教育，但实际上生命教育贯穿生命始终，在不同年龄段各有侧重。如面向儿童青少年聚焦对生命的认知，促进敬畏生命、珍爱生命；面向青年人，则聚焦生命意义探讨和正确"三观"的树立；面向中年人，侧重于生命审美感悟和生命价值追求；面向老年人，则侧重于生命终极关怀和死亡恐惧超越。

忽视主体，认为生命教育是学校的责任

父母主体严重缺位，认为学校才是孩子生命教育的第一责任人，而没有充分认识到父母和家庭在孩子生命教育中第一优先级的地位和重要作用。这可能造成父母的缺席或忽视，错失许多生命教育鲜活的机会。

» 父母与孩子朝夕相处，在家庭中开展生命教育意义非凡

生命教育是需要长期渗透、系统建构的复杂工程。家庭是孩子生命的起点，也是孩子成长的摇篮。父母是孩子最重要的启蒙老师，也是最亲近的温暖港湾。父母与孩子朝夕相处，接触的时间和机会最多，在家庭中开展生命教育意义非

凡，父母责无旁贷。父母可以通过以下方式有效地开展生命教育。

以身作则

父母是孩子最好的榜样。父母如果能很好地爱自己，活出自己生命的精彩并充分享受生命的存在，那么这些爱也将经由父母流向孩子，并滋养孩子的生命。父母发自内心的笑容也将绽放在孩子的脸上。所以，父母作为独立的生命体，对自己的人生感到满意吗？觉得婚姻幸福、家庭美满吗？……对这些问题的反思和回答，就是对生命最真实的观照。

建立和谐的亲子关系

积极温暖并具有支持性、复原性的和谐亲子关系，是孩子健康成长和全面发展的首要基础，也是开展生命教育的第一出发点。和谐的亲子关系能连接双方的内在精神，覆盖个体成长发展的各个方面，既包括基本生理及物质基础，也关乎个体生命经历的各种体验，更关乎个体生命意义及价值实现。这种亲子关系才能成为一个可靠的容器，去承载孩子各种或艰难或顺利的生命时刻。

开阔视野并培养兴趣

父母可以给孩子提供更加丰富多样的学习和成长的机会，在书籍中、在汗水中、在榕树下、在博物馆里、在山川间……去发现和识别孩子的兴趣点，挖掘和发展孩子的潜能。不论是阅读、绘画，还是武术、计算机，当生命具备了更加多元化的可能性时，生命的格局、弹性和自由度得以提升，孩子作为生命主体实现全面发展，并因而感到有趣、满足和幸福。

角色扮演和模拟演练

积极倾听孩子的内心困惑和生活烦恼，父母可以与孩子充分探索和反思各种生命议题。在角色扮演和模拟演练等活动中，父母要高度重视体验的鲜活和技能的习得。父母要竭力鼓励孩子积极探索、主动思考和开放交流，激发他们的兴趣、热情、生命活力和责任感，以更加积极的态度投入生活和学习。这有助于促进拓展、深化和迁移，最大限度地实现生命教育的现实转化。

孩子睡眠不足会影响学习，还会出现各种各样的情绪问题

大咖来了

黎雄斌，广东医科大学附属第二医院呼吸与危重症医学中心主任、主任医师、教授，广东省基层医药学会呼吸病专业委员会常务委员，广东省中西医结合学会肺康复专业委员会常务委员，广东省预防医学会呼吸病预防与控制专业委员会常务委员。

育儿贴士

不充足的睡眠往往会导致孩子注意力无法集中，从而影响学习能力，同时会影响孩子的学习效果。这方面的表现包括记忆力下降、理解困难、分析思考能力下降等。睡眠不足会导致孩子情绪不稳定，容易出现脾气暴躁、易怒、焦虑、抑郁等不良情绪，还可能导致孩子出现行为问题，如攻击性、叛逆等不理性行为。

案例分享

小利从小成绩优秀，自我要求高。上初中后，学习任务繁重，他经常熬到深夜，家人催促他早点休息，他说必须完成作业和复习才能睡，一大早又要起来背单词，每天睡眠不足6小时。周末终于可以早点休息，他也希望利用周末放松，但他已养成熬夜的习惯，不到深夜难以入睡。长期睡眠不足使小利的精神状态越来越差，学习效率越来越低，他最近变得沉默寡言，无精打采。老师找家长谈话，反馈小利在课堂上经常走神、发呆、打瞌睡，而且情绪急躁，不与同学交往，考试成绩下降明显。

数据说话

《2022中国国民健康睡眠白皮书》显示：教育部此前发布的"睡眠令"明确要求小学、初中、高中学生睡眠时长应分别达到10小时、9小时、8小时。但调查显示小学、初中、高中学生的睡眠平均时间分别仅有7.65小时、7.48小时、6.5小时。调查还显示，超六成的青少年用睡眠时间来玩手机、打游戏和追剧，仅有27%的青少年压缩睡眠时间来写作业、学习。娱乐已代替学习成为青少年晚睡的首要原因。[1]

》每个年龄段的孩子睡眠时间不同，随年龄增长逐渐减少

每个年龄段的孩子需要的睡眠时间不同。一般来说，随着年龄的增长，孩子的睡眠时间会逐渐减少。美国睡眠医学会推荐的各年龄段儿童的睡眠时长（0—3个月婴儿除外）：

婴儿（4—12个月）：12—16小时/天。幼儿（1—2岁）：11—14小时/天。学前儿童（3—5岁）：10—13小时/天。学龄期儿童（6—12岁）：9—12小时/天。青少年（13—18岁）：8—10小时/天。

新生儿每天的睡眠时长区别很大，美国睡眠医学会对此没有具体的推荐，有少到11个小时的，也有多到19个小时的。一般来说，新生儿（0—3个月），每天需要14—17个小时的睡眠。

》睡眠充足对孩子成长有着重要影响

充足的睡眠可以促进孩子的生长发育

充足的睡眠可以促进生长激素的分泌。生长激素主要在夜间分泌，特别是在深睡眠状态下，分泌量会明显增加。对于正处于生长发育阶段的孩子来说，生长激素的分泌量直接决定了身高、体重等身体发育指标的增长速度。

---

[1] 现代教育报：《娱乐成为青少年晚睡的首要原因！该如何保证孩子的睡眠？》，https://mp.weixin.qq.com/s/VgykPkA7jcMvKrnv3gPIZw，最后访问时间：2025年2月19日。

睡眠对孩子的神经系统发育有着重要作用

在睡眠期间，大脑会处理并整合白天学习和记忆的信息，睡眠对孩子的认知水平和学习能力有重要影响。同时夜间睡眠期间也是神经元生长和分化的重要时间段，充足的睡眠对孩子的神经系统发育及智力成长具有重要意义。

睡眠对孩子的免疫功能有着重要影响

充足的睡眠有助于维持和增强免疫细胞的活力，有利于白细胞的生成和功能调节。睡眠期间，身体会合成和释放出多种免疫调节因子，对于对抗细菌、病毒和其他外来侵入物起到重要的作用。

睡眠可以促进孩子情绪稳定，有利于社交能力和情感能力的发展

充足的睡眠可以稳定孩子的情绪，减少情绪问题的发生。还可以帮助孩子更好地与他人互动，提高他们的情感能力。在睡眠期间，孩子的大脑会处理并整合各种情感信息，帮助他们在醒来后更好地理解和处理他人的情感。

睡眠有利于人体器官休息，使机体修复能力充分发挥作用

睡眠时全身基础代谢率降低，能量消耗减少，同时，睡眠时人体合成代谢超过分解代谢，使各组织消耗的能量得到补充，为消除疲劳、体力恢复提供能量。此外，睡眠可以有效缓解眼部肌肉紧张，降低近视发生率。

» 环境、生理、习惯、疾病是导致孩子睡眠不足的主要原因

环境因素

孩子处在生长发育周期，特别是婴幼儿和儿童阶段。孩子们的感官较为灵敏，对外界的刺激通常会比较敏感。嘈杂声、父母的鼾声、温度、床褥的舒适度等环境因素都会影响孩子的睡眠质量。

生理因素

尤其是婴幼儿时期，如饥饿、过饱、尿布未及时更换、呕吐等，都可能影响睡眠。

习惯因素

孩子面临学业压力、睡前过度使用电子产品、睡前进食引起饱腹感等也可能导致无法入睡。另外，过度兴奋、焦虑、恐惧等情绪也可能导致睡眠不足。

疾病因素

身体不适往往会引起睡眠障碍，如牙痛、瘙痒、咳嗽、腹泻等症状都会严重影响孩子的睡眠质量。另外，值得一提的是阻塞性睡眠呼吸暂停低通气综合征，这是一种临床上引起睡眠障碍最为常见的疾病，多发生于肥胖人群，通常由睡眠期间上呼吸道狭窄引起通气不畅，常会伴随夜间缺氧及微觉醒，以睡眠打鼾和日间嗜睡为主要症状。孩子需要警惕过度肥胖、反复鼻咽炎、扁桃体肿大和腺样体肿大，这些通常是导致阻塞性睡眠呼吸暂停低通气综合征的危险因素。

» 孩子睡眠不充足会影响生长发育和学习生活

影响生长发育

如果孩子睡眠不足，生长激素的分泌会相应减少，导致身体能量代谢及蛋白质合成功能减弱，从而影响孩子的骨骼和肌肉发育，对身高和体重增长造成负面影响，同时会危及神经系统的生长和发育。另外，睡眠不足会导致免疫力及免疫系统功能低下，使孩子更容易感染疾病，而且生病后恢复时间更长。

此外，睡眠障碍和睡眠紊乱可能引发免疫系统异常激活，增加患自身免疫性疾病的风险，让机体处于应激状态。如果过度应激则会导致皮质醇水平升高，引起内分泌系统功能紊乱。睡眠不足可能导致眼睛得不到充分休息，增加近视发生率。

影响学习生活

不充足的睡眠往往会导致孩子注意力无法集中，从而影响学习能力。这不仅会影响孩子的学习效果，还会导致记忆力下降、理解困难、分析思考能力下降等问题。此外，睡眠不足会导致孩子情绪不稳定，容易出现脾气暴躁、易怒、焦虑、抑郁等不良情绪，还可能导致孩子出现行为问题，如攻击性、叛逆等不理性行为。

» 保证孩子每天睡眠充足，才能促进其身心健康发展

婴幼儿阶段：关注睡眠环境及生理健康

婴幼儿神经系统发育不成熟、生物钟节律尚未形成，每日睡眠时间较长，这时家长更应该关注婴幼儿的睡眠环境以及生理健康。确保婴幼儿的睡眠环境安静、温暖、舒适，并且适宜睡觉。可以调暗光线，使用柔软的床垫和枕头。保持室内温度湿度适宜，让婴幼儿感到安全和舒适，避免嘈杂的声音，父母的呵护、轻柔的音乐可以帮助婴幼儿放松并进入睡眠状态。

尽量让婴幼儿在固定的时间入睡和起床，帮助他们建立规律的生物钟。这有助于婴幼儿在适当的时间感到困倦并进入睡眠状态。婴幼儿睡前避免过度刺激的活动，如过度玩耍、剧烈运动或看动画片等。

避免让婴幼儿过度饮食，过度饮食会使婴幼儿感到不适并影响睡眠。适量喂食，并注意饮食的时间和量，保持充足营养。观察婴幼儿的睡眠信号，如揉眼睛、打哈欠、哭闹等，及时发现并安排他们入睡。

儿童阶段：建立规律的作息时间，养成早睡早起的习惯

在固定的时间入睡，有助于调整孩子的生物钟，提高其睡眠质量。创造良好的睡眠环境，保持室内安静、温暖、舒适。避免孩子在睡前进行过度兴奋的活动，如刺激的游戏、过度使用电子产品，避免孩子睡前过饱或饥饿，避免让孩子喝太多水或饮料。

建立睡前仪式，在孩子睡前进行一些放松的活动，如洗澡、刷牙、换衣服等，听轻柔的音乐、听故事等也有助于孩子放松身心，更早进入睡眠状态。引导孩子保持适当的户外运动，如散步、跑步、游泳等，有助于消耗体力，增强疲劳感，促进睡眠，同时，适当的运动也可以有效避免肥胖引起的睡眠障碍。

青少年阶段：保持轻松的家庭氛围，适当运动，控制饮食及体重

青少年的生活习惯逐渐固定并向成人过渡，思想逐渐独立、成熟，同时睡眠也会受到学业、生活、情绪等多方面影响，这时应保持轻松愉悦的家庭氛围，让孩子形成自己的学习习惯并保持生活规律。同时引导孩子培养兴趣爱好，进行适当的体育运动，注意控制饮食及体重，避免过度肥胖。

还需注意沉迷电子产品及网络游戏对青少年睡眠时间的剥夺,需引导青少年规范使用电子产品。此外,如果青少年出现情绪方面的症状,如焦虑、抑郁状态及行为异常等,建议尽早前往专业医疗机构的心理科就诊。

总之,家长应该注意孩子的睡眠环境和睡眠质量,帮助孩子建立规律的作息和良好的睡眠习惯,从而确保孩子的睡眠充足。同时,家长也要注意自己的生活习惯和情绪状态,以免影响孩子的睡眠。

心理健康关乎孩子终身发展，
有问题要及时寻求专业支持

大咖来了

王耘，博士，北京师范大学认知神经科学与学习国家重点实验室教授、博士生导师，中国家庭教育学会副会长，中国家庭教育学会儿童早期家庭教育专业委员会理事长。

育儿贴士

心理健康是孩子终身发展的重要基石。家长在日常生活中，要多关注孩子的心理行为特点，如孩子的情绪状态、日常生活方式、学习行为、社会交往、网络使用等方面的表现，与学校老师经常交流。孩子若出现心理行为问题，要及时获取相关专业支持。

案例分享

小芳读小学和初中时的成绩都名列前茅，但升入高中后，学习成绩开始下滑。小芳的父母经常吵架，亲子间的沟通不畅，家庭关系紧张。在学校里，小芳与同学的关系不太融洽，生活中的朋友也不多。逐渐地，小芳开始焦虑，并开始用自我伤害的方式（用小刀划伤自己的手腕或者大腿）应对焦虑，而且沉迷于手机游戏。一旦学业表现较差，小芳就会焦虑不安并开始自我伤害。班主任发现小芳的自伤行为后，联系家长并送其至医院心理科。小芳被诊断为中度抑郁，但小芳的父母否认小芳的病情，认为自己的孩子非常优秀，不愿意接受这一现实，导致小芳的问题日渐严重。

数据说话

《2022年青少年心理健康状况调查报告》显示：抑郁是青少年最为多见的

一种心理健康问题，是自杀的重要风险因素，也会对青少年的认知、社交、学业等多方面发展产生消极影响。约14.8%的青少年存在不同程度的抑郁风险，其中4.0%的青少年属于重度抑郁风险群体，10.8%的青少年属于轻度抑郁风险群体。住校、父母外出工作这样缺少父母照顾与陪伴的青少年有更多抑郁、孤独、手机成瘾问题。家庭关系紧张、父母不和睦的青少年的心理健康风险更高。[1]

» 心理健康是孩子终身发展的重要基石

孩子是国家的未来，他们的心理健康直接关系到我国国民素质的健全和提升。心理健康有利于形成良好的人格品质，正处在全面发展阶段的孩子是每个家庭幸福的重要因素，更是我国社会经济发展的重要人才资源。

心理健康是孩子终身发展的重要基石，对孩子的影响是多方面的。心理健康有助于孩子的认知、行为和社会适应能力的积极发展。比如，心理健康的孩子会更加乐观向上，更加自信和富有自我效能感，在未来也会更少有行为问题（如犯罪、暴力等行为），能更好地融入和适应社会。

而一些中小学生表现出的紧张、焦躁、抑郁、敌对、冷漠，以及社会适应不良、人际关系紧张、问题行为突出等心理健康问题会直接影响其学习、生活和身心健康发展。

» 我国孩子的心理健康水平整体良好，但也有很多新特点和新问题

很多调查数据都表明，我国孩子的心理健康水平整体良好，但同时在情绪、行为、学习、人际关系等方面出现很多新特点和新问题，如心理健康问题呈现低龄化、严重化和扩大化的趋势。特别是一些典型问题占比突出，如抑郁、焦虑、学业倦怠、睡眠问题、网络成瘾、自伤行为、校园欺凌等。

当然，不同阶段的孩子有不同的特点和状况。低龄孩子出现的心理行为问题往往会被家长、教师所忽略，但这往往是孩子心理健康出现问题的开始，也是早

---

[1] 陈祉妍等：《蓝皮书报告 | 2022年青少年心理健康状况调查报告》，http://psy.china.com.cn/2023-08/10/content_42459520.htm，最后访问时间：2025年2月19日。

期预防和干预的重要时期。

导致孩子出现心理健康问题的原因是多层次、多方面的。既有先天遗传的因素，个体生理与心理发展特点的因素，也有学校、家庭、社会等环境因素。

从个体发展方面来看，每个孩子都会经历连续的发展过程，早期的发展状态构成了后期发展的基础，童年的经历和经验会影响孩子的心理发展。每个孩子在发展过程中都会经历特殊的生理、心理发育时期，如处于青春期的孩子，生理、心理都会发生重大的变化，他们对压力、人际关系等外部环境变得更加敏感，也更容易变得脆弱。

从家庭环境来看，家庭作为社会的基本单位，在现代社会发生了重大变化。如父母婚姻满意度和质量下降，离婚率不断上升，家庭氛围不好；父母忙于工作无暇关注孩子，亲子沟通不足，缺乏正确的教育行为；父母对孩子的期望不切实际，过于关注学业。这给孩子带来巨大的压力。

从学校环境来看，孩子在学业上越来越"卷"，过重的学业负担增加了学生的学习压力，同时也压缩了学生的睡眠时间（比如，近十年来学生的总体睡眠时间持续减少），个别学校中的校园欺凌、同伴冲突、师生关系不良也使得孩子缺乏积极的社会支持。

从社会环境来看，社会的进步带来新的社会环境，如互联网改变了我们的生活，智能手机的普及也给我们的教育带来新的问题。过度依赖手机会影响孩子的学习成绩、人际关系，导致心理健康问题高发。但使用互联网进行学习、信息搜索等健康行为则可能保护孩子的心理健康。

家庭、学校、社会等构成了孩子的发展环境，良好的环境可以为孩子提供重要的保护和支持，而不良的环境则可能成为孩子出现心理健康问题的重要风险因素。

» 家长在保护孩子心理健康问题上存在的误区

学习好最重要，其他都没关系

家长唯恐孩子"输在起跑线上"，用各种辅导班占满了孩子的空闲时间。让孩子没有运动、劳动、交往等机会，也没有了自主计划、自主协调、自主安排的能力。家长只关注孩子的学习成绩，忽略了孩子的心理、品质、价值观、行为规范、交往能力等方面的发展。

小时候表现好，后面都会一帆风顺

有些家长认为孩子从小品学兼优，不可能因为上初中或高中就突然出现心理健康问题。这些家长不了解孩子的发育特点，不能恰当地应对孩子发展过程中的问题，从而使得孩子产生抑郁、焦虑、孤独、愤怒等不良情绪，却得不到疏解。

自己的孩子只能是最优秀的，不能接受孩子的普通

家长对孩子的期望过高，总觉得自己的孩子是最优秀的，应该处处表现突出。这种高期望不仅给孩子带来巨大的压力，也使得亲子关系紧张。

如果孩子出现心理健康问题，主要是学校的责任

家长将教育责任完全推给学校，认为学校要对孩子的一切负责。实际上，家庭是孩子的安全港湾。家庭氛围好、亲子关系正常的孩子，更容易在学校发展良好的人际关系，从而获得更多的社会支持。家长的关怀关心是独一无二的。

心理健康问题不是病，不需要去医院看医生和吃药

家长往往会担心孩子心理健康问题的治疗，对医院有抗拒心理。实际上，专业的心理咨询、心理行为干预，以及药物治疗都是重要的治疗方法。早期干预、坚持治疗有助于孩子早日康复。

» 保障孩子的心理健康，要以家校为主、社区协同、医教结合

心理健康处于动态发展的连续过程，孩子成长过程中出现的发展性问题、亚健康问题和障碍类问题，并非孤立存在，而是会相互转化。对于亚健康问题要开展心理—教育干预，以家校为主、社区协同、医教结合。

家长在日常生活中，要多关注孩子的心理行为特点，如孩子的情绪状态、生活方式、学习行为、社会交往、网络使用等方面的表现，与学校老师经常交流。对学校开展的学生心理健康测评持积极的态度。认真了解结果报告，及时获取相关专业支持。

当孩子出现心理行为问题时，家长不要过于焦虑，要注意以下事项：

及时进行专业诊断和咨询，了解孩子的问题是发展性问题，还是心理问题，以及问题的严重程度，不要随便给孩子贴标签。

要正视和重视孩子的问题，不要回避和拖延，及时向专业机构求助。

要放下焦虑、读懂孩子、关心孩子，了解孩子的心理需求，改变家庭环境和教育方式，与孩子共同成长。

与孩子进行亲密沟通，多倾听，少唠叨。鼓励孩子多表达自己的意见和情感，注意不要伤害孩子的自尊，不让孩子觉得没面子或羞耻，不让孩子焦虑。

与孩子经常进行深度交流，通过一起阅读、观影等活动让孩子感受生命的意义，激发孩子学习的动力，让他们从小建立正确的价值观，避免"空心病"。

跟孩子一起多进行户外运动，在大自然中获取生命力，也使各种消极情绪得以舒缓。

积极与学校的班主任、心理健康老师保持联系，主动加强家校协同。

心理的调适需要一定的时间，家长要控制好自己的情绪，并通过与他人交流获取社会支持，以保证自己的心理健康，以免雪上加霜。

家长要了解孩子的身心发展规律，才能帮助孩子健康成长

大咖来了

蔺秀云，博士，北京师范大学心理学部教授、博士生导师，中国心理学会注册督导师，中国优生优育协会常务理事，中国优生优育协会儿童成长教育专业委员会主任委员，中国心理学会婚姻家庭心理与咨询专业委员会副主任委员。

育儿贴士

孩子在成长过程中，常常会遇到家长不尊重他们身心发展规律的情况。这主要是由于家长受教育观念、价值观和生活节奏等因素的影响。孩子的身心发展是一个持续不断的过程，受到遗传、环境、教育等多方面因素的影响。家长要了解孩子在不同年龄阶段的生理、心理发展特点，这样才能更好地满足他们的需求。可以通过阅读育儿书籍、参加亲子课程、交流育儿经验等方式，不断学习育儿知识。

案例分享

倩倩从小被誉为"小神童"，她从未上过学，却凭借父亲的教学，成功考入大学。她的父亲是一位课程培训老师，坚信自己的教学水平比学校教师更胜一筹，因此从小亲自教导女儿。然而，这也导致倩倩缺乏与同龄人的交流，未曾体验过学校生活。10岁时，她参加了高考，虽成绩不突出，但已令人惊叹。于是倩倩的爸爸让女儿去上了大学。倩倩14岁便大学毕业，人们期待她未来成就非凡。然而，因年龄问题，企业不敢招聘她，倩倩最终只能在家中协助父母。她的性格与几年前相比发生了变化，不喜欢与人交流。

» 了解孩子的成长规律，有助于家长帮助孩子健康成长

尊重孩子的身心发展规律能帮助孩子培养自信

在孩子的成长过程中，要让孩子感受到自己的价值。作为家长，如果总是插手孩子的事，质疑孩子作的决定，代替孩子作出决策，孩子的自信就没有办法很好地建立起来。反过来，如果家长尊重孩子的选择，鼓励孩子尝试新事物，孩子就会变得更自信，勇敢地去面对生活中的挑战。

尊重孩子的身心发展规律能培养孩子的独立思考能力

孩子在成长过程中需要学会自己思考和解决问题。如果家长总是直接给他们答案，孩子就会变得太依赖家长，不能自己应对生活中的困难。如果家长尊重孩子的思考过程，鼓励孩子探索未知，孩子就会慢慢形成自己的观点，逐渐形成独立思考的能力。

尊重孩子的成长规律还能培养他们的创新能力

孩子天生就有好奇心和创新精神，如果家长在孩子成长的过程中过度地限制孩子的行为，很容易导致孩子失去探索的兴趣。反之，如果家长尊重孩子的兴趣，鼓励他们创新，孩子就会变得更勇敢，敢于挑战传统。

» 了解孩子的心理发展规律，便于家长教育和引导孩子

即使是没有学过发展心理学的家长，在孩子成长的过程中，也会发现一些显著的特点和规律，而对这些特点和规律的了解，能够帮助家长更好地教育和引导孩子，让孩子在成长道路上更加顺利。孩子的成长特征包括连续性、阶段性、顺序性、差异性和互补性，每一个特征都有它的意义。

连续性与阶段性

连续性指的是孩子的发展是一个持续不断的过程，表现为孩子在生理、心理和认知等方面的逐渐成熟。心理学家皮亚杰提出了认知发展阶段理论，皮亚杰主张儿童和青少年的认知发展分为四个阶段，分别是感知运动阶段、前运算阶段、具体运算阶段和形式运算阶段。从感知运动阶段到形式运算阶段，每个阶段都有

不同的特点和发展任务，这些发展阶段相互关联，体现了个体发展的阶段性和连续性。（如表1所示）

表1 儿童青少年认知发展阶段

认知发展阶段	特征	认知变化
感知运动阶段（0—2岁）	多感官感知世界	客体永久性
前运算阶段（2—7岁）	以文字和图像表征事物	理解文字、图画和姿势所代表的含义，相信万物都有生命
具体运算阶段（7—12岁）	逻辑思考具体事件	归纳总结规律 提炼描述事物
形式运算阶段（12—15岁）	逻辑思维论证	理解成败、爱恨 自我身份认同和自我道德

顺序性

顺序性是指孩子在发展过程中，各个阶段之间存在一定的先后顺序。这种顺序不仅体现在生理方面，如身高、体重的增长，还体现在心理和认知方面，如认知发展、情感成熟等。

前一阶段的发展为后一阶段奠定基础，这意味着孩子在发展过程中，需要逐步积累经验、提高能力，为下一阶段做好准备。因此，在教育孩子的过程中，家长要关注他们的发展顺序，确保各方面能力的协调发展，避免过度干预或忽视某一阶段的发展。

差异性

差异性是指孩子在发展过程中，表现出各自独特的发展速度和路径。这种差异性源于遗传、环境和教育等多种因素。家长应关注孩子的个体差异，尊重他们的发展节奏，因材施教。通过观察、了解孩子的兴趣、特长和需求，为孩子提供个性化的教育支持和指导，帮助他们在适合自己的道路上茁壮成长。

互补性

互补性是指孩子在不同方面的发展往往是相互影响、相互补充的。也就是说，当孩子在某一方面的发展不足时，其他方面的发展可以弥补其不足。家长要关注孩子在各个领域的全面发展，通过多元化的教育内容和活动，培养孩子全面发展的能力，使他们在面对挑战和困难时，能够发挥自己的优势，克服不足。

» 不尊重孩子身心发展规律的行为，会造成多种不利影响

过度干涉。主要表现为家长过度干涉孩子的生活和学习，不允许孩子犯错，限制孩子自由发展。这种情况可能导致孩子依赖性较强，缺乏独立思考和解决问题的能力。

忽视兴趣和特长。家长忽视孩子的兴趣和特长，过分强调学习成绩，导致孩子对学习失去兴趣，甚至产生逆反心理，非常不利于孩子的成长。

溺爱。家长过度满足孩子的需求，导致孩子缺乏自立和自律意识，容易形成以自我为中心的性格。

忽视心理健康。家长忽视孩子的情感需求，不关注孩子的心理健康，可能导致孩子出现焦虑、抑郁等心理问题。

家庭暴力。家长采用严厉的教育方式，甚至使用暴力，使孩子在恐惧中成长，影响孩子的身心健康。

» 尊重孩子的身心发展规律，家长要关爱、理解和支持孩子

要了解孩子的成长规律

孩子的身心发展是一个持续不断的过程，受到遗传、环境、教育等多方面因素的影响。家长要了解孩子在不同年龄阶段的生理、心理发展特点，这样才能更好地满足他们的需求。可以通过阅读育儿书籍、参加亲子课程、交流育儿经验等方式，不断学习育儿知识。

要关注孩子的个性特点

每个孩子都是独一无二的，他们在性格、兴趣、能力等方面都有所不同。家长要关注孩子的个性特点，根据他们的特点来教育，引导他们发挥自己的优势，克服不足，健康成长。

要尊重孩子的独立性

随着孩子年龄的增长,他们会逐渐具备独立思考和解决问题的能力。家长要尊重孩子的独立性,鼓励他们尝试新事物,勇于承担责任。同时,要学会适时放手,让孩子在实践中学会自主成长。

要关注孩子的心理健康

心理健康是孩子身心发展的重要组成部分。家长要关注孩子的情感需求,倾听他们的心声,给予关爱和支持。此外,要关注孩子的心理压力水平,引导他们学会调节情绪,培养孩子形成良好的心理素质和积极心态。

要引导孩子养成良好的生活习惯

生活习惯对于孩子的身心发展具有深远的影响。在日常生活中,家长要注意引导孩子养成良好的作息、饮食、锻炼等生活习惯,这会对孩子的健康成长和日后发展很有帮助。

对留守儿童来说，
父母的积极沟通和陪伴就是最好的关爱

大咖来了

蒋永萍，全国妇联妇女研究所研究员，中国婚姻家庭研究会副秘书长，北京市婚姻家庭研究会原会长，国务院妇儿工委办公室儿童工作智库专家。

育儿贴士

留守儿童家长应尽可能增加积极陪伴孩子的时间，提高亲子沟通交流的质量，提升家长在孩子心里的地位。要充分利用春节、寒暑假与孩子团聚且珍惜陪伴孩子的时间，还要采用定期和不定期电话、视频交流等方式与孩子进行不间断的情感交流。

案例分享

小新是一名初一男生，是中国妇女发展基金会"家庭成长计划"的帮助对象。小新的父母离婚，父亲打工受伤落下残疾，失去了生活能力，长期卧床。母亲在离婚后也不再过问小新的情况。目前小新与爷爷和父亲一起生活。之前父母外出打工长期不在小新身边，对小新的关爱本就有限，父亲受伤后更是自顾不暇。爷爷之前曾做过教师，对小新不爱学习、沉迷网络游戏、不愿沟通的状态感到非常忧虑，想管教却力不从心。在小新与人交流的过程中，能明显感到他的消极，对现状不满，嫌弃父亲，但也不想努力改变，得过且过。

数据说话

《贫困农村地区留守儿童心理健康状况调查报告》显示：除小学一年级外，双亲留守儿童（父母双方都在外地打工，由其他亲属监护）和非留守儿童的情绪行为问题有显著差异。总的来说，非留守儿童的心理健康状况最好，双亲留守儿童的心理健康状况最差（3—6岁儿童除外）。调查显示：3—6岁儿童，除同伴交往问题外，非留守儿童的情绪行为问题最少；单亲留守儿童的情绪行为问题最多。小学一年级儿童，双亲留守儿童的情绪症状最多，非留守儿童的情绪症状最少。小学四年级儿童，双亲留守儿童的情绪症状最多，非留守儿童的情绪症状最少。调查显示：在各年龄段的儿童中，初中一年级的情绪行为问题最多，有11.3%的人有显著的情绪行为问题。[①]

» 目前全国农村留守儿童和困境儿童的数量总体呈下降趋势

经过多次调研发现，目前全国农村留守儿童和困境儿童的数量总体上呈下降趋势。一是因为父母回乡返乡创业就业的人数增多；二是由于各地新市民政策的贯彻落实，外出打工的父母把孩子带在身边的情况增多。

一方面，很多农村地区通过乡村振兴带动了现代农业、农村电商发展，吸引了更多企业在农村建厂投资，这就需要更多有知识的青壮年劳动力，由此解决了当地中青年人口就地就业问题。越来越多的城市务工父母开始回乡就业创业，在一定程度上降低了农村留守儿童和困境儿童的比例。

另一方面，由于流入地对外来人口的政策越来越友好，能够给打工父母提供很多满足家庭生活需求的支持，如上学、就业、住房、医疗等方面的优惠政策，不少外出打工的父母开始把孩子带在身边，也因此降低了一部分地区农村留守儿童和困境儿童的比例。

» 物质生活问题不大，主要缺乏家长陪伴和家庭教育

调研中发现，在国家儿童福利与救助制度不断完善的背景下，如今农村留守儿童和困境儿童在物质生活方面基本没有太大问题，但家长陪伴的缺失，容易使得家庭教育跟不上，且难对症。久而久之会对孩子的成长产生负面影响，比如青春期叛逆较严重、家庭责任感差、较早放弃学业等。

---

① 夏瑾：《双亲留守儿童心理健康状况最差，中科院心理研究所发布〈贫困农村地区留守儿童心理健康状况调查报告〉》，https://baijiahao.baidu.com/s?id=1695196318734161059&wfr=spider&for=pc，最后访问时间：2025年2月19日。

调研发现，农村留守儿童和困境儿童家庭，普遍存在家庭经济困难、家庭结构不完整、家庭亲职能力不足、家庭监护缺失或监护不当等情况，这些不利因素使得儿童父母或者其他监护人难以按照《家庭教育促进法》的要求，很好地承担起实施家庭教育的主体责任。实现"用正确思想、方法和行为教育未成年人养成良好思想、品行和习惯"是家庭教育的应然目标。亟须政府、学校和社会给予有针对性的家庭教育支持指导，并提供必要的补充性、替代性的家庭教育服务。

调研还发现，近年来，各级政府民政部门和妇联等不断创新完善留守儿童和困境儿童工作，除了物质帮扶和生活救助，还将家庭教育支持作为农村留守儿童和困境儿童关爱帮扶的重要内容，对困境儿童及其家庭给予家庭教育指导等精神支持和关爱服务。

比如，中国妇女发展基金会在一些地区实施的以改善儿童成长环境，支持家庭、支持家长为目标的"家庭成长计划"项目，以及贵州等地开展的"童伴妈妈"活动显示，建立健全"家校社"协同育人机制，帮助家庭改善家庭教育的软硬件条件，对于困境儿童及其家庭尤为必要，是困境儿童家庭教育支持的重要路径。

» 留守和困境儿童的家长开展家庭教育比较困难，特别需要得到指导和支持

调研中发现，农村很多比较年轻的父母，家庭教育理念跟城市父母差别并不大，他们渴望提高家庭教育能力，会利用网络等多种渠道学习了解家庭教育知识，购买相关书籍、听专家讲座，并有意识地相互交流家庭教育的困惑和体会。

相对而言，留守儿童的监护人和困境儿童的父母普遍受教育程度偏低，生活负担重，或是自身有疾病，他们也很渴望学到一些知识，改变家庭教育的现状。但诸多因素导致亲职能力不足，开展家庭教育比较困难，特别需要获得家庭教育指导和支持。

此外，随着留守儿童成长问题逐渐被社会关注，很多外出打工的留守儿童父母更加重视孩子成长，利用多种方式实施家庭教育。但仍有一部分留守儿童家长对家庭教育重视不够，怠于履行家庭教育，把责任更多推给其他监护人和学校老师。这也是《家庭教育促进法》将留守和困境未成年人家庭教育服务作为重要内

容专门强调的原因。

目前，虽然各级政府教育部门和妇联等为留守和困境儿童的家长提供了一些家庭教育指导服务，但总体而言，制度化程度还不高。在方式方法上，多数为线上指导和一次性的集中学习培训，比如收看讲座、网络咨询等。

对缺乏家庭教育指导资源的农村地区来说，线上学习非常有必要，但还是要开展线下有针对性的指导服务，特别是对家庭教育存在一定困难的农村留守和困境儿童家庭。比如到他们家里去，实地了解一下家庭情况、夫妻关系、亲子关系、孩子的状况等，再根据具体情况进行一对一的家庭教育指导。对"家庭成长计划"项目和的"童伴妈妈"活动的考察走访发现，那些接受过送到身边的有针对性的家庭教育指导的父母，会有很多行为上的改变。比如脾气会比之前好一些，教育孩子更讲究方式方法，更注意言传身教对孩子的影响，陪伴孩子的时间也更多一些。这些改变的积极影响也开始在孩子身上体现出来，得到孩子们的正面肯定，并开始促成亲子关系的改善。

》加强留守和困境儿童家庭教育指导服务，是综合系统工程

政府民政部门应将家庭教育支持作为关爱服务的重要内容

建议在建档立卡，提供生活帮扶，在帮助留守儿童和困境儿童改善物质生活同时，也应该关注他们的思想道德建设和心理健康。在提供生活资助同时，可以和学校或社会组织合作，开展家庭教育服务，关注孩子们的身心健康。

要认真总结推广关爱服务项目的成功经验

比如已经开展多年、效果比较好的项目，如"家庭成长计划""童伴妈妈"项目等。这些项目不仅可以帮助农村留守儿童和困境儿童改善学习生活环境，养成良好的生活习惯，而且可以通过志愿者的一对一帮扶，让家庭和孩子获得必要的家庭教育支持与补充。

充分发挥"家校社"协同育人机制的作用

学校和基层社区是孩子们学习、生活的主要场域，教师和社区儿童主任、妇联主席要协同配合，将留守儿童、困境儿童作为家庭教育支持的重点人群，及时了解留守儿童和困境儿童学习情况、生活情况和心理状况，经常进行家访，了解

孩子所在家庭的教育现状与问题，多方面开展家庭教育指导服务。

充分发挥专业机构和社工组织的作用

政府可以通过购买社会组织服务，支持社会组织开展留守、困境儿童家庭教育指导服务。采取"父母支持小组"团体辅导和一对一个案指导等方式，帮助留守、困境儿童家庭建立科学的家庭教育理念，提高家庭教育能力。

要将推进乡村振兴作为有效改善当前状况的重要路径

我们在调研中看到，一些乡镇经济发展较好，形成了农业的集约化经营和农产品的深度加工，吸引了更多企业投资建厂，解决了当地劳动力就业与职业发展问题。很多年轻的父母回到本地就业，虽然挣的钱比在外打工略少，但生活成本低，生活质量高，家庭幸福感强。因此，降低了留守儿童的数量和比例。

孩子就在自己身边，可以每天陪伴孩子。家长的生活压力减轻了，对教育的焦虑也少了，周末还可以陪孩子游戏、运动，去文化场馆，大大提高了家庭教育的质量。

» 家长要提高亲子沟通交流的质量，全方位关注孩子的成长

留守和困境儿童家长要牢固树立家庭教育的主体意识，努力克服困难和不利因素，不断提升家庭教育能力，更好地履行家庭教育责任。建议家长尽可能增加积极陪伴孩子的时间，提高亲子沟通交流的质量，提升自己在孩子心里的地位。要充分利用春节、寒暑假与孩子团聚且珍惜陪伴孩子的时间，还要采用定期和不定期电话、视频交流等方式与孩子进行不间断的情感交流。

同时，要全方位关注孩子的成长。既要了解孩子的学业，也要关注他们的日常生活、社会交往，察觉孩子的思想品格、心理波动，进行适时的引导，提升孩子的心智和情商。还要做好儿童养育的委托，保持与学校、其他监护人、支持者的良好沟通。

父母分居或离异后要保持联系，共同承担教育孩子的责任

大咖来了

边玉芳，博士，北京师范大学中国基础教育质量监测协同创新中心教授、博士生导师，北京师范大学儿童家庭教育研究中心主任，中国家庭教育学会常务理事，中国高等教育学会家庭教育学专业委员会副理事长。

育儿贴士

父母是孩子最亲近的人，父爱和母爱都是孩子最宝贵的财富。父母不和甚至分居或离异，就意味着原本完整的家庭被破坏了，孩子将会面临一系列的变化，这些变化需要孩子逐渐地适应。对于这些父母分居或离异家庭的孩子，要特别注意家庭变化对他们造成的不良影响。

案例分享

六年级的阿华本来是个正直上进的少年，父母离异后，妈妈离开了阿华所在的城市，爸爸每天早出晚归，很少关心和管教阿华，并跟他说妈妈已经不要他了。父母谁也无法承担抚养阿华的责任，他成为"没人管没人疼"的孩子，不久便与社会上一些不三不四的人混在一起，学校老师联系家长也得不到有力的支持，最后阿华在他人的引诱和教唆下，因偷窃而进了未成年犯管教所。

» 父母分居或离异会对孩子造成一系列影响，孩子要慢慢适应

父母是孩子最亲近的人，父爱和母爱都是孩子最宝贵的财富。父母不和甚至分居或离异，就意味着原本完整的家庭被破坏了，孩子将会面临一系列的变化，这些变化需要孩子逐渐地适应。对于这些父母分居或离异家庭的孩子，要特别注

意家庭变化对他们造成的不良影响。

对孩子的成长会有负面影响

研究发现，与父母未离异家庭的孩子相比，离异家庭的孩子更容易出现学业问题（学习成绩下降）、行为问题（上学迟到、早退、旷课）、心理问题（抑郁、焦虑）及同伴关系不良（被欺负、自卑）等。有的孩子由于年纪小，会将父母分居或离异看成是自己的过错造成的，是父母抛弃了自己。

在这种情况下，孩子更难适应父母分居或离异后的生活。父母分居或离异对孩子的不同方面会产生不同的影响。这些影响并不能在短时间内完全消除。

可能使幼儿产生恐惧、焦虑、抑郁等情绪问题

家庭是儿童生活最初的环境，儿童从中体会到家庭的温暖和安全，父母离异使平静的生活被打破。父母分居或离异大多会经过许多次的争吵或打架，当孩子看到父母争吵、打架时，他会感到害怕，躲在一旁，边哭边喊："爸爸，妈妈，你们别吵了，别打了。"

当他的哭喊声没能制止父母的争吵和打架时，他就会不再哭喊，待在一边睁着一双大眼睛看，时间长了，孩子就可能产生恐惧、焦虑等情绪。父母分居或离异后，各自情绪都很低落，对孩子的注意、关心也会相对减少。父母低落的情绪会影响孩子的情绪，往往会使孩子变得恐惧、焦虑、抑郁等。

男孩受影响更大，需要适应的时间更长

父母分居或离异后，孩子会经常提一些苛刻的要求，希望得到父母的更多关注，甚至出现躯体化现象。但男孩和女孩的反应各有特点，不完全相同。面对父母离婚，女孩主要是一些内化的反应，如情绪低落、哭、自责、不喜欢参加社交活动；而男孩主要是变得更冲动、叛逆。

有研究显示，离异家庭的男孩更可能出现学业问题、行为问题（如扰乱秩序）。从得知父母离异到完全接受和适应新生活，男孩需要的时间更长。本来，与女孩的"温顺"相比，男孩就更难管教。而且，父母分居或离异后，男孩往往较少向父母、老师、朋友等倾诉，较少得到情绪上的发泄与情感上的支持。

对年龄小的孩子负面影响更大

相比于年龄较大的孩子,在童年早期就遭遇父母分居或离异的孩子,会对父母的分开感到十分疑惑和不解,进而产生更多的焦虑。父母分居或离异时,孩子年龄越小,受到的负面影响就越大。尤其对于婴幼儿而言,父母是他们生命中最重要的人,家庭是他们汲取爱和养分的最重要的基地。

受制于自身认知发展的局限和社会经验的不足,他们还不能有效地从外界获得支持,尚不能理解复杂的社会生活,也不能全面、客观地看待父母分居或离异的问题。而在青少年后期及以后,父母分居或离异对孩子的影响相对较小,他们也更能理解父母为什么离异。同时,随着年龄的增长,他们自身的社交支持系统也会更加健全,可以从外界汲取力量,弥补家庭关爱的缺失。

父母分居或离异后,生活环境变化越大,孩子需要适应的时间越长

父母分居或离异后,生活的变化程度会影响孩子的适应情况。生活环境变化越大,孩子适应的难度就越大,需要的适应时间就越长。例如,父母分居或离异后,若孩子需要搬到另一个地方或转学等,原有的社交圈子就改变了,孩子感受到的改变和不安将增大,需要的适应时间无疑更长。

» 父母分居或离异后,依然要对孩子进行家庭教育

要稳定自己的情绪,不要将负面情绪转移到孩子身上

分居或离异对父母来说是一个应激事件,需要一段时间从身心上适应随之而来的变化,而孩子(尤其是4岁以后)可以根据父母的身体动作来推断父母的情绪。因此,父母的不满、悲观、愤怒等情绪都会传染给孩子,造成"二次伤害"。

父母尽量不要对孩子流露出对对方的不满,将自己的怨恨转移给孩子。此外,还要帮助孩子顺利度过家庭结构改变的过渡期。

告知孩子父母分居或离异的事实,安抚他的不安情绪

幼儿的认知能力、思维能力、语言理解能力等不成熟,常常把自己的过错看成父母分居或离异的原因。当父母分居或离异时,应当以幼儿能理解的方式告知

他们未来的变化。例如,"爸爸妈妈都很好,但是我们在一起不能把事情做好,所以我们决定分开"等。

众多研究都一致表明,父母的离异会使儿童产生负面情绪,有时甚至会使他们出现一些"退化"的行为,如吮手。因此,父母要向孩子保证,"爸爸妈妈分开不是因为你的缘故,爸爸妈妈是非常爱你的,离开的一方会经常来看你",借此来抚平孩子的焦虑和不安。

在告知孩子父母分居或离异的事实时,应注意态度要坦诚、平和。不要表现出很可怜、有被抛弃的感觉。不要抱怨彼此,要让孩子感觉到离婚后的父母会更开心、更幸福,也会给自己更多的关爱。绝对不要把孩子卷入离婚事件,比如不要说离婚是因为孩子不听话。

将未来预告给孩子

当父母中有一位要搬出去住时,应事先告诉孩子自己将搬到什么地方去、接下来的日子将如何生活等。同时父母还应告诉孩子,尽管父母中有一方不能与他一起居住了,但是仍会一如既往地爱他,和孩子约定看望他、陪他玩耍的时间地点等。如约好每周固定的时间父亲/母亲就会出现,带他去动物园、看电影、郊游、游泳或滑雪等。

平时也要多花些时间和孩子交谈,了解孩子的日常生活。与孩子生活的一方应为另一方创造必要的条件,让孩子和其取得联系。当孩子取得进步或遇到不顺心的事情时,应鼓励孩子给另一方打电话,以获得欣赏或安慰。

父母分居或离异后应共同承担起教育孩子的责任

父母分居或离异后应保持必要联系,沟通孩子的情况,一起承担教育孩子的责任。父母离异只是两者之间婚姻关系的终结,教育孩子的责任仍在。父母与孩子商量定期见面、沟通的安排,包括打电话、带孩子外出吃饭、带孩子外出旅游等。

在教育孩子遇到困惑时,可以与另一方商量,共同教育孩子。父母亲的角色各有其重要性,让孩子生活在父母共同关心的环境中。看到分居或离异后的爸爸妈妈仍爱自己、相处和睦,这会使孩子更懂得包容和接纳。

对女孩要多沟通，对男孩要给予更多的适应时间

在父母分居或离异初期，家长尤其需要关注女孩的情绪变化，多与她们聊天，回答她们的疑问，帮助她们纾解负面情绪，重新适应生活。对于男孩，要关注他们的适应情况，保持耐心，注重引导和情感交流。

父母离异后，男孩子往往不太会主动向他人倾诉，而负面情绪的长期累积对孩子的成长不利。家长需要多与他们沟通，或者让他们与自己信任的亲友聊天，发泄情绪。男孩可能需要更多的适应时间，而且可能会出现一些问题行为。家长需要耐心引导，给予他们充分的适应时间。

与老师联系，获得学校和老师的帮助

家长认为有需要时，可与学校和老师联系，并告诉他们实际情况，获得他们的帮助。家校合作很重要，在此处也能发挥作用。父母在分居或离异初期，可以多与老师联系，了解孩子在校的情况，请老师多留意孩子的变化，帮助孩子尽快适应。老师了解情况后，能更好地发挥师长的作用，如与孩子聊天、避免孩子被其他孩子欺负、让孩子多参加集体活动。

父母委托他人照护孩子，自己仍是家庭教育的主要责任人

大咖来了

陈辉，博士，中华女子学院儿童发展与教育学院（家庭建设研究院）院长、副教授、硕士生导师，中国家庭教育学会幼儿园家庭教育专业委员会理事长，北京市学前儿童保教工作者协会常务理事。

育儿贴士

父母虽然委托了他人代为照护孩子，但他们仍是孩子的监护人，在家庭教育中承担着主体责任。他们应该与孩子和被委托人保持联系，定期了解孩子的学习、生活情况和心理状况。

案例分享

晓敏从小住在小姨家里，父母外出打工后很少负责她的生活和学习，平时主要由小姨负责照料她的生活起居。小姨家里原本就有两个孩子，其中一个女儿和晓敏一样大，两个人同年级不同班，另一个上幼儿园中班。姨父经常外出不在家，所以小姨日常要负责照料三个孩子的起居。对于小姨来说，管吃管住不成问题，但对晓敏的管教有些困难。晓敏比较调皮，偶尔还会耍脾气。考虑到孩子父母不在身边，小姨总是想管又不太好意思往深了管，再加上自己也心疼晓敏，一看她哭就心软，无形之中造成了对她的放任，导致晓敏养成了很多不良习惯，比如独立性不强、自理能力差、好动贪玩，学习上也懒散拖拉，甚至厌学畏学。

数据说话

《2022年中国家长教育素养状况及提升策略》显示：祖辈帮忙带孩子的家庭

占比40.4%，59.6%的家庭没有祖辈帮忙带孩子。①《2021年中国家庭教育白皮书》的调查显示：对于隔代教育，48.06%的家长认为"老人的教育观念比较传统，要及时沟通达成共识"，43.73%的家长则认为"教育孩子时老人会过于宠溺"。另外，28.73%的家长认为隔代教育"只是一种现实压力下的无奈选择"。②

» 可以成为被委托人的范围比较宽泛

家长在有正当理由的情况下可以委托他人代为照护孩子。按照我国法律规定，要成为被委托人必须具备以下两个基本条件。

具有照护能力的完全民事行为能力人

完全民事行为能力人一般是指18周岁以上、可以独立实施民事法律行为和承担民事法律责任的自然人。此外，16周岁以上的未成年人，如果是以自己的劳动收入为主要生活来源的，视为完全民事行为能力人。

完全民事行为能力人还需要具有照护能力才可能成为被委托人，包括具有照护孩子需要的身体、心理和时间等基本条件。比如，各方面条件都不错的完全民事行为能力人如果经常需要加班和出差，就不具有照护能力，不适合照护孩子。

不具有下列任何一种情形

曾实施性侵害、虐待、遗弃、拐卖、暴力伤害等违法犯罪行为；有吸毒、酗酒、赌博等恶习；曾拒不履行或者长期怠于履行监护、照护职责；其他不适宜担任被委托人的情形。

总体来讲，满足基本条件、可以成为被委托人的范围比较宽泛，亲属、朋友、同事等符合条件的人都可以成为被委托人。被委托人接受监护人委托照护孩子，相当于承担了监护人的一部分监护职责，他们的照护关系到孩子的健康成长。

---

① 霍雨佳、李一、李育倩等：《2022年中国家长教育素养状况及提升策略》，载《中华家教》2023年第3期。

② 简知、壹心理、妈妈网孕育：《妈妈网联合简知重磅发布〈2021年中国家庭教育白皮书〉》，https://baijiahao.baidu.com/s?id=1703158836509790428&wfr=spider&for=pc，最后访问时间：2025年2月19日。

» 家长在选择被委托人时要非常慎重，建议考虑几方面问题

被委托人的道德品质情况

被委托人会在较长时间内和孩子一起生活，他们的品德、言行对孩子有潜移默化的影响。要尽量选择那些在世界观、人生观、价值观及待人接物等方面能给孩子带来正面、积极影响的人做被委托人。谎话连篇、仇恨社会、怨天尤人等品德不良的人不适合做被委托人。

被委托人的家庭状况

被委托人的婚姻生育状况、家庭成员间关系状况、居住生活条件等也是需要考虑的因素。一般情况下，已婚有孩子的被委托人在照护孩子方面更有经验。家庭成员关系简单融洽更有利于孩子成长，居住生活条件要有保障。对于没有孩子的年轻夫妻或者单身男女，需要综合考察其是否喜欢孩子、是否有耐心等。

被委托人的身心健康状况

除了满足具有照护能力的基本条件，还要考虑被委托人的性格和情绪控制能力。照护孩子需要与孩子充分沟通，有时还需要与老师、其他家长和邻居等沟通，所以性格上不宜太内向。此外，孩子经常会有任性、顽皮等让人头疼的表现，被委托人需要有一定的情绪控制能力。

被委托人与孩子生活和情感上的联系

相对而言，孩子认识、熟悉、接纳的成人更适合做被委托人，比如亲属、家长的朋友等。孩子对完全陌生的人需要有一个适应期。

孩子的感受与意见

孩子有自己的视角和敏感度，而且他们要与被委托人一起生活，因此他们的感受与意见也很重要，最好提前与孩子沟通。

» 被委托人照顾孩子容易产生的问题

溺爱孩子容易形成不良生活行为习惯

主观愿望良好的被委托人都想让孩子感受到他们和孩子父母一样爱孩子，他

们也想证明给孩子看。为了避免和孩子起冲突，他们会更顺从孩子，放宽管教尺度甚至溺爱，从而可能让孩子形成一些不好的生活行为习惯。

比如，不严格限制孩子使用手机、iPad等电子产品。对孩子有求必应，助长他们的虚荣心和攀比心。当孩子与同伴产生冲突时偏袒孩子，使他们越来越蛮横无理。如果被委托人是孩子的祖父母或外祖父母，这类问题更突出。

重生活照料轻情感交流，孩子容易出现各种心理问题

被委托人与孩子的情感交流一般没有父母深入，他们偏重于对孩子的生活照料。特别是年纪较大的被委托人，认为把孩子的衣食住行照顾好就可以了，往往会忽视孩子的情绪情感。孩子的情绪情感得不到适当的疏导，容易产生自卑感、焦虑感、孤独感及叛逆等心理问题。

重学习督促轻社交技能引导，孩子易出现社会交往问题

孩子的学习情况是包括父母在内的各方都比较关注的问题，被委托人相应也会更重视学习方面的督促而忽视对社会交往技能的引导与示范，孩子容易出现攻击性行为、社交回避等问题。

忽视家校沟通，孩子出现的问题不易提前预防和及时解决

被委托人一般较少主动联系老师，全面了解孩子的学习情况，多是孩子出现较大问题时被老师联系。量变引起质变，如果前期及时沟通了解情况，会减少或避免严重问题的出现。

针对以上问题，被委托人在照护孩子时应该注意以下几点：

第一，严慈有度。被委托人要调整心态，掌握管教原则、严慈有度。对孩子的不合理要求与行为，应该拒绝，应该批评，不能溺爱纵容。第二，加强情感沟通。在关心孩子生活的同时多关注孩子的情绪情感，加强沟通，帮助孩子疏解负面情绪。第三，注重社会交往引导。有意识地在生活中引导孩子掌握必需的社会交往技能，帮助他们解决人际交往中的问题，使他们愿意与人相处和适应集体生活。第四，加强家校沟通。主动与学校老师沟通，及时全面地了解孩子在学校的整体情况，遇到问题积极配合老师共同应对与解决。

» 父母委托他人照护孩子，自己仍是家庭教育的主要责任人

保证联系频率，尽量通过视频沟通

至少每周和孩子联系和交流一次，沟通时尽量打开视频，看到孩子及其周边的真实情况，也让孩子看到自己，不要只是语音通话。在视频沟通的基础上可辅以语音及文字信息。

不仅要关注孩子的学习生活，也要关注其情绪情感与社会交往情况

总是聊学习与生活会引起部分孩子的反感，他们更希望和父母分享一些和别人不能说或不好说的事情与感受。父母应该鼓励孩子畅所欲言，多关注他们的情绪情感与社会交往情况。

控制情绪，保持亲子关系

亲子关系是父母实施家庭教育的前提，在亲子两地分离的情况下更是如此。父母在知道孩子许多不如意甚至较恶劣的表现后肯定会生气，但一定要控制住情绪，不能说出格的气话伤孩子的心、破坏亲子关系。当亲子关系破裂，父母与孩子没法正常沟通时，什么事情都很难解决。

父母配合，多点理解和关爱

父母在严慈上要有分工和配合，便于调解矛盾。同时，对孩子的不当行为不要一味否定和压制，要去分析和理解行为后面的原因，从关爱的角度和孩子深入沟通，做孩子坚强的后盾。

» 父母需要与被委托人共同履行家庭教育责任

加强沟通，形成合力

父母要与被委托人加强沟通，全面深入了解孩子学习、生活和心理情况。在教育上要保持基本一致，形成教育合力。双方即使教育理念与方式不同，也不要在孩子面前随意批评否定另一方。

定期主动联系老师，及时掌握孩子在校的情况

父母和孩子虽然不在一起，但应该定期主动联系老师了解情况。特别是在被

委托人年龄较大、受教育水平不高的情况下，需要父母做好学校、被委托人与孩子之间沟通的桥梁，促进孩子的健康成长。

保持与邻居、居/村委会的联系，全面了解孩子的情况

父母要有意识地和比较信赖的邻居及社区居/村委会等保持联系，以便全面掌握孩子的情况。

第七章

坚决维护合法权益
教会孩子自我保护

所有孩子生来平等，
不能因身体或家庭情况受到任何歧视

大咖来了

关颖，天津社会科学院研究员，以社会学视角研究家庭教育和儿童问题30余年。

育儿贴士

在教育领域，孩子遭受歧视、受到不平等对待的问题并不少。残疾儿童、非婚生儿童、流动或留守儿童、有过犯罪前科的儿童，往往是受歧视极多的群体，他们遭受着许多与一般儿童不同等的待遇。他们在入园、入学时受到各种限制，在与同伴交往中也会被排斥。如果父母和家人能对孩子精心呵护和积极引领，就能在很大程度上减轻不利因素的影响。

案例分享

9岁的乔乔是一名孤独症儿童，乔乔妈妈想让孩子在普通学校就读，与正常孩子一起成长，但普通学校大多不肯接收乔乔。经过努力，终于有一所小学答应接收乔乔"试读两个月"。但没想到刚过完暑假，学校就要求乔乔退学。班主任反馈，当其他孩子都在认真听课，眼睛看向讲台时，乔乔就是坐不住，不仅时常左顾右盼，有时候还会无意间打扰同学。班上其他同学的家长联名写信要求劝退乔乔，认为他的行为无法自律，难以遵守课堂纪律，影响到了其他孩子正常学习。乔乔妈妈说："从孩子3岁被确诊孤独症开始，上学就是一个难题，融合教育有利于孩子融入社会，但总会遇到各种各样的歧视，我们就这么被赶来赶去，身心都很疲惫。"

» 孩子生来平等，不能因身体或家庭情况受到歧视

在儿童权利保护中，一个非常重要的理念就是承认所有的孩子具有平等的权利。每个孩子都是平等的，不能因为他自身情况特殊或家庭条件不佳受到任何形式的歧视。作为父母，要呵护孩子，使孩子免遭社会歧视带来的伤害，更没有任何理由歧视自己的孩子。

"歧视"是个刺痛人心的词语，通常指人们以不平等的眼光对待他人的缺陷、缺点或能力、家境、出身、性别等方面的差异，使被歧视者受到不同程度的身心伤害。在很多情况下，对孩子的歧视是由于传统的社会偏见或成见，通过人们有意无意的言行表现出来的。

性别歧视

在我国，对女孩的歧视依然存在。这是因为受传统观念影响，部分国人有着一定的"男孩偏好"。加之在当今市场经济条件下，女性因生育等原因在职场竞争中处于劣势，以致重男轻女的性别歧视依然影响着女童的生存与发展。

"差生"歧视

"差生"歧视是教育领域对儿童和青少年最普遍、最严重的歧视现象。本人曾参与调查我国工读学校一千余名学生，他们是不适宜在普通学校学习、被视为"差生""后进生"或有严重不良行为的学生。调查结果显示，有六成以上的学生得不到老师的经常表扬、不被老师喜欢，一半以上的学生得不到老师的尊重。

经常被老师训斥的学生达到四成以上，两成左右的学生经常被老师体罚和讽刺挖苦。在这种情况下，他们在学校生活中难以获得成就感，自信心受到伤害。调查中，当大家问普通学生那些后进的同学是怎么成为"后进生"时，高达65.5%的人选择了"他们没有自信"。

残疾儿童歧视

残疾儿童是指智力障碍、盲、聋哑、严重的情绪障碍、肢体残疾等，导致全部或者部分丧失了以正常方式从事某种活动能力的儿童。由于身体的障碍，他们常常受到忽视、被人取笑，有着不同于常态儿童的心理反应。

非婚生子女歧视

非婚生子女是指没有合法婚姻关系的男女所生的子女，俗称"私生子"。他们有的是未婚男女所生，有的是已经结婚的人在家庭以外又跟别人发生性行为生的孩子，也有的是无效婚姻或被撤销的婚姻当事人所生的子女。

留守儿童歧视

因父母进城或出国务工而被留在农村家里的孩子。他们有的物质生活条件是比以往好多了，可是，常年见不到父母，思念之情和缺少父母的呵护又会让他们面临新的困境。

有的孩子因亲情缺失而缺少安全感，缺少父辈引领、缺少与父母积极的情感互动、缺少父母的心理支持，难免对父母情感冷漠，进而导致更多的心理和行为问题，甚至为同龄人所歧视。

犯罪歧视

"一失足成千古恨。"有些未成年人因为曾经犯过罪、经历过管教，容易遭到家长和他人的歧视。还有的是家长犯罪后，孩子也会因为是罪犯的孩子，遭到他人的歧视。

» 家人对遭到歧视的孩子进行呵护和引导，可以减少不利影响

在教育领域，孩子遭受歧视、受到不平等对待的问题并不少见。残疾儿童、非婚生儿童、流动或留守儿童、有过犯罪前科的儿童，往往是受歧视极多的群体，他们遭受着许多与一般儿童不同等的待遇。他们在入园、入学时受到各种限制，在与同伴交往中也会被排斥。如果父母和家人能对孩子精心呵护和积极引领，就能在很大程度上减轻不利因素的影响。

残疾儿童更需父母精心呵护

残疾儿童的父母要帮助孩子克服自卑心理，敢于面对现实，鼓励孩子进行有利于身心健康的各种锻炼。学会控制情绪，保持平和心态，创造条件鼓励孩子扩大社会交往，培养广泛的兴趣爱好，尽可能参与正常孩子的活动，淡化孩子的

"残疾人意识"，帮助孩子调适心理、融入集体。对外界侵害孩子的行为，父母要及时制止，帮助孩子维护权益，避免不良刺激。

非婚生子女享有与婚生子女同等的权利

尽管非婚生子女的父母之间没有法定婚姻关系，或者他们和其父母之间不具有自然血亲，但是非婚生子女在法律上的权利和婚生子女是同等的。此外，孩子对自己的真实身份有知情权，父母要帮助他们坦然面对并减少对他们的不利影响。无论是否与孩子共同生活，亲生父母都对孩子有抚养教育义务，应承担生活费和教育费，直到孩子成年能独立生活为止。

让"流动儿童"尽快融入城市生活

随父母从农村来到城市的孩子或者在城市出生的农民工子女被称为"流动儿童"。也许有的家庭初到城市居无定所，有的孩子不能进入城里正规学校上学，有的孩子对新的环境不适应。

如何让孩子尽快融入城市生活是父母需要认真考虑的问题。一些父母无暇顾及孩子，说到城里挣钱是为了让孩子在城市享有更好的生活和教育。其实，对孩子影响更大的是父母自己的观念和行为，是家庭营造的小环境。父母要注重提高自身的育儿素养，这是孩子融入城市生活的起点。

留守儿童最需要的是亲情

不得已与孩子分离的父母，工作再忙也要把孩子放在心上。父母在平日里要利用各种手段与孩子沟通，让孩子感受到父母对他的牵挂和关心。

逢年过节父母与孩子团聚是必需的，要让孩子有见到父母、与父母面对面交流的机会，加深对父母的印象。作为孩子的监护人，父母应该经常向委托监护人和学校了解孩子的情况，共同为孩子的健康成长提供支持，维护孩子的合法权益。

失足犯罪不能影响孩子今后的路

在现代社会，对未成年的孩子来说，失足犯罪会成为终身的教训，但并不意味着因此而失去发展的机会，他们依然可以经过改造重新做人，不应该受到社会的排斥和歧视。

违法犯罪的未成年人通常既是害人者，又是受害者。他们的心理不成熟，思想未定型，可塑性很强，通过教育和挽救，完全可以成为遵纪守法的公民。这些孩子的父母承担着首要的教育、保护孩子的责任。父母应知法懂法、抵制歧视、不嫌弃孩子，多给予孩子心灵抚慰，用亲情感化，帮助孩子消除心理偏差，排除社会歧视的不良影响，建立重新做人的信心。

无论孩子在哪里、遭受怎样不公正的待遇，父母对孩子的呵护都是最重要的。为孩子营造安然无虞、生活无忧、充满关爱的家庭环境，才有可能帮助孩子建立自信，免除或减少外部歧视带来的心灵伤害，享受本该属于他们的幸福生活。

孩子遭受或目睹家暴，
会对其身心健康造成不可逆的伤害

大咖来了

李明舜，中华女子学院二级教授，中国婚姻家庭研究会常务副会长，中国法学会婚姻家庭法学研究会副会长。

育儿贴士

孩子遭受或目睹家庭暴力，会影响其身心及智力的正常发育，易形成不良的心理，甚至产生精神分裂，其自我认同及行为方式往往会受到更多的消极影响。父母或其他家庭成员的暴力行为往往会成为孩子模仿的对象，使孩子接受并使用暴力从而成为家庭暴力传递者。家庭暴力也往往会成为未成年人违法犯罪的直接诱因。

案例分享

某天下午，2岁的小小在家玩耍，其父亲酗酒后用酒瓶敲打小小头部。母亲带他躲到爷爷奶奶家，被小小父亲找到后，两人发生口角，小小父亲继而动手殴打小小母亲。小小母亲报警后，当地民警在"一体化"矛盾纠纷处置工作群（由区妇联、区人民法院、区公安局、基层公安和基层妇联相关工作人员组成）发布了此事件。区妇联获悉后，立即安排街道妇联进一步核实相关情况。鉴于小小系未成年人，区妇联启动帮助申请人身安全保护令机制，以小小的名义向区人民法院申请人身安全保护令，要求被申请人停止对小小实施家庭暴力。

数据说话

《2020年关于预防暴力侵害儿童行为的全球状况报告》显示：在全球范围内，据估计，每年有二分之一的2—7岁的儿童遭受某种形式的暴力行为。世界各地，有近3亿名2—4岁的儿童经常遭受其照护者的暴力管教。遭受暴力的儿童在其一生中面临的风险都要高于他人，这些儿童有可能患上精神疾病和焦虑障碍；做出高风险行为，如酗酒、吸毒、抽烟和不安全性行为；患慢性疾病，如癌症、糖尿病和心脏病；感染艾滋病毒等传染病；引发教育不足以及进一步卷入暴力和犯罪等社会问题。①

» 法律对家庭暴力概念的界定

什么是家庭暴力？家庭暴力是一个具有广泛含义的概念，在不同的文化、制度、个体主观体验以及不同语境下可能会有不完全一致的理解。

《中华人民共和国反家庭暴力法》将家庭暴力界定为："本法所称家庭暴力，是指家庭成员之间以殴打、捆绑、残害、限制人身自由以及经常性谩骂、恐吓等方式实施的身体、精神等侵害行为。""家庭成员以外共同生活的人之间实施的暴力行为，参照本法规定执行。"

《中华人民共和国民法典》第1045条第2款、第3款规定："配偶、父母、子女、兄弟姐妹、祖父母、外祖父母、孙子女、外孙子女为近亲属。""配偶、父母、子女和其他共同生活的近亲属为家庭成员。"2022年修订的《中华人民共和国妇女权益保障法》则进一步明确："禁止以恋爱、交友为由或者在终止恋爱关系、离婚之后，纠缠、骚扰妇女，泄露、传播妇女隐私和个人信息。妇女遭受上述侵害或者面临上述侵害现实危险的，可以向人民法院申请人身安全保护令。"

» 家庭暴力形式多样，孩子遭受或目睹家庭暴力会影响身心健康

家庭暴力的表现形式是多种多样的，主要表现为：身体暴力、精神暴力和性暴力。其中，身体暴力是最基本、最常见的家庭暴力形式。

作为社会规范、道德教育、文化传承、情感满足的基本载体，家庭对其成员特别是孩子的健康成长具有直接、持久、潜移默化的影响。在一个充斥家庭暴力的家庭成长的孩子，其遭受或目睹家庭暴力的过程，也是对其身心摧残的过程，

---

① 于怀清：《联合国最新报告显示：世界半数儿童依然受到暴力侵害》，https://www.cnwomen.com.cn/2020/07/08/99202767.html，最后访问时间：2025年2月19日。

其生理和心灵必然会受到极大的伤害。

孩子遭受或目睹家庭暴力，会影响其身心及智力的正常发育，易形成不良的心理，甚至产生精神分裂，其自我认同及行为方式往往会受到更多的消极影响。父母或其他家庭成员的暴力行为往往会成为孩子模仿的对象，使孩子接受并使用暴力从而成为家庭暴力传递者。家庭暴力也往往会成为未成年人违法犯罪的直接诱因。家庭暴力对孩子的影响往往是不可逆的，很难修复。

》 目前针对孩子的家庭暴力已得到有效遏制，但仍时有发生

本人做的调查和研究显示，随着《中华人民共和国反家庭暴力法》的实施和我国保护未成年人法律体系的不断完善，特别是随着人权意识的增强，目前我国未成年人的权利得到了有效的保护，家庭暴力得到有效遏制，绝大多数未成年人都生活在平等、和睦、文明的家庭关系中。但同时也要看到，一些家庭中的孩子仍然不时直接遭受来自父母或其他家庭成员的家庭暴力，也有的孩子时常目睹家庭成员之间的家庭暴力行为。

这种情况的存在，既有历史的原因，也有现实的情况。从历史原因来看，家庭暴力不是现在才有的，而是一个由来已久的问题。家长打孩子曾经被视为理所当然和天经地义，在封建社会的法律制度中更是将这种家庭暴力合法化，这样就形成了"棍棒底下出孝子"等行为文化传统和习惯。

从现实的情况看，一些家庭中，父母并没有将未成年人当成享有平等权利的人来对待，往往将孩子视为自己的私有财产随便处置，动不动就对孩子进行打骂，把孩子作为出气筒，把打孩子作为发泄途径。

有一些家长对家庭暴力的理解不准确。这些家长往往混淆了必要的教育惩戒与家庭暴力的界限，并不认为打孩子是家庭暴力。有一些家长借助"为了孩子好"的施暴动机将家庭暴力合理化，并没有将自己打孩子的行为和家庭暴力联系在一起。

有些家庭中对孩子实施家庭暴力的原因与一些陋习、封建迷信有关，还有因父母有恶习、品行不良或精神心理异常、生活压力大，以及孩子病残等导致的家庭暴力。

» 当家长对孩子实施家庭暴力时，其他人应采取果断措施

可以向加害人所在单位、居民委员会、村民委员会、妇女联合会等投诉、反映或者求助。有关方面接到家庭暴力投诉、反映或者求助后，应当给予帮助、处理。

可以向公安机关报案或者依法向人民法院起诉。

发现正在发生的家庭暴力行为，目击者有权及时劝阻。

学校、幼儿园、医疗机构、居民委员会、村民委员会、社会工作服务机构、救助管理机构、福利机构及其工作人员，在工作中发现未成年人遭受或者疑似遭受家庭暴力的，应当及时向公安机关报案。

监护人实施家庭暴力严重侵害被监护人合法权益的，未成年人的近亲属、居民委员会、村民委员会、县级人民政府的民政部门等有关人员或者单位可以向人民法院申请依法撤销其监护人资格，另行指定监护人。

未成年人遭受家庭暴力或者面临家庭暴力现实危险的，其近亲属、公安机关、妇女联合会、居民委员会、村民委员会、救助管理机构可以向人民法院代为申请人身安全保护令。

家长无知，孩子就容易成为违法和违反公德活动的"工具"

大咖来了

楼壮丽，浙江省义乌市人民检察院第八检察部副主任、未检检察官。

育儿贴士

家长胁迫、引诱、教唆、纵容、利用孩子从事违反法律法规和社会公德的活动，可能会使孩子产生认知偏差、理想信念模糊、价值观念错位，导致孩子的社会公德意识和法治意识淡薄，缺乏社会责任感，诱发孩子的不良行为、严重不良行为，甚至最终走上违法犯罪的道路。

案例分享

2023年8月28日，未满16周岁的邹某丰与被害人刘某招因家门口排水沟水闸摆放问题发生推搡，邹某丰的衣服被撕破。邹某林见状，多次教唆邹某丰"跟刘某招对打，打不赢就砸他们的车，你还未成年，砍人也不用承担法律责任"。30日，邹某林到刘某招家门口谩骂，叫嚣"我儿子未满18岁，打伤人也不会被判刑"。31日，邹某林再次在刘某招家门口辱骂，随后双方五人发生口角。邹某林多次让邹某丰出手打人，邹某丰便返回家中拿来镰刀，挥刀砍向刘某招等人，致使刘某招头部受伤。其间，邹某林并未动手。经鉴定，刘某招综合损伤程度为轻伤二级。经兴宁市人民检察院提起公诉，法院以故意伤害罪判处邹某林有期徒刑一年，并赔偿附带民事经济损失人民币14817.9元。

» 利用孩子从事违法和违反社会公德活动，是认知偏差的表现

家长胁迫、引诱、教唆、纵容、利用孩子从事违反法律法规的活动甚至实施犯罪的案例并不多见。当个案发生被报道或曝光时，往往会引起公众的强烈愤慨。家长这么做，严重损害了孩子的身心健康。

而家长胁迫、引诱、教唆、纵容或者利用孩子实施违反社会公德的活动则更为常见，也较容易被家长忽视。例如，家长纵容孩子在观看电影、文艺演出或者体育比赛时喧哗、起哄、乱扔杂物、妨碍他人；家长纵容孩子毁坏公物等。出现这些情况，往往是由于家长存在以下认知偏差。

孩子还小，他什么也不懂

"熊孩子"的背后往往存在"熊家长"，孩子是养育环境的一面镜子，但一些"熊家长"却常常以"他还是个孩子"作为教育失职的托词，认为孩子出现违反社会公德的行为不过是天性使然，放任、包庇孩子，甚至引诱、教唆孩子漠视社会公德，破坏社会规则。孩子的确懵懂无知，但家长有责任教育孩子懂得是非对错，知晓分寸和底线。

道德品质没有成绩和金钱重要

一些家长对于孩子的学习成绩十分重视，将学习视为孩子的"第一要务"，片面追求学业成绩，认为道德品质远没有取得好成绩来得重要与实在，因而很少关注孩子的道德品质培养，使孩子变得高分低能、高分低德。还有一些家长过度追求物质财富，认为"有钱能使鬼推磨"，使得孩子的价值观念错位，忽略道德修养，贪图享乐，甚至滋生自满和跋扈。

自己的孩子就该被捧在手心里

一些家庭的养育中出现溺爱问题，全家人围着孩子转，千方百计满足孩子的需求，甚至要求外界也给自己的孩子以优先权，造成孩子只知获取，不懂感恩，道德感缺失，片面追求狭隘的个人利益而无视他人利益和社会集体利益。

未成年人违法犯罪无须担责

一些家长误以为未成年人即使实施了违反法律法规和社会公德的行为也无须

承担责任,因此对未成年人放松管教,存在侥幸心理。一些家长甚至基于这样的认知偏差,利用未成年人实施违法犯罪行为来谋取自身利益。

» 家长利用孩子从事违法和违反社会公德的活动,影响恶劣

不利于孩子树立正确的"三观",且侵害孩子的合法权益

家长胁迫、引诱、教唆、纵容、利用孩子从事违反法律法规和社会公德的活动,不利于孩子形成正确的"三观",保持向上、向善,甚至可能严重侵害孩子的合法权益,是被《家庭教育促进法》明令禁止的行为。

作为家长,应当对孩子进行社会公德教育与规则教育,防止孩子出现不良行为和严重不良行为,创造良好、和睦、文明的家庭环境,促使孩子德智体美劳全面发展。

会给家长自身带来严重的法律风险及后果

《中华人民共和国民法典》第1068条规定:"未成年子女造成他人损害的,父母应当依法承担民事责任。"父母胁迫、引诱、教唆、利用孩子实施违法犯罪活动,可能给自己招致严重的法律风险及后果,有可能被追究行政责任,构成犯罪的还将被依法追究刑事责任。

容易导致孩子走上违法犯罪道路,毁掉孩子的一生

家长胁迫、引诱、教唆、纵容、利用孩子从事违反法律法规和社会公德的活动,可能会使孩子产生认知偏差、理想信念模糊、价值观念错位,导致孩子社会公德意识和法治意识淡薄,缺乏社会责任感,诱发孩子的不良行为、严重不良行为,甚至最终走上违法犯罪道路。家长长期存在此类行为,将严重危及孩子的身心健康,甚至危害孩子的一生。

家长应及时检视和调整自身存在的错误认知,避免悲剧发生

"纵子如杀子,溺爱不是爱。"家长应尽早意识到,个人的发展和进步需要社会公德作保障,应当对孩子开展适龄的社会公德教育与规则教育,培养孩子形成良好的社会公德、家庭美德和个人品德,树立正确的"三观"。

当孩子出现违反社会公德甚至违反法律法规的行为时,家长应及时采用良性

的教育手段加以纠正。家长存在胁迫、引诱、教唆、纵容、利用孩子从事违反法律法规和社会公德的情况时，应及时检视和调整自身存在的错误认知，防止进一步伤害孩子的身心健康。

» 避免利用孩子从事违法和违反社会公德活动，建议这样做

坚持以身作则

孩子往往是家庭教育的一面镜子，家长的一言一行、一举一动都被孩子看在眼里，如果家长自身就蛮横，不讲道理，缺乏教养，言行失范，孩子很可能"有样学样"。

家长应当注重自身修养的提高，言传与身教相结合，避免为一己私利、一时便利等，利用孩子从事违法和违反社会公德的活动，以"教育者先受教育""与孩子一起成长"的新观念替代"树大自然直""天下无不是的父母""孩子是属于父母的私有财产"等旧观念，做到"依法带娃"，科学育儿。

树立良好家风，创造和睦、文明的养育环境

家长与孩子共同生活，其他家庭成员也可能对孩子的成长产生重要影响。树立良好家风，需要家庭成员的共同努力。家长应当重视家风传承，学会利用家庭集体育儿。

家庭成员要在家庭教育上尽力统一思想、行动一致，尽力在家庭生活空间里营造和睦温馨、民主平等、文明有礼、积极向上的整体氛围，为孩子的成长提供良好的家庭土壤。

相机而教，寓教于日常生活中

社会公德心的培育，规则意识的养成，往往始于身旁的小事。融入日常生活的教育易被孩子接纳，孩子在生活中犯错或是发问的时候，往往是教育的好时机。例如，带孩子到公园游玩，就可以适时教会孩子遵守排队秩序、爱护公物、垃圾分类丢弃等规范。家长要在理解和尊重孩子的基础上，与孩子保持良性沟通，从小培养孩子遵守社会公德。

做到温和而坚定

家长教育孩子养成规则意识，应当做到温和而坚定。"温和"指的是家长教

育的方式，面对孩子不符合规则的行为，要给予正面的教育，而不是打骂、恐吓；"坚定"指的是教育的态度，不轻易因为孩子的哭闹、抵触而妥协。

一些家长温和但不坚定，使得孩子在察言观色中不断选择破坏规则；一些家长虽坚定却暴躁、强硬，甚至暴力育儿，伤害孩子的自尊；极端的家长既不温和也不坚定，则会使孩子处于混乱状态，容易失控。家长时刻情绪稳定，温和而坚定的教养，是让孩子受益一生的礼物。

学法守法，做懂法家长

生活在法治国家，每个人都应学法懂法，敬畏法律，学会用法律武器维护合法权益，防范法律风险。例如，被称为"社会生活的百科全书"的《中华人民共和国民法典》，值得每个人翻阅学习。又如《中华人民共和国未成年人保护法》《中华人民共和国预防未成年人犯罪法》《家庭教育促进法》等，与家庭教育密切相关，值得每位家长学习了解。

当前，无论是通过网络平台搜索普法视频，还是购买书籍进行自学，学习一些基础法律知识都并非难事。在此，建议家长和孩子一起学习法律，共同进步。

保障孩子的合法权益不受侵犯，需要"家校社"群策群力

大咖来了

张荆，北京两高律师事务所管理委员会副主任、婚姻继承部主任、专职律师，北京律师协会婚姻与家事法律专业委员会第十一届副主任，中国生命关怀协会婚姻与家庭专业委员会理事。

育儿贴士

家长要与孩子一起学习有关法律和权益的知识，讨论如何保护自己和他人的权益，这有助于增强他们的自我保护意识。当孩子的合法权益受到不法侵害时，家长既不能忍气吞声助长违法分子的嚣张气焰，也不能非法报复导致新的违法犯罪行为发生。要运用法律武器维护自己的合法权益，善于同侵权行为作斗争。

案例分享

6岁的曹某某生前主要跟爷爷奶奶生活，后因上学搬来与母亲胡某某同住。2019年2月至4月，母亲胡某某在照顾曹某某日常生活、学习的过程中，经常因曹某某"尿裤子""不听话""不好好写作业"等行为，以罚跪、"蹲马步"等方式体罚曹某某，并多次使用苍蝇拍把手、衣撑、塑料拖鞋等殴打曹某某。2019年4月2日，胡某某又因曹某某尿裤子对其责骂，并使用塑料拖鞋对其殴打，后胡某某伸手去拉曹某某，曹某某后退躲避，从二楼楼梯口处摔下，经抢救无效于当日死亡。2020年1月6日，淮滨县人民法院以虐待罪判处胡某某有期徒刑四年六个月。

» 孩子有生存权、发展权、受保护权、参与权等多项权利

依据《中华人民共和国未成年人保护法》第3条的规定，未成年人有生存权、发展权、受保护权、参与权等权利。具体如下：

生命健康权，即未成年人享有生命健康的权利，禁止对未成年人实施虐待或暴力殴打等行为。

人身自由权，即未成年人的人身自由不受侵犯。禁止非法拘禁，剥夺或限制未成年人的人身自由和非法搜身。

姓名权，即未成年人享有姓名权，有权决定、使用和依照规定改变自己的姓名，禁止他人干涉、滥用和假冒。

肖像权，即未成年人享有肖像权，未经本人同意，不得以营利为目的使用其肖像。

名誉权，即未成年人享有名誉权，其人格尊严受法律保护，禁止用侮辱、诽谤等方式损害未成年人的名誉。

荣誉权，即未成年人享有荣誉权，禁止非法剥夺其荣誉称号。

财产所有权，即国家保护未成年人合法收入、储蓄、房屋和其他合法财产的所有权。禁止任何组织或个人侵占、哄抢、破坏或者非法查封、扣押、冻结、没收。

财产继承权，即未成年人享有合法财产的继承权，并受法律保护。

著作权，即未成年人享有著作权，依法享有署名、发表、出版、获得报酬等权利。

专利权，即未成年人对其获得批准的专利享有专利权，并依法得到保护。

批评、建议、申诉、控告、检举权，即未成年人对国家各项工作和国家工作人员有批评、建议、申诉、控告和检举的权利。

取得国家赔偿权，即未成年人依法享有取得国家赔偿的权利。

宗教信仰自由权，即未成年人享有宗教信仰的自由。

民族风俗习惯自由权，即未成年人的民族风俗习惯依法受到保护。

通信自由和通信秘密权，即对未成年人的信件，除因追查犯罪的需要由公安或检察机关依法进行检查，或对无民事行为能力的未成年人（不满8周岁）的信

件，由其父母或其他监护人代拆外，未经未成年人本人同意，任何组织和个人，包括家长和老师，不得私拆、截留、隐匿、毁弃。

受教育权，即未成年人享有受教育的权利。

隐私权，即任何组织或者个人不得披露未成年人的个人隐私。

» 孩子由于年龄或家庭原因，容易在多方面受到侵害

在生命健康权方面，由于对未成年人教育问题、再组建家庭中的亲子关系问题、留守寄养问题等，易存在对未成年人实施虐待或暴力殴打等侵害权益的行为。

在人身自由权方面，权利侵害经常出现在校园霸凌中，会有非法拘禁、剥夺或限制未成年人的人身自由和非法搜身的现象。

在姓名权方面，因父母离婚，会产生一方擅自更改未成年人姓名的情形，或者是因孩子未成年，在更改姓名时需征得监护人的同意，而其中一名监护人不同意更改未成年人姓名，从而引起纠纷。

在肖像权方面，比较常见的是监护人在新媒体平台上以营利为目的使用未成年人肖像，比如拍摄视频、广告等行为，都是侵害未成年人肖像权的不当行为。

在名誉权方面，常见的侵权行为有，在校园霸凌行为中，侵权人使用侮辱、诽谤等方式对待未成年人，这些侵权行为有时会通过网络进行，以致损害未成年人的名誉。

在财产所有权方面，较容易出现监护人对未成年人财产权益的侵害。比如，擅自将未成年人名下的财产进行非正当性处分，占有未成年人财物等行为。

在通信自由和通信秘密权方面，监护人或父母乃至学校的教育者，会存在不征求未成年人意见而擅自拆开、隐匿、毁弃信件，查看电子平台的私聊对话内容等行为。

在受教育权方面，常会出现对孩子因教育理念的不同，剥夺孩子正常接受国家义务教育的机会，而改由自行教育；或者在偏远地区有重男轻女的教育现象，比如让儿子去读书而让女儿辍学的情形。

» 保障孩子的合法权益，需要"家校社"协同

明确家庭教育主体责任，发挥社区和学校监督责任

对孩子的家庭教育首先要明确教育的主体是父母或其他监护人。在履行教育职责及具体落实教育方面，需要明确相关的监督机构。目前看来，《家庭教育促进法》已明确监督主体。但在实践中更多的是人民法院作出《家庭教育令》，其他部门尚未发挥作用。

实际上，能在常态的生活中发现教育存在问题的是孩子所生活的社区和所就读的学校，应加大这两个主体对家庭教育的监督作用。同时，其他机构在发现孩子存在家庭教育问题时，应向孩子所在的社区和所就读的学校了解家庭教育存在的问题根源、曾经处理过的记录等，全方位、立体化落实《家庭教育促进法》的规定。

家长要学习法律知识，善于同侵权行为作斗争

家长了解法律和政策，维护孩子的权益至关重要。建议家长采取如下方法：参加法律教育课程，了解儿童权益、家庭法律知识。遇到问题寻求法律专家、律师帮助。通过查阅书籍、在线资源和政府网站，了解法律和政策。参与家长群体和社区组织，分享经验。关注法律更新、儿童权益等新闻。与孩子共同学习法律，增强自我保护意识。当孩子的权益受到侵害时，运用法律武器维护权益，避免非法报复。

对孩子进行法治教育

家长应在学习法律知识的同时，对孩子进行法治教育，培养其法律意识和责任感。用简单的语言解释法律意义与影响，通过案例、故事、游戏等形式让孩子理解法律规则。讨论日常法律问题，如交通安全、网络安全等，并树立遵守法律的榜样。利用适龄法律教育资源，如书籍、动画、游戏以及在线课程，帮助孩子理解法律概念，培养孩子合法行事的能力。

孩子缺乏法治意识，不仅无法保护自己，还可能违法犯罪

大咖来了

郭开元，博士，中国青少年研究中心青年组织研究所所长、研究员，中国青少年研究会监事。

育儿贴士

在家庭教育中，孩子缺乏法治意识，就会缺乏权利意识和维权意识，不能形成正确的权利义务观念，无法使用法律武器维护自己的合法权益，难以养成守法的意识和习惯，容易受社会不良因素的影响，实施违法犯罪行为，严重影响健康成长。

案例分享

15岁男孩小凡的家长长年在外地做生意，小凡和爷爷奶奶一起生活。虽然小凡的家长经常回家，但总是来去匆匆，难得与孩子沟通思想，更没有对其进行法治教育。上了中学，小凡的学习成绩不好，爷爷奶奶也管不住他。小凡经常逃学旷课，夜不归宿，到网吧打游戏。后来小凡结识了社会上有不良行为的青少年，加入了社会上的不良团伙。小凡与团伙其他成员整天吃吃喝喝，泡网吧，打架斗殴。有一次，在打群架中，小凡用刀将人刺成重伤，被以故意伤害罪追究刑事责任。

» 孩子缺乏法治意识，就无法使用法律维护自己的合法权益

家庭是人生的第一课堂，家长是孩子的第一任老师。家庭教育是孩子教育的起点，家庭法治教育是学校法治教育和社会法治教育的基础。

家庭法治教育在家庭生活的每时每刻都发生着。合理地安排家庭法治教育的内容和方法，可以实现良好的法治教育效果，帮助孩子从小牢固树立法治意识。因此，要强调家庭法治教育的重要性，指导家长培养孩子的法治意识。

在家庭教育中，孩子缺乏法治意识，就会缺乏权利意识和维权意识，不能形成正确的权利义务观念，无法使用法律武器维护自己的合法权益，难以养成守法的意识和习惯，容易受社会不良因素的影响，实施违法犯罪行为，严重影响孩子成长。

调查发现，家长在培养孩子法治意识方面存在误区，主要表现在以下方面：

多数家长对法治教育的功能认识不到位，认为自己的孩子比较优秀，不会触犯法律，没有必要进行法治教育。

家长对未成年子女所享有的权利认知模糊，导致其在教育子女的过程中漠视未成年人的权利，甚至侵犯未成年人的权利，影响未成年人的身心健康成长。

在家庭教育中，家长不知如何对孩子进行法治教育，有些法治教育的内容和方法可能存在合法性、科学性问题。

» 家庭法治教育效果受家长影响

受家长的文化素质和教育方式的影响

家长的文化素质和教育方式是影响家庭法治教育效果的根本因素。调查研究表明，文化素质高的家长往往倾向于用温和的、鼓励性的、科学化的家庭教育方式，注意与子女的沟通交流，充分尊重孩子的权利、主体性人格和意见看法。同时，文化素质高的家长自身可以凭借充分的知识基础和经验阅历，为子女及时答疑解惑，在家庭中形成良好的法治教育氛围。

而文化素质低的家长则往往倾向于用打骂、指责等简单粗暴的教育方式，容易造成孩子叛逆的性格，听不进家长的教育，致使家庭法治教育无法开展。另外，素质偏低的家长法律意识淡漠，有的甚至是违法犯罪行为的实施者，他们的言行在孩子的社会化过程中会产生潜移默化的负面影响，不仅不能教育引导孩子形成正确的法治观念，还可能成为孩子违法犯罪的模仿对象，导致社会化的偏差。

受家长对未成年人法律知识的认知度的影响

家长对未成年人法律知识的认知度是影响家庭法治教育效果的关键因素。在家庭法治教育中，家长只有具有丰富的法律知识，才能清楚地知道法律所规定的孩子的合法权益，才能清楚地知道孩子的权益受到侵害时的维权渠道和自我保护措施。

如果家长的法律知识比较匮乏，对法律的作用、法治教育的作用、未成年人权利等法律常识问题缺乏清晰的认知，就会增加家庭法治教育的难度。

受家长对家庭法治教育的态度的影响

家长对家庭法治教育的态度是影响家庭法治教育效果的重要因素。家庭法治教育的有效开展，依赖于家长的理性自觉，外界难以进行有效的监督。因此，如果家长对家庭法治教育持正面态度，就能够积极开展家庭法治教育。如果家长意识不到家庭法治教育的重要性，往往会忽视对子女的法治教育。

受家长的家庭法治教育方法的影响

家长对家庭法治教育方法的掌握程度是影响家庭法治教育效果的重要因素。在流动儿童家庭法治教育中，法治教育的侧重内容、更容易被接受的法治教育方法等因素，直接影响着家庭法治教育的效果。

方法运用得当，则事半功倍；运用不当，则事倍功半。如果家长不了解对孩子进行法治教育的重点内容和适当方式，就会直接影响家庭法治教育的效果。

» 家长要从多方面培育孩子的法治意识，开展法治教育

家长要加强法律知识学习，以身作则，培育孩子的法治意识

家长要加强法律知识学习，主动与未成年子女一起学习《中华人民共和国未成年人保护法》《中华人民共和国预防未成年人犯罪法》《中华人民共和国义务教育法》等有关未成年人权益的专门法律。

家长要正确理解自由、平等、公正、法治的内涵和要求。在日常生活中，家长要善于利用身边的案例分析权利义务、法律责任等内容，与孩子一起遵守法律，依法享有权利和履行义务，成为孩子尊法、学法、守法、用法的榜样，通过

浸润，潜移默化地培育孩子的法治意识。

家长要掌握法治教育的方法，引导孩子树立权利义务相统一的观念

家长要提高对家庭法治教育的重视程度，改变灌输式的教育方法，坚持讨论说服、言行示范、环境熏陶等教育方式，尊重孩子的权利，按照孩子的理解能力和接受能力分阶段递进式地开展家庭法治教育。

家长不仅要使孩子知道法律"是什么"，还要向孩子讲解各种法律法规，更重要的是要指导孩子在实际生活中应用法律法规，知道依法"怎样做"。家长要注重浸润教育和体验教育，采取孩子喜闻乐见的法治教育方式，寓教于乐，避免刻板的、单调的知识灌输。

家长反省自身的行为，是避免孩子遭受欺凌的最有效方法

大咖来了

宗春山，北京市青少年法律与心理咨询服务中心名誉理事长、研究员，中国家庭教育学会家校社共育专业委员会副理事长，国务院妇儿工委办公室儿童工作智库专家。

育儿贴士

绝大多数孩子的欺凌行为是从家长身上习得的，家长的言行是他们的行动脚本。同样的道理，长期受欺凌的孩子往往在家里也是受欺凌者。在教育孩子的方式上，家长反省自身的行为是反欺凌的最有效方法。

案例分享

2024年3月10日，河北邯郸肥乡区北高镇张庄村3名初中生霸凌13岁的王某某，随后将王某某残忍杀害并将尸体掩埋在蔬菜大棚里。3名犯罪嫌疑人是受害人王某某的同班同学，均为留守儿童，其中张某还是王某某的同桌。3名犯罪嫌疑人心理素质极强，直到调出监控视频，其中的主犯才被指认。找到尸体后发现，受害者已经面目全非。王某某父亲表示，孩子生前在中学上学时，疑似遭受过同学的霸凌。王某某姑姑王女士回忆，此前王某某曾流露出不想上学的情绪，疑似长期遭受校园霸凌。

数据说话

中国青少年研究中心"青少年法治教育研究"课题组2020年至2022年针对3108名未成年学生的调研显示：53.5%的学生遭受过校园欺凌，其中占比较高的现象包括东西被偷（52.8%）、被取笑或捉弄（37.2%）、被辱骂（33.7%）、

遭教师体罚（28.3%）、东西被人故意损坏（20.2%）、被人歧视（19.1%）、不许上课（15.4%）、被人孤立排斥（14.1%）等。面对这些校园欺凌，63.6%的学生一旦发生就会向老师、校领导或家长报告，也有8%的学生隔1天至3天再报告，4.7%的学生隔一段时间再报告，20.3%的学生如果再发生同样的事情再报告，1.5%的学生会等别的同学身上发生再报告，还有1.9%的学生从不报告。[①]

» 校园欺凌行为包含多种方式

校园欺凌是指一名学生长期反复地受到另外一名或多名学生的负面行为的影响。许多研究者从不同的角度对这个定义进行了拓展，一般认为校园欺凌行为至少应满足三条标准：蓄意的、不对等的和重复性的。

校园欺凌行为包含多种方式。

言语欺凌。表现为起绰号、嘲笑对方、说粗话、颐指气使、叫嚣、奚落对方、对着对方讲脏话、叫对方家长的名字、传闲话、八卦等。

肢体欺凌。表现为打、推、踢、撞、掐、揪头发、吐口水、吐痰等。被欺凌者被人吐口水到衣服上，被人撕书，走路被人冷不丁地绊个跟头，这些都属于肢体欺凌。

关系欺凌。表现为合伙排挤、集体威胁、集体鄙视、围殴、多对一恶作剧、不定期骚扰、联合歧视等，让受欺凌者被孤立。

网络欺凌。就是把前面这些欺凌行为搬到网络上，实现网络化、信息化。

» 校园欺凌给孩子带来的心理创伤很难愈合

在校园欺凌中，受伤害最大的是受欺凌者，在欺凌事件结束后，他们仍旧长期生活在欺凌的阴影下，他们遭遇的心理创伤是难以愈合的。除此之外，欺凌者看似是整起事件的胜利者，其实可能也是受害者。

一旦被欺凌，"三观"就会受影响

欺凌行为会对一个未成熟的生命构成永久性的伤害，孩子的价值观、人生

[①] 文丽娟：《"我没挨打，却比挨打还难受"》，https://baijiahao.baidu.com/s?id=1767025022887677208&wfr=spider&for=pc，最后访问时间：2025年2月19日。

观、世界观都会受影响。受欺凌者在遭受欺凌后，自我认知会变得消极，自尊较低，缺乏自信，也极易产生对现实世界的不信任，影响到社会交往能力。

出现抑郁、焦虑，甚至有自杀的风险

受欺凌者一般在内外向性维度上得分较低，而在神经质维度上得分较高，他们性格较内向而对外界刺激过于敏感。受欺凌后，他们会经常被抑郁、焦虑等不良情绪困扰。有的还会出现生理反应，如头痛、胃痛、失眠、做噩梦等。

产生违纪和越轨行为，甚至欺凌弱小者

校园欺凌还会使受欺凌者出现暴力伤害的投射反应，产生各种违纪和越轨行为，甚至反过来去欺凌其他弱小的同学。据统计，在各类违纪和越轨行为中（如旷课逃学、打架斗殴、欺负弱小、考试作弊、沉迷网吧游戏厅等），遭受过校园欺凌的学生的发生率比没有受过校园欺凌的学生高一倍以上。

» 孩子遭遇校园欺凌后，家长要尽快识别并将伤害降到最低

识别孩子是否被欺凌，有8条线索，分别是突然闹起厌学、突然要求父母接送、突然不和朋友玩了、放学回家衣物有污损、偷拿家里的钱和物、学习成绩断崖式下滑、开始有攻击行为、经常夜里做噩梦。当欺凌不幸降临到了孩子身上时，家长要做到以下几个方面，把对孩子的伤害降到最低。

让孩子说清事实，安慰孩子

欺凌发生后，家长首先要让孩子说出具体的细节，并且安慰孩子说"孩子，这不是你的错。""你一定很压抑吧？""我可以帮到你。"

找学校沟通

知道孩子受欺凌后，家长最好的做法是找学校沟通，通过学校跟欺凌者的家长取得联系，三方坐在一起来解决。受欺凌者家长一定要注意沟通的方式，切不可用指责的口气，这只会使矛盾升级。

配合学校采取行动

家长要向学校客观、清楚地陈述事实。家长在陈述事实的时候，最好选用文

字表达，就事论事。反映完情况，也达成一定的共识，接下来家长要做的就是了解学校正在采取哪些行动，这些行动进行到了哪一步，做好追踪。

非常情况下采取破釜沉舟法

有一种最悲观的情况：受欺凌者家长不断跟学校交流沟通，不断跟欺凌者的父母协商和谈判，但是情况却没有任何改善。这个时候，受欺凌者家长就不得不采取一些必要的手段了，以下几种方式不是必需的，却是每个家长都要熟悉了解和掌握的：留存每次沟通记录、向教委汇报情况、求助当地的派出所、借助媒体的力量、让孩子休学在家。

另外，家长行动时一定要征询孩子的意见，一定要听取孩子对这件事情的反馈，如此，孩子才能从这起事件中学会如何保护自己，这段经历才会成为他成长的经验。

» 家长反省自身的行为是反欺凌的最有效方法

绝大多数孩子的欺凌行为是从家长身上习得的，家长的言行是他们的行动脚本。同样的道理，长期受欺凌的孩子往往在家里也是受欺凌者。在教育孩子的方式上，家长反省自身的行为是反欺凌的最有效方法。

家长要对校园欺凌有足够的认识

当孩子透露自己被欺负的信息时，家长绝对不能采取"淡化事实"的处理方法。当家长意识到自己的孩子是受欺凌者，甚至在还没有发现孩子受欺凌的时候，就要态度坚决明确地告诉孩子："校园欺凌之类的事情我绝对不允许在你身上发生。第一，你不能欺负别人；第二，你也不能被别人欺负。欺凌发生的时候一定要告诉父母，父母是有责任和义务保护你不受伤害的。"

帮助孩子建立良好的自我观感

家长要学会悦纳孩子，无论孩子多么淘气，遇到了多少挫折，我们都应该教他们积极面对，不苛责自己，这才是拥有多彩人生的基石！家长要引导孩子不要活在别人的评价和眼光之中，当孩子能够正确接纳自我的时候，短处与缺点也会成为可以利用的资源与财富。

为孩子建立清楚的行为规范

家长要教会孩子在公众场合遵守道德规范和行为规范。家长要教导孩子养成讲文明、懂礼貌的好习惯。家长要教导孩子做事的时候多请求，这种做法给予对方足够的尊重，能有效避免误解和冲突。如果孩子侵犯到别人的利益，让人不舒服了，要赶快道歉。

帮助孩子结交新朋友

客观来看，有些孩子更容易被欺负，比如转学来的学生，有很多劣迹的孩子，学习不好的孩子，老师不喜欢的孩子，不遵守社交规范的孩子。孩子身边没有朋友，很容易被欺负。家长要教育孩子宽容待人、学会分享、乐于助人，尝试结交更多朋友。

帮助孩子培养兴趣和专长

培养孩子的兴趣专长，一是孩子可以在同学面前有更多的话语权，二是孩子可以借兴趣和专长认识更多的朋友。这是一种很自然的交往技巧，家长要鼓励孩子广泛发展自己的兴趣和专长。

读得懂孩子的"情绪晴雨表"

校园欺凌一般有着持续时间长的特征，当孩子被欺负时，家长若能早点发现，就能早点干预。要想及早发现孩子是否受欺凌，家长就需要读懂孩子的情绪。另外，教导孩子管理情绪的前提是家长至少做到不把自己的情绪发泄在孩子身上。

给孩子全方位的安全感

孩子的安全感最重要的来源就是家长，家长对待他的态度及家长自身的安全感状态会对孩子产生重要影响。要想给予孩子足够的安全感，家长在家庭生活中要做到：创设温馨的家庭环境，无论如何不要对孩子说谎，不过分责备和惩罚孩子，让孩子自己完成自己的事情，让孩子在稳定的环境中成长。

养成和孩子平等沟通的习惯

平等，意味着家长要尊重自己的孩子，把他当成一个同等的生命个体，不能张口就骂、伸手就打；意味着家长要听取孩子的意见，给他畅所欲言的机会；意味着他是家庭一员，有权利参与家庭日常活动。

第七章 坚决维护合法权益 教会孩子自我保护

家长是预防儿童遭受性侵犯的第一责任人，必须履行责任

大咖来了

龙迪，博士，中国科学院心理研究所教授、保护儿童及家庭研究服务中心原主任，中国心理学会首批注册督导师，中国心理卫生协会首批认证督导师。

育儿贴士

家长是孩子法定的监护人（保护者），也是孩子最容易接触、相信、亲近的成年人，应该承担保护孩子的法定责任。出于本能，家长比一般人更想要保护自己的孩子，也更了解自己的孩子。因此，提升家长保护孩子免遭性侵犯的意识和能力，支持家长为孩子营造安全的保护性环境，是预防措施中必不可少的一环。

案例分享

四川省某市人民法院公布一起"隔空猥亵"案例，依法判决被告人夏某犯猥亵儿童罪，判处有期徒刑七年零六个月。据了解，在一年零三个月的时间里，被告人夏某通过社交软件先后添加被害人齐某、黄某等8名未满8周岁的幼女为好友，在以分享游戏和共同兴趣爱好等方式取得被害人信任后，引诱被害人通过发送裸体图片、视频通话等方式对被害人实施猥亵。某市人民法院经审理认为，夏某要求多名被害人发送裸体、隐私部位照片、视频供其观看，与被害人视频聊天时诱导被害人裸体实施有性意味的动作，并录屏保存，其行为已触犯刑法，构成猥亵儿童罪，应受到刑事处罚。

数据说话

《"女童保护"2021年性侵儿童案例统计及儿童防性侵教育调查报告》显示：超过半数（50.88%）的受访者生活周边发生过或听说过身边儿童遭遇性侵害。但所有受访者中，只有10.55%的受访者表示假如遇到性侵儿童事件，非常了解应该如何处理；24.66%的人认为自己比较了解；50.14%的人表示自己只是知道一点；而有14.65%的人认为自己不知道在遇到儿童遭遇性侵害后该怎么办。总体来看，64.79%的人不太了解如何应对和处理性侵儿童事件。[①]

» 家长要了解儿童性侵犯的定义和主要表现形式

世界卫生组织（WHO）对于"儿童性侵犯"的定义是：使尚未发育成熟的儿童参与其不能完全理解，或无法表达知情同意，或违反法律，或触犯社会禁忌的性活动。对儿童进行性侵犯的人可能是成人，也可能是年龄较大或相对比较成熟的其他儿童；他们相对于受害者在责任、义务或能力方面处于优势地位。性侵犯行为会以多种形式表现出来，家长一定要了解，并及时对孩子进行防性侵教育。

身体接触性侵犯行为

是指用身体接触的方式对儿童实施性侵犯行为。例如，侵犯者触碰儿童的隐私部位或者让儿童触碰别人的隐私部位，可能用手，也可能用嘴、舌、生殖器官等身体部位，甚至是异物。

非身体接触性侵犯行为

是指在儿童面前暴露生殖器，或者迫使儿童暴露隐私部位；观看儿童的隐私部位；让儿童观看别人的隐私部位；关注、取笑或侮辱儿童的隐私部位，用猥琐语言进行性挑逗；偷看儿童洗澡、换衣服、上厕所等。这些行为虽然没有直接接触到儿童的身体，但也会对儿童产生不利影响和心理伤害，同样属于对儿童的性侵犯行为。

---

① 中国少年儿童文化艺术基金会女童保护基金：《"女童保护"2021年性侵儿童案例统计及儿童防性侵教育调查报告》，https://gongyi.ifeng.com/c/8E3ThpCGrpJ，最后访问时间：2025年2月19日。

互联网性侵犯行为

是指利用微信、短信、QQ 或电子邮件等网络工具，谎报年龄、性别、身份等信息，获得儿童的信任，然后给儿童传送色情图片或影像，或者要求儿童在互联网视频镜头前脱光衣服做不雅动作；利用儿童制作色情图片／影像，保留或在互联网上传播；甚至用传播色情图片／影像来威胁并要求儿童线下见面，做出身体接触性侵犯行为或其他性剥削行为。

其他形式

除此之外，以儿童为主体制作色情物品或者图像资料等，引诱、强迫儿童性交易或者提供其他与性有关的服务等也属于性侵犯儿童的行为。

性探索不是性侵犯

需要注意的是，同龄儿童之间会因为好奇而相互进行性探索。这种探索通常以一起自愿游戏的方式进行，不属于性侵犯。例如，儿童在两岁的时候就能够通过相互抚摸、拥抱和亲吻表达对彼此的喜爱。但对于低龄儿童来说，这种行为与性欲无关，并且卷入性游戏是儿童坦然、自愿的，不属于性侵犯。

» 性侵犯会给孩子带来多方面的身心伤害

本质上，性侵犯给儿童造成的伤害是心理伤害，因为儿童在权利不平等的关系中受到心理操控，包括威逼利诱、恐吓、辱骂等方式。如果侵犯者同时对儿童施加身体暴力，还会导致身体功能损伤。这些伤害会严重影响儿童的健康发展。

每个人受到伤害后的表现不一定相同

大多数受到性侵犯的儿童会感到害怕（恐惧）、生气（愤怒）、丢人（羞耻）和责怪自己（内疚自责）。假如有人对儿童做出性侵犯行为，而儿童找不到值得信赖的成年人帮助自己制止性侵犯，儿童可能会经常做噩梦，变得容易发脾气、爱打架、不合群、没自信、吃不好、睡不好、不能专心学习等。

如果未能制止或逃离性侵犯，儿童会感到无能、无力、无助

如果没有成年人及时出面制止性侵犯行为，儿童很难靠自己的力量逃离或抵制性侵犯行为，就会感到无能为力、无助、无望。如果做出性侵犯行为的那个人就是孩子信任的人，或者是应该有责任保护孩子的人，如家人、老师、亲戚、朋友，甚至亲生父母，儿童更容易感到自己的信任被辜负，甚至感到整个世界都在背叛自己。

如果性侵犯长期存在，儿童可能会逐渐不相信任何人，甚至不相信自己。儿童可能还会在交朋友方面遇到困难，容易被孤立、受欺负、被利用。

长期遭受性侵犯的儿童不是"坏孩子"

如果周围人不知道儿童一直在遭受性侵犯的伤害，可能会把儿童当作"坏孩子"。这是因为人们并不了解，儿童表现出来的"问题行为"和激烈的情绪反应，如打架骂人、学习成绩下降、扭曲的性观念、攻击性的行为、旷课逃学等，正是儿童的心理创伤反应，是用来处理自己承受不了的痛苦。儿童的心理创伤反应还可能表现为肚子疼、头疼等查不出原因的身体症状，以及睡眠失调和饮食失调。这些孩子需要帮助，而不是惩罚。

» 家长是预防儿童遭受性侵犯的第一责任人

家长是孩子法定的监护人（保护者），也是孩子最容易接触、相信、亲近的成年人，应该承担保护孩子的法定责任。出于本能，家长比一般人更想要保护自己的孩子，也更了解自己的孩子。因此，提升家长保护孩子免受性侵犯的意识和能力，支持家长为儿童营造安全的保护性环境，是预防措施中必不可少的一环。

家长需要接受儿童防性侵教育，认识儿童性侵犯，并采取相应措施

由于缺乏有关儿童性侵犯的准确信息，家长告诉孩子的有关预防性侵犯的信息常常是不准确的。所以家长需要接受相关教育，有系统地学习预防儿童遭受性侵犯的知识。比如了解针对儿童的性侵犯的定义和形式，性侵犯者的操控手段，性侵犯可能会对孩子造成的伤害等。

保护孩子远离危险情境

要留意孩子所处环境是否安全，例如，照看孩子的人、寄宿的学校、公园、公交车、孩子接触互联网和移动设备上的信息等。不要让孩子独自在外过夜。留意与孩子有密切接触的人，无论对方是谁，都要相信自己的直觉（例如，不对劲、不舒服、怪怪的，等等）。不要让孩子与家长不了解、不放心的人单独在一起。

营造安全的居家环境

营造安全的居家环境，包括以下内容：终止一切形式的家庭暴力；选择放心的家人、亲戚、朋友、保姆等人照看孩子，并时时留意这些照看孩子的人是否有异常表现；单亲家长应该避免让孩子与自己的男/女朋友单独在一起；尊重每个家人的身体界限和个人隐私，包括儿童；允许并鼓励孩子拒绝自己不喜欢的身体接触和情感表达；不取笑孩子的身体；等等。

建立正面的亲子关系

相信孩子说的话。经常向孩子保证：无论别人对他说了什么或做了他不喜欢、不舒服、不理解的事，都要及时告诉家长；家长不会因此怪罪或惩罚他，而是会保护他。每天安排时间单独和孩子说说话，增进感情。利用各种机会和活动增强孩子的自信心和自尊感。

» 当孩子遭到性侵犯时，家长不要慌乱，要尝试多种解决办法

告诉孩子：这不是你的错

家长要避免在孩子面前表现得惊慌失措，尤其不要因此责怪或打骂孩子，更不要在孩子面前大哭大闹等。要冷静，让孩子觉得安全，避免加重孩子的羞耻感。

报警并保留证据

保留证据，可在第一时间报警，向警察寻求帮助。抓住坏人，将他们绳之以法，这不仅是为了自己的孩子不再受到伤害，也会让更多的孩子免遭伤害。报警后，家长也要注重孩子的隐私保护，避免或减少外界舆论给孩子带来二次伤害。

及时进行身体检查及诊疗

家长不要立刻帮孩子洗澡或清洗衣服，而要带着孩子去医院接受检查和诊疗（最好在警察的陪同下）。

求助专业人士

通常,遭遇性侵的经历会不同程度地干扰儿童的正常生活,甚至导致严重的身心伤害。家长可以向儿童保护机构求助,机构会指派主责社工提供一对一的儿童保护个案管理服务,包括提供直接支持、链接多方资源、协调多部门多专业服务(医疗、教育、法律、心理等),目的是支持家庭为孩子提供充分的照料、支持和保护,支持儿童回到正常的生活轨道,降低甚至消除性侵犯给儿童造成的负面影响。

第七章
坚决维护合法权益 教会孩子自我保护

家长对孩子进行防溺水教育永远不嫌早，关键时刻能救命

大咖来了

高巍，北京大学第一医院密云医院急诊外科医生，青爱工程传播大使，全国科普工作先进工作者，中国校园健康行动公益大使，自媒体"医路向前巍子"创始人。

育儿贴士

家长一定要告诫孩子，不要私自下河游泳，结伴游泳也不行。游泳一定要去专业的有救援人员的水域，并且告诫孩子不要因为自己会水就随意亲自下水救人。为避免溺水，应该提前掌握一些基本的自救技能，这些技能可以极大地提高他们的自我保护能力。

案例分享

2020年6月21日下午3时30分左右，重庆市潼南区米心镇报告该镇童家村涪江河坝水域发现有人落水，当地政府立即组织力量进行搜救。失踪人员均为居住在附近的米心镇小学学生，周末放假自发相约，到童家坝村涪江河一宽阔的河滩处玩耍，其间有一名学生不慎失足落水，旁边7名学生前去施救，造成施救学生一并落水。截至6月22日上午7时10分，经过全力搜救打捞，重庆潼南区8名落水小学生被全部打捞出水，均已无生命体征。

» **家长对孩子进行防溺水教育，意义重大，关乎生命**

要认识到溺水的危险性，要明白溺水是致命的

家长一定要告诫孩子，不要私自下河游泳，结伴游泳也不行。游泳一定要去专

业的有救援人员的水域，并且告诫孩子不要因为自己会水就随意亲自下水救人。

要学会游泳，掌握游泳技能是避免溺水的最好方法之一

通过良好的游泳训练，孩子可以提高自身的游泳水平和自我保护能力。

掌握自救技能

应该提前教给孩子一些基本的自救技能，这些技能可以极大地提高他们的自我保护能力。

不慎溺水后，儿童会出现打寒战、体温降低、双眼充血发红、面部浮肿、四肢冰冷、发青、暂时呼吸停止症状，呛咳、呕吐严重，会将水分再次吸入呼吸道，引起窒息、发绀，意识逐渐丧失，陷入昏迷，心跳先快后慢，血压下降。

由于窒息、缺氧引起脑水肿，可出现头痛、呕吐、谵妄、狂躁症状。最终记忆力减退、丧失，对小儿智力有明显影响。溺水儿童常因窒息而立刻死亡。

» 家长要教会孩子掌握漂浮自救技能，关键时刻能救命

不会游泳者的自救方法

1.落水后不要心慌意乱，一定要保持头脑清醒。
2.冷静，头顶向后，口向上方，将口鼻露出水面，此时就能进行呼吸。
3.呼气要浅，吸气宜深，尽可能使身体浮于水面，以等待他人抢救。
4.切记：千万不能将手上举或拼命挣扎，这样反而容易下沉。

会游泳者的自救方法

1.会游泳者一般是因小腿腓肠肌痉挛而致溺水，此时首先应心平气静，及时呼人援救。
2.自己将身体抱成一团，浮上水面。
3.深吸一口气，把脸浸入水中，将痉挛（抽筋）下肢的拇指用力向前上方拉，使拇指跷起来，持续用力，直到剧痛消失，抽筋自然也就停止了。
4.一次发作之后，同一部位可能再次抽筋，所以对疼痛处要充分按摩，慢慢向岸边游去，上岸后最好再按摩和热敷患处。
5.如果手腕肌肉抽筋，自己可将手指上下屈伸，并采取仰面位，以两足游泳。

» 家长应教孩子学会心肺复苏急救技能和正确使用AED

心肺复苏的正确步骤

1.开放气道：拍摇患者并大声询问，如无反应表示意识丧失。这时应使溺水者水平仰卧，解开颈部的上衣纽扣，注意清除口腔异物，使患者仰头抬颏，用耳贴近口鼻，如未感到有气流或胸部无起伏，则表示已无呼吸。

2.口对口人工呼吸：在保持患者仰头抬颏的前提下，施救者用一手捏闭患者鼻孔（或口唇），然后深吸一大口气，迅速用力向患者口（或鼻）内吹气，然后放松患者鼻孔（或口唇），照此每5秒钟反复一次，直到患者恢复自主呼吸。

每次吹气间隔1.5秒，在这个时间抢救者应自己深呼吸一次，以便继续口对口呼吸，直至专业抢救人员到来。

3.采用人工循环：如患者停止心跳，抢救者应握紧拳头，拳眼向上，快速有力猛击患者胸骨正中下段一次。此举有可能使患者心脏复跳，如一次不成功可按上述要求再叩击一次。

如心脏不能复跳，就要通过胸外按压，使心脏和大血管产生血液流动，以维持心、脑等主要器官最低血液需求量。

4.选择胸外心脏按压部位：先以右手的中指、食指定出肋骨下缘，而后将右手掌侧放在胸骨下1/3处，再将左手放在胸骨上方，左手拇指靠近右手指，使左手掌底部在剑突上。右手置于左手上，手指间互相交错或伸展。按压力量经手根而向下，手指应抬离胸部。

5.胸外心脏按压方法：抢救者两臂位于患者胸骨的正上方，双肘关节伸直，利用上身重量垂直下压，对中等体重的成人下压深度为3—4厘米，而后迅速放松，解除压力，让胸廓自行复位。如此有节奏地反复进行，按压和放松的时间大致相等，频率为每分钟80~100次。

AED正确使用方法

现在许多的游泳场所都会备有AED，AED对应中文名为自动体外除颤仪，是一部非专业人士也可使用，让骤停的心脏恢复跳动的救命机器。设计AED的初衷就是让任何一个人都能毫无门槛地操作。因为情况紧迫，没有给人看说明书的时间，所以打开电源开关后，AED都是有语音提示的。

1. 开盖子：掀开AED的盖子，打开电源开关。

2. 贴电极：根据语音提示，解开患者上衣，撕开电极片，按照图示贴在患者胸前。

3. 插导线：把电极片的导线插入AED主机，主机会自动分析。

4. 自动分析：主机分析过程不要触碰患者，如果分析到了可以电击的情况，机器会自动充电。

5. 电击：充电完成后，语音会提示按电击按钮，完成电击。过程中同样不要触碰患者。

6. 心肺复苏：第一次电击完成后，立刻开始心肺复苏施救，无须取下电极片。

7. 再分析：每2分钟AED主机会自动分析一次，如有必要会再次建议电击。

AED使用注意事项

不必担心判断失误而"电"错人，AED会自动分析。如果没有恶性心律失常，主机不会充电，语音也不会提示你电击。不必担心没有救回来陌生人会承担法律责任。《中华人民共和国民法典》第184条规定："因自愿实施紧急救助行为造成受助人损害的，救助人不承担民事责任。"

在抢救患者过程中，不要频繁中断按压。AED连接后，按照语音提示进行操作。每2分钟AED会要求停止按压以进行心律的分析。如果没有语音提示，则一定要保持按压，直到专业救护人员到场。

» 家长培养孩子的防溺水技能时存在的误区

家长总是以为孩子溺水时会大声呼救，双手乱拍，而溺水总是悄然发生的。

即使孩子套着游泳圈，也要注意防止溺水的发生。

家长认为会游泳的孩子就不会溺水。会游泳不等于不会溺水，抽筋、身体疲惫、身体突发不适等情况都会有溺水的危险。

认为只有在野外才容易发生溺水。溺水除了会发生在野外，家中看似普通的脸盆、浴缸、蓄水池、鱼缸等都可能是低龄孩子的"隐形杀手"。

认为溺水的孩子被救上岸后可以用倒挂控水法抢救。倒挂控水法控出来的水往往是胃里面的水，应该正确使用心肺复苏按压抢救溺水后心脏停止跳动的孩子。

认为夏季是孩子溺水的高发季节，在冬季往往会忽略预防儿童溺水。一定要注意，冬天也要严防儿童溺水情况发生。

» 家长可以陪孩子看科普内容和以身作则，进行防溺水教育

积极向孩子普及防溺水知识，要尽早告诉孩子哪些行为容易导致溺水，教育孩子远离水深危险的地方，一定不要去野外游野泳。

多给孩子看以往的儿童溺水的案例，给孩子留下深刻的印象，让孩子在无形中感受到溺水的可怕，从而自觉远离水深的地方。

家长要教会孩子溺水时应该采取怎样的科学措施帮助自己，通过电视、网络等媒体，给孩子看落水后怎样正确抢救的科普视频，经常练习，并以身作则，给孩子树立榜样。

» 如果孩子不慎落水，家长应采取以下方法科学急救

1.把孩子打捞上岸，判断孩子是否还有呼吸和心跳。

2.如果心跳和呼吸都停止了，要拨打急救电话。把孩子平放在平整的地面上，然后立即做胸外心脏按压。如果在游泳馆等有AED的场所要正确使用AED。

3.如果孩子还有呼吸和心跳，要尽快清理口腔内的异物，保持呼吸道的通畅，然后将孩子放到抢救者的大腿上，头向下，按压孩子的背部，让胃里面和呼吸道的积水排出来。

4.如果是冬天，一定要注意给孩子保暖，不要出现失温的情况。

5.及时送往医院救治。

道高一尺，魔高一丈，
对孩子进行防诈骗教育应常抓不懈

大咖来了

任文启，博士，上海开放大学民生学院教授、硕士生导师，中国社会工作学会司法社会工作专业委员会秘书长，中国社会工作教育协会司法社会工作专业委员会副主任，中国社会工作联合会司法社会工作委员会副主任。

育儿贴士

如果缺少防诈骗教育，就会让孩子缺少防备，容易遭受不法行为的侵袭，也有可能造成孩子此后成长过程中人格上的缺陷。诈骗主要基于人的信任关系而发生，最终侵害的也是人的信任关系。

案例分享

10岁的张某在刷短视频时，看到一个视频声称可以免费送某游戏皮肤，遂按照指引加入群聊，后对方发二维码让其用QQ扫码进入领皮肤，在确认领取的时候跳转页面变成了QQ群页面，其加入群后对方说支付0.99元，免费领取游戏皮肤，通过扫码微信支付并将支付截图发给对方。接着对方说由于张某是未成年人，他们的商户账户被冻结6万元，需要付款用户配合激活账户来解冻商户余额，如不配合激活操作，将向法院起诉。张某在对方的指引下向对方指定微信账号转账多笔，总金额超2万元。张某父母发现之后报警。

数据说话

《2021年全国未成年人互联网使用情况研究报告》显示：38.3%的未成年

网民在上网过程中遭遇过不良或消极负面信息。《我国未成年人数据保护蓝皮书（2023）》则显示：2022年1—12月，66.4%的家长收到过与孩子有关的兴趣班/辅导机构等推销广告电话、垃圾信息骚扰；32.6%的家长表示自己或孩子曾收到冒充客服、行政机关的诈骗电话、诈骗邮件等。[1]《青少年蓝皮书：中国未成年人互联网运用报告（2020）》中的数据显示：我国未成年人首次触网年龄不断降低，10岁及以下开始接触互联网的人数比例达到78%，首次触网的主要年龄段集中在6—10岁。[2]

» 建设儿童友好环境，家长对孩子进行防诈骗教育必不可少

儿童成长需要建设儿童友好环境，其中，防诈骗教育必不可少。虽然目前学校、社会层面已经开展防诈骗宣传，但作为孩子的初级生活环境，家庭中的防诈骗教育具有不可或缺的基础作用。

对孩子进行防诈骗教育，目的是提升孩子自我保护的能力。孩子由于身心处于未成熟的阶段，对于诈骗信息和内容难以识别和判断，很容易被不法分子诱导、欺骗，从而受到侵害。因此，家长对孩子进行防诈骗教育就显得尤为重要。

在《中华人民共和国未成年人保护法》列出的家庭保护、学校保护、社会保护、网络保护、政府保护、司法保护六大保护中，家庭保护位列第一。当然，在六大保护中，防诈骗教育在家庭、学校、社会、网络等板块中均有体现。各自承担的功能不同，每个板块都对其他板块具有补充和支持作用。

家庭是孩子最初和最终的爱的港湾，儿童成长应该"以家庭为中心"，家庭中足够且适度的爱护是防止诈骗的最好途径。

» 缺少防诈骗教育，孩子容易遭受不法侵袭

对孩子有效地进行防诈骗教育，一是可以降低孩子被不法分子侵犯的概率；

---

[1] 人民数据研究院：《人民数据研究院发布〈我国未成年人数据保护蓝皮书（2023）〉》，https://baijiahao.baidu.com/s?id=1770387621060498471&wfr=spider&for=pc．，最后访问时间：2025年2月19日。

[2] 李萍：《青少年蓝皮书：未成年人首次触网年龄不断降低》，https://www.dutenews.com/n/article/873534，最后访问时间：2025年2月19日。

二是可以提升孩子对事物的分析和评估能力，对诈骗信息进行识别和判断，提升自我保护能力；三是可以提升孩子防诈骗的意识水平，并且可以对身边的同学和朋友起到一定的促进作用，从而营造全社会开展防诈骗教育的良好氛围。

如果缺少防诈骗教育，就会让孩子缺少防备，容易遭受不法行为的侵袭。诈骗主要基于人的信任关系而发生，最终侵害的也是人的信任关系。

好的信任关系是好的心理状态、社会关系的基础。好的信任既包括应该相信什么，也包括不应该相信什么。这种对信任的理解、认知对孩子的成长至关重要。没有确立信任关系，或信任关系被破坏的孩子，日后走上歧途和被反噬的可能性就会增大。

» 道高一尺，魔高一丈，对孩子进行防诈骗教育应常抓不懈

目前，由于学校和家庭在防诈骗教育方面有很多规定动作，很多孩子的防诈骗意识和能力还是比较高的。但是，不法分子为了追求个人的私欲，采用坑蒙拐骗的方式不择手段地把目标聚焦在孩子身上，以侵犯孩子来满足自己的欲望。

他们利用孩子心智不成熟的特点，变着法子去侵犯孩子。所以，诈骗手段更新与反诈骗教育就一直处于"道高一尺，魔高一丈"的不断缠绕演进之中。对孩子进行防诈骗教育应该常抓不懈。要持续提高孩子的防诈骗意识，时刻提醒孩子要防范被骗。

对孩子来说，其本身在认知和行为能力方面的不成熟，使其在面对每一个精心设计的骗局，尤其是专门设计的"儿童盘"时，都非常容易"中招"。

传统的儿童拐卖诈骗，主要是利用监护人注意力盲区和儿童的信任与行动短板，比如给点好吃的骗走、假装熟人骗走、制造次生信任关系骗走等。

目前比较多的是通过手机游戏、聊天交友App等进行电信网络诈骗。这些诈骗手段主要也是利用监护人关注不足，孩子在游戏、购物、交友、追星等方面认知不足，甚至通过沉迷、威胁、心灵控制等方式进行设计。与传统儿童诈骗采用物质诱骗不同，现在针对儿童的诈骗更多的是利用精神上的引诱和控制。

» 家长对孩子进行防诈骗教育时容易存在的误区

让孩子记住哪些事不能做、哪些人是危险的就行

很多家长通过灌输的方式告诉孩子哪些事情不能做，哪些人可能是危险的等禁忌，要求孩子记住，借此来提升孩子的防诈骗能力，但这样做的效果是很有限的，因为骗子也是在不断更新诈骗的手段和内容的。

防诈骗教育不能只针对孩子，主要在于教育家长

有些家长认为把防诈骗教育做好，孩子学会了，就会百分百避免孩子受骗，这是盲目自信和责任缺位的表现。就防诈骗而言，对孩子的防诈骗教育是必要却不是最关键的部分，孩子永远是孩子，很难斗过邪恶的施骗者，唯一可以避免孩子被骗的方法在于家长不要把孩子长期暴露在容易被骗的环境之中。因为孩子被骗，不只是孩子的错，家长也有责任。

» 家长对孩子进行防诈骗教育，要讲究正确的方式方法

防诈骗教育可以提高孩子的识骗能力，降低被骗概率

家长对孩子进行防诈骗教育本身非常有意义。因为孩子防诈意识的提升在客观上增强了孩子的能力，也降低了被骗的概率，同时对于家长的监护半径而言是一种扩大，即孩子能够和家长一同抵御来自不友好环境的侵袭。

家长要告诉孩子，在防诈骗的事情上，家庭要一致对外

家长对孩子进行的防诈骗教育，应该是整个家庭教育的一部分。让孩子理解在防诈骗这件事情上，家庭是一致对外的，是坚不可破的，是最值得信赖的。在这方面，孩子无论出现什么问题，都不用害怕家长的责备与惩罚。

培养孩子对信任关系的认知和辨别能力

家长要加强对孩子在信任关系方面的认知和辨别能力的培养，让孩子能够理解家庭中的信任关系，也能够灵活辨别来自家庭之外的环境中的信任陷阱。

培养孩子对于物质需求、精神满足方面的正确理解

培养孩子对于物质需求、精神满足方面的正确理解，是为了避免孩子被外

人进行物质引诱和精神控制（正向的表扬与负向的威胁、恐吓等）。这其实已经是全人观的家庭教育了。

告诉孩子被骗后要及时告知家长和老师，通过游戏进行防诈骗教育

要让孩子知道，即使被骗，也不要害怕，要告诉家长、老师等，大人可以及时止损，且不会被触怒与转嫁责任。在进行防诈骗教育时，最好采用家庭情境设计的方式，相互扮演诈骗和防诈骗的角色，能够更有效地让孩子在玩乐中理解信任关系的不同情境。

» 如果孩子真的遭遇诈骗，家长要做好应对处理

要关注和判断孩子是否受到身体、心理和精神上的伤害，先呵护、维护和保护孩子，等到孩子脱离危险或者确认没有明显伤害再进行后续工作，尤其是不要将被骗的后果归因到孩子身上，指责、谩骂，甚至对孩子泄愤，被骗一定不只是孩子的错。

注意及时停止诈骗行为对孩子的伤害，并尽可能锁定现场、保留证据，为后续的权益维护做好准备。

及时报警和向相关部门寻求帮助，切忌陷入施骗者设计的陷阱。

等孩子情绪和心理恢复之后，再择机和孩子讲述这次事件对于成长的意义等，培育孩子的抗逆力。

如果孩子因被诈骗受到了身心伤害，需要及时对孩子进行心理疏导和心理治疗，避免导致心理创伤。

世上有鲜花也有大灰狼，家长要尽早对孩子进行防拐教育

大咖来了

王大伟，博士，教授，中国预防青少年犯罪研究会副会长，安全专家。

育儿贴士

家长应该在孩子两三岁的时候，就进行防拐教育。要告诉孩子，世界上有鲜花，有爱，但是也有大灰狼。这两种教育不能够偏颇，既要有爱心的教育，也要有防范的教育。

案例分享

一个10岁的小男孩不幸被一名年轻犯罪分子绑架。面对恐惧，他想起姥姥的话：不惹事，但惹上事不怕事。他保持冷静，先问犯罪分子："叔叔你有水吗？"犯罪分子给了他一瓶矿泉水，他喝了。又问犯罪分子："叔叔你有吃的吗？"犯罪分子找到了一块面包，他吃完了。吃饱了，喝足了，他开始给犯罪分子做思想工作。他说："叔叔你有小孩吗？"犯罪分子说："有啊。"他问："那你们家小孩多大了？"犯罪分子说："和你差不多大。"他说："我有一个问题，你们家孩子明天干什么？"犯罪分子说："上学呀。"他说："对呀，我也要上学呀。"这个时候犯罪分子突然良心发现，把孩子放了。孩子跑出去十步，犯罪分子突然说："回来！"小男孩说："怎么又让我回去？"犯罪分子说："你忘了拿书包，背着书包赶快跑吧。"这是一个孩子遇到危险时成功自救的案例。

» 犯罪分子诱拐孩子的手段主要有搭讪、偷盗和强抢

诱拐儿童是很严重的刑事犯罪，而且诱拐儿童对家庭所造成的伤害非常大，所以有必要把犯罪分子诱拐儿童的手段告诉家长。现在犯罪分子采用的手段主要如下。

搭讪

第一类是主动给孩子糖果和玩具，或带孩子去游乐园等好玩的地方，比如说：你吃方便面吗？你吃火腿肠吗？你想去游乐园玩吗？第二类是用孩子的爱心，请求孩子协助。比如说：我的小狗找不到了，你帮我去找小狗吧；叔叔阿姨不认识路了，你带我去找一找路吧。第三类是用新奇的事情吸引孩子，比如问孩子：你见过飞机没有？或者用iPad等一些新奇的东西吸引孩子。有一个顺口溜总结得很到位：叔叔阿姨在问路，小狗丢了请帮助。发给iPad和糖果，带你去看小动物。

偷抱

犯罪分子趁照看者不注意时偷偷把孩子抱走，如爷爷在公园里观看下棋，犯罪分子趁老人不注意时将孩子抱走。趁家人不在时抱走，如保姆独自一人在家带孩子，趁家人不在时将孩子抱走。趁家人短时间离开时抱走，如在公共厕所门前，家长委托熟人临时照看孩子，在家长进入厕所后，熟人将孩子拐走。

强抢

比如，孩子放学后，独自一人走在路上，犯罪分子抱起孩子就走。又如，孩子坐在自行车后座上，家长骑车时，犯罪分子伺机将孩子抢走。

所以，从孩子两三岁开始，家长就一定要告诉孩子向陌生人说"不"。比如有陌生的叔叔阿姨对孩子说："小朋友，你带我去找小狗吧。""小朋友，你告诉我路怎么走。"孩子就要说"不"。

家长要告诉孩子，我们要有爱心，要帮助其他的小朋友，但是你现在很小，还没有能力去帮助别人，可以让爸爸妈妈去帮助。一方面要进行爱心教育；另一方面要告诉孩子，你现在还没有责任，没有能力，说"不"是非常好的习惯。

防止孩子被拐卖，家长要了解两个预警和掌握十个方法

两个预警

时间预警：从月份来看，规律不明显。但夏、秋、冬季，特别是春节前后，气温呈上升趋势，是犯罪分子诱拐儿童的高发期。从一天24小时分析，上学、放学的时间段高发，下午5点到晚上10点高发，在这些时间段应格外提高警惕。

地点预警：单从地点来说，上学放学路上、学校门口、车站码头、公园、游戏场所都属于犯罪分子诱拐儿童的高发地带。

十个方法

1.带孩子外出时，要随时注意孩子是否在身旁或在视线范围内。切记不要一遇到熟人或感兴趣的事情，就只顾自己聊天或观赏而忘记了孩子，结果使孩子意外走失。

2.出门时，给孩子穿一件鲜艳的衣服。为什么？因为鲜艳的衣服很醒目，很容易被辨别和发现。

3.如果孩子走失，告诉孩子在原地站着，但不要坐下或蹲着。为什么？因为小孩子本来个儿就矮，比如说在讲堂里，要是有个孩子往地下一蹲，你就很难找到。这是家长一定要告诉孩子的小知识。

4.尽量少带孩子到大型商店、热闹街道、大型活动场所等地，以免因人多拥挤而走失。

5.教孩子拒绝陌生人的饮料、糖果、礼物和搂抱，不跟陌生人走等。提防犯罪分子以各种手段骗取孩子的信任，将孩子拐骗。

6.家长有急事时，千万不要让陌生人照看孩子。哪怕时间很短，也不能这样做。从以往的经验来看，在公共场所的厕所门前，孩子被拐骗的概率很大。

7.聘请保姆时，一定要查清其真实身份并掌握相关资料，防止引狼入室。找保姆要到正规场所。用工前要对保姆进行体检，包括身体检查和精神检查两个方面。要往保姆所在的村子或社区打电话，核验身份。

8.到幼儿园或学校接送孩子时，严格遵守有关规定，一定要使用"接送卡"，尽量别让外人替接孩子，防止犯罪分子乘虚而入。

9.告诉孩子家庭住址、父母工作单位的全称及电话号码,并让其熟记。告诉孩子在迷路或被拐骗时,应找警察或者拨打110。同时可以模拟特殊情况,让孩子进行演练。

10.熟记孩子的体貌特征及当日衣着特征,以备急用。如果孩子失踪,请及时报案。

» 预防孩子被拐卖,家长要学会用三级防范和六种解救方法

远期防范,在孩子两三岁时进行防拐教育

有一首小歌谣:"清晨太阳升在东,夜里马勺北斗星,街道门牌要记清,会认东南西北中。"第一就是孩子在两三岁的时候,他就应该知道东西南北,知道太阳升起来的地方是东,太阳落下的地方是西,晚上要去识别北斗星。第二是街道门牌要记清,就是家里是住在几门几号,怎么走。第三是如果孩子走路走得比较好的时候,就让孩子自己往家走,父母在身后跟着,看看孩子能不能走回家,这属于远期防范。

近期防范,孩子被拐走时使用的解救方法

1.要去广播,想办法找一个广播站、居委会或者大学等能够发布广播的地方,把丢失孩子的事进行广播。在广播的时候,一定要把孩子的特征讲清楚。比如,有什么胎记,穿的什么衣服,而且要把父母的姓名、联系电话都讲清楚。

2.马上去报警。报警也有很多技巧。如果丢的是不到一岁的孩子,你应该马上报案。千万不能耽搁,因为他不会走,丢失的最大可能是被犯罪分子拐走。

如果是3—6岁的孩子,可以稍微等一等,先到同学家里问一问。没上学的孩子可能是在附近玩。3岁左右的孩子走不远,他的活动半径不会超过1千米,所以不需要太担心。但如果丢失时间在半小时或一个小时以上,就要去报警。

如果是小学生不见了,大概在一小时之内去报警就可以了,但是也要给他同学的家长打电话问一问。

3.要自己去寻找。作为家长,不要以为报了警这个事就算完了,要赶快组织家里的人一块儿去寻找。孩子丢了之后,最好的补救办法应该是报警和自救相结

合。怎么寻找？这里总结出"十人四追法"：一旦孩子丢失了，母亲原地不动，父亲则发动亲友十个人向四个方向搜寻。

搜寻分成粗细两层，第一层粗的搜寻是在2千米以内，沿着大路赶快去追，这要安排4个人，一个方向1个人，以最快的速度追赶；第二层细的搜寻还是在2千米之内，主要到附近的火车站、汽车站去找。有时歹徒把小孩抱走后，会火速赶往火车站、汽车站，买张票马上就上车，所以我们要争时间抢速度。以上是8个人，剩下2个人，1个报警，1个留在家里。

4.邻里守望，要让邻居帮助看着家门，一旦孩子回来，赶快让邻居帮忙通知家长。

5.要把相关的防护知识教给孩子。核心的问题就是沉着、快速反应。特别是父母遇到这种事情的时候，千万不要惊慌失措。

事后防范，只要坚持寻找，总会有希望

如果孩子真的被拐了，家长要坚持不懈地找。现实中有的家长找了5年，有的家长找了10年，最后还是有找到的希望的。

推荐一个平安童操，比如说对于上幼儿园的孩子，家长就可以在家里，或者在外面的公园里教孩子做这个操。四句话分别对应四个动作："一个人上学校"，两个手做背包动作；"问我什么不知道"，做摆手动作；"低下头快点走"，做快走的动作；"追上前面小朋友"，做追小朋友的动作。这个平安童操能够加强孩子的记忆，把童谣和童操结合在一起，也就是要贯彻我们之前说的那个对陌生人说"不"。

如果孩子被绑架劫持，该如何应对呢？这里有一个顺口溜，家长要告诉孩子："斗智斗勇智为先，多听多看记心间，要吃要喝睡足觉，争取同情适度谈，学会留下小标记，拔腿就跑要果断。"

家长要告诉孩子，世界上有鲜花，有爱，但是也有大灰狼。这两种教育不能够偏颇，既要有爱心的教育，也要有防范的教育。

没有安全，孩子就不能健康成长，
家长要教孩子自我保护

大咖来了

许建农，北京市青少年法律与心理咨询服务中心理事长，"全国青春自护讲师团"讲师，全国维护妇女儿童权益先进个人。

育儿贴士

有的家长认为孩子的主要任务是学习文化知识，没有认识到安全自护教育对孩子成长的重要性；有的家长认为对孩子的安全自护教育就是书本知识的灌输，没有把知识的学习、技能的培养和良好安全行为的塑造结合起来；有的家长自己没有以身作则，在孩子面前表达和展现不正确的价值观、人生观和不健康的生活方式，漠视法律和规则，缺乏文明礼仪。这些不仅会对孩子今后的安全造成影响，而且有可能影响孩子未来的成长和发展。

案例分享

2024年4月，河南省郑州市发生了一起令人揪心的意外伤害事件。一名11岁的女孩果果在小区内捡到了一个防风打火机，出于好奇按下了打火机，由于未能立即看到火苗，她将打火机放置于衣服下方进一步观察。不料，这一举动导致她的衣服被点燃，上半身遭受特重烧伤。家人发现后，立即将她送往医院进行紧急抢救。这起事件不仅给果果及其家庭带来了巨大的打击，也再次提醒广大家长，儿童安全教育的重要性不容忽视。

» 没有安全，成长将无从谈起，家长要教会孩子自我保护

学习安全技能和培养安全意识可以让孩子知道哪些事该做哪些事不该做，增强法治意识和自控能力。比如，当有人拿着香烟、饮料免费送给孩子品尝的时候，

当有人请孩子去娱乐场所消费的时候，如果孩子能够拒绝这些可能存在危险因素的诱惑，说明家长平时对孩子的安全教育是到位的，孩子知道哪些东西不应该要，哪些地方未成年人不能去。反之，如果家长对孩子的安全教育不到位，孩子就可能被这些诱惑所吸引，孩子的安全就可能受到威胁。

孩子遇到的伤害不仅仅来自自然界、不法分子和所生活的社会及家庭环境，有时还来自人与人之间的交往和自我的心理冲突。当困难与挫折产生时，当心理受到冲击时，孩子如果掌握了人际沟通的能力和心理调适的方法，就能够化解心理问题，减轻心理压力，改善人际关系。强大的心理素质是孩子今后成长的内在动力，家长在平时一定要高度重视。

比如，公共场所不起哄，过马路讲规则，走路或者骑车不戴耳机，到陌生场所先看看逃生通道在哪里，在商场乘电梯时站在右侧，不过度使用网络，不在网上暴露个人及家庭的隐私信息等。这些行为习惯的养成不仅会给孩子带来安全，对于孩子综合素养的提升也具有重要意义。

家长要从安全技能的角度，让孩子掌握家庭安全、学校安全、心理安全、社会安全、网络安全及自然灾害逃生避险等方面的知识；要从安全意识的角度，让孩子养成生命第一、预防为主、避免侥幸、敢于说"不"等安全意识和安全思维；还要从孩子的发展角度出发，增强孩子的法治素养、文明素养、社会责任感、积极心态等，为孩子一生的发展筑牢基础。

» 孩子没有掌握自我保护能力，走向社会后存在诸多安全隐患

容易忽视身边可能存在的风险，甚至对眼前的风险熟视无睹

比如说，有的孩子夏天去游野泳，过马路闯红灯，吸烟酗酒，夜不归宿，这些行为不仅会对孩子的身心成长造成不良影响，而且会对孩子的生命安全造成威胁。

不懂得敬畏，缺乏边界感，影响法治素养的提升

比如，有的孩子由于家长的溺爱，在家中是小皇帝、小公主，到学校后我行我素，甚至欺凌弱小的同学。这样的孩子如果得不到有效的管理和矫治，将来就可能走上违法犯罪的道路，家长就会悔之晚矣。

容易受到不良诱惑的吸引，甚至会误入歧途

如色情网站、烟酒、毒品、赌博、邪教等，这些不良诱惑都对未成年的孩子有强烈的吸引力，如果家长没有教给孩子安全防护技能和安全意识，孩子一旦接触，往往会欲罢不能，最后身心俱损，影响一生。

家长缺乏对孩子安全教育的认识，在开展安全教育时存在误区

有的家长认为孩子的主要任务是学习文化知识，没有认识到安全自护教育对孩子成长的重要性；有的家长认为对孩子的安全自护教育就是书本知识的灌输，没有把知识的学习、技能的培养和良好安全行为的塑造结合起来；有的家长自己没有以身作则，在孩子面前表达和展现不正确的价值观、人生观和不健康的生活方式，漠视法律和规则，缺乏文明礼仪。这些不仅会对孩子今后的安全造成影响，而且有可能影响孩子未来的成长和发展。

» 家长提升孩子的安全意识和自我保护能力，这四点必不可少

家长的示范作用

家长的示范作用发挥得好，孩子的安全意识就会强；家长的示范作用发挥得不好，孩子就不能从家长身上学到好的安全行为和安全习惯，可能造成法治意识缺失，将来甚至有可能违法犯罪。为了孩子的平安与健康，家长要不断提升自己的素质与修养，要勇于改变自己的观念与行为，让孩子把家长当成身边触手可及的榜样。

家长要有主动学习的意识

家长要主动学习安全知识，提高安全素养。如果家长不学习安全知识，缺乏安全素养，当家长对孩子进行安全教育时，孩子就不会信服，甚至会质疑家长。所以，家长要在平时注意对安全知识的学习，注重自我的成长。

家长要有正确的世界观、人生观、价值观

拜金主义、享乐主义、无视法律、消极心态都会影响孩子的成长，影响孩子的规矩意识、规范行为的形成，会给孩子今后的成长带来隐患。

家庭中的安全教育要与家庭生活结合起来

家长可以和孩子一起去看电影、看展览、听音乐会，在这个过程中，家长要告诉孩子注意安全出口指示牌在什么地方，教育孩子远离人员拥挤的地方等。去公园娱乐的时候，家长要告诉孩子禁止乱写乱画、乱扔垃圾，以此来提高孩子的文明素质和法治素养。在家庭生活中，家长向孩子渗透安全知识，加强对孩子自护意识的培养，才能够让孩子把安全教育同日常生活中的事件联系起来，让安全自护教育真正落到实处，而不仅仅是空洞的说教。

第八章

参加家庭教育指导服务 促进"家校社"协同育人

中小学、幼儿园开展家庭教育指导，对孩子成长至关重要

大咖来了

晏红，博士，清华大学洁华幼儿园副园长，中国家庭教育学会专家指导委员会委员，中国高等教育学会家庭教育学专业委员会常务理事。

育儿贴士

有的中小学、幼儿园在开展家庭教育指导工作时，存在形式化的问题。在开展家长学校工作方面，也存在单向宣教多、互动沟通少，教材编排抽象、教学形式单一，师资力量薄弱、专业素养有待提高及一些公开或隐蔽的商业宣传和兜售行为等问题。这些问题都影响着学校的家庭教育指导工作质量。

案例分享

7岁的壮壮是个名副其实的"调皮大王"。父母工作忙，平时没有时间陪伴孩子，但又过分注重孩子的学习成绩，当壮壮的学习成绩不能达到他们的要求时，便施以暴力。长此以往，壮壮产生了厌恶学习的心理。针对这个情况，班主任张老师利用周末上门与壮壮的父母交流，帮助他们提高思想认识，转变他们的观念。交谈中，张老师建议：虽然工作日不能回来陪孩子，但每天晚上可以在固定的时间给孩子打个电话，聊聊孩子学校班级里的事、孩子身上发生的事……得知孩子表现不好时，要和孩子一起面对问题、解决问题。经过一个多月的家校共同努力，壮壮各方面的进步有目共睹，从一个令人讨厌的"调皮大王"，成为受大家欢迎的孩子。

数据说话

有学者针对我国学校家庭教育指导服务体系的现状、挑战与对策问题，选取我国东、中、西部共9个省（市）对学校领导、班主任和家长进行问卷调查，结果显示：家长最希望接受家庭教育指导服务的渠道是"学校"的比例最高，为66.9%。通过对接受过学校家庭教育指导服务的家长进一步了解发现，有96.7%"比较愿意"和"很愿意"继续接受学校提供的家庭教育指导服务，60.1%的家长认为学校提供的家庭教育指导服务对提升自己的家庭教育能力有"较大"或"很大"帮助。38.6%的学校至今没有组建一支专门的家庭教育指导服务队伍，远未达到新时代对学校的家庭教育指导服务的要求。[1]

» 家庭与学校合作，才能发挥共同促进孩子健康成长的作用

一个孩子，在家庭中扮演的是子女角色，在学校中扮演的是学生角色。角色虽然不同，但是所受教育应当一致。如果不同的角色要求产生教育冲突，不但会削弱教育合力，而且会给孩子造成认知冲突，为孩子整合教育成长经验带来挑战。

因此，家庭与学校需要教育一致、合作发力，才能发挥家庭和学校共同促进孩子健康成长的积极作用。在教育一致的时候，不同领域的教育特点和优势不同，不可相互代替。然而，家庭与学校的教育一致，并不总是天然形成的。

家庭教育的特点是私人教育，代表着家庭利益教育孩子。学校教育的特点是公共教育，代表着国家和社会的公共利益教育孩子，这是学校教育与家庭教育在教育性质上的根本不同。《中华人民共和国教育法》第8条第1款规定："教育活动必须符合国家和社会公共利益。"可见，育人目标是指向社会发展服务的，学校教育的公共性保证了学校在家庭教育指导工作中坚持正确的育人方向。

中小学、幼儿园与其他家庭教育指导主体相比，其独特之处在于学校组织对家长群体的凝聚力。把原本松散的个体按照一定的目标与规则进行结群，是社会管理的传统手段。例如，少先队、共青团、工会、妇女联合会，分别聚合了不同年龄或不同性别的群体，而家长来自各行各业，他们可以结成以地缘或业缘为范

---

[1] 边玉芳、袁柯曼、张馨宇：《我国学校家庭教育指导服务体系的现状、挑战与对策分析——基于我国9个省（市）的调查结果》，载《中国教育学刊》2021年第12期。

围特征的群体。

学校与家长以孩子的发展为共同目标与共同利益而结成教育共同体，家长则以班级为基本单位结成了具有一定组织性、比较稳定的功能性群体。这样，学校组织的制度性和教师群体的专业性，为对家长群体进行家庭教育指导提供了组织优势与专业优势。

» 中小学、幼儿园家庭教育指导存在的问题

中小学、幼儿园的核心工作是教书育人，由于家长是影响教书育人的重要因素，因此中小学、幼儿园一直都比较重视家庭教育指导工作。但是，由于家庭教育指导工作与中小学、幼儿园的教学工作有很大的不同，而有其自身的特殊性与专业性。如果中小学、幼儿园对此理解与操作不到位，就可能出现一些误区。

有的中小学、幼儿园在开展家庭教育指导工作时存在形式化的问题。例如，学校的家长委员会缺乏规范的制度建设与良好的运作机制，表现在家长委员会工作浮于表面、不够深入、形同虚设；有的学校在组建家长委员会的时候是直接"内定"的，家长委员会委员在家长群体中不具有代表性。

有的家长反映学校过度利用家长资源，名义上是支持学校工作，实际上是家长不得不做很多打杂的事情，家长委员会的功能被异化，家长委员会工作比较被动。在开展家长学校工作方面，也存在单向宣教多、互动沟通少，教材编排抽象、教学形式单一、师资力量薄弱、专业素养有待提高及一些公开或隐蔽的商业宣传和兜售行为等问题。这些问题都影响着学校的家庭教育指导工作质量。

» 新时代对中小学、幼儿园家庭教育指导提出了新的更高要求

加强家庭教育指导工作的制度化、规范化和专业化建设

家庭教育指导工作是中小学、幼儿园的常规工作，已经积累了很多经验。当今的家庭教育指导工作已经进入新时代，新时代对家庭教育指导工作提出新的更高要求，需要中小学、幼儿园以新面貌深入推进家庭教育指导工作。针对目前中小学、幼儿园开展家庭教育指导工作所存在的问题，中小学、幼儿园应该加强家庭教育指导工作的制度化、规范化和专业化建设。

要对家庭教育指导工作的意义有更高认识

在国家层面,家庭教育指导工作具有战略意义;在学校层面,家庭教育指导工作质量直接关乎现代教育制度的建立及教育现代化发展的水平。学校要在依法办学、自主管理、民主监督、社会参与的现代学校制度框架下,培养和提升家长参与学校教育的主动性与能力,引导社区和有关专业人士参与学校管理和监督,办好人民满意的教育,构建政府、学校、社会之间的新型关系。

要制定家庭教育指导工作规划,保质保量完成

要按照政策要求建章立制,制定家庭教育指导工作发展规划,切实将家庭教育指导服务纳入工作计划,保质保量地完成学期和学年工作任务,促进家长委员会、家长学校、家长开放日等多种工作方式的成效不断提高。

要建设一支专业化的家庭教育指导队伍

在学校工作中,班级教师是最了解学生、与家长直接接触最频繁的职业群体,他们的家庭教育指导水平直接决定了学校的家庭教育指导效果。家庭教育指导是一项专业性很强的工作,需要进行专业的学习与培训。因此,作为教师,不但要掌握系统的学科知识和专业的教学知识,还要掌握系统专业的家庭教育知识。

教师不但需要具备学科教学能力,还需要具备了解与分析家长需求的能力、设计组织与实施家庭教育指导服务的能力、与家长沟通的能力、个性化的家庭教育指导服务与咨询的能力,以及家庭教育研究的能力,这样才能胜任与教育教学工作一样具有专业性的家庭教育指导工作。

居委会和村委会的育儿指导，为父母的家庭教育保驾护航

大咖来了

储朝晖，博士，中国教育科学研究院研究员，中国高等教育学会家庭教育学专业委员会常务理事，中国家庭教育学会常务理事，中国家庭教育学会专家指导委员会委员。

育儿贴士

居委会和村委会开展家庭教育指导，意义重大。家庭是孩子最早、最主要的教育场所。居委会和村委会可以为家长提供家庭教育指导和资源，帮助他们更好地育儿，增进亲子关系，提高家庭教育质量。

案例分享

李女士在孩子出生后，带孩子经常感觉力不从心，一方面是因为缺乏科学的家庭教育知识，另一方面是因为缺少有共同话题的朋友谈心。她所在的社区开展了免费的家庭教育指导服务活动"家长课堂"，但李女士觉得免费的肯定不好，因而对这样的活动非常不屑。后来在社区里带孩子玩时，看到有的宝妈带着孩子去听课，一打听才知道，原来社区的"家长课堂"不仅有专家解答家庭教育问题，还有儿童乐园，让孩子们一起玩耍，锻炼社交能力。李女士参加了几次活动，高兴得不得了，还认识了社区里的一些宝妈，加入微信群一起聊天，带孩子的压力也缓解了不少。

数据说话

有学者基于全国八个省（自治区）的调研结果发现：有 **86.8%** 的社区工作

者认可社区工作能够在促进孩子品德发展、安全防护和身体健康发展方面发挥作用。可见，社区在发挥协同育人功能时的活动内容定位与家长实际需求存在偏差。①

》居委会和村委会开展家庭教育指导意义重大

家庭所处的环境，在城市里的称为居委会，在乡村的称为村委会。事实上，社区和村庄是孩子走出家庭以后，经常接触的外部生活环境，也就是家庭延展出来的外部环境。

所以，客观的关系决定了居委会和村委会对孩子的教育应该负有一定的责任。同时，居委会和村委会在孩子的教育中发挥作用的优劣，决定了所在区域孩子成长发展的状况。正因为如此，《家庭教育促进法》明确提到要"家校社"协同育人。

居委会和村委会开展家庭教育指导，意义重大。家庭是孩子最早、最主要的教育场所。居委会和村委会可以为家长提供家庭教育指导和资源，帮助他们更好地育儿，增进亲子关系，提高家庭教育质量。

同时，良好的家庭教育也有助于孩子的身心健康发展。指导家长了解如何建立积极的家庭氛围、处理教育中的挑战和困难，有利于孩子健康成长。通过向家庭提供教育指导，可以间接提升整个区域的教育水平。孩子在家获得的教育会直接影响到他们在学校和社会中的表现，从而对整个区域的发展产生影响。

》居委会和村委会开展家庭教育指导服务，存在多方面不足

家庭教育指导服务不均衡，工作人员专业素质不高

所谓不均衡是指有些地方重视，有些地方不重视；有些地方做得好，有些地方做得不好；有些地方产生的是积极的效应，有些地方产生的是消极的负面的作用。

---

① 邢雯、黄正明：《校、家、社协同视角下家庭教育指导服务体系的区域构建》，载《天津电大学报》2023年第4期。

一些积极开展家庭教育指导服务的居委会和村委会存在的突出问题是相关人员的专业素质不高。有些居委会和村委会的工作人员在举办家庭教育指导服务活动时，强制家长和孩子参与，甚至要挟孩子让家长一起参与，并且存在语言过激、态度蛮横等情况。

居委会和村委会都是为民服务的，如果强制家庭参与活动，或者通过孩子要挟家长参与，这种价值取向就是错的。错误的价值取向容易让孩子形成错误的价值观，甚至影响孩子的人生观，不利于孩子的成长和发展。

资源不足、专业性不强和覆盖面不足

有些居委会或村委会可能缺乏足够的资源，无法提供多样化、全面的家庭教育指导服务，如缺少专业的教育专家、培训资源等。同时，家庭教育指导内容相对单一，可能更注重一些普遍性的知识和方法，而忽略了不同家庭和孩子的特殊需求。

一些工作人员可能缺乏足够的专业知识和培训，导致提供的家庭教育指导不够全面、深入或有效。另外，提供的教育指导还可能无法覆盖到所有需要帮助的家庭，特别是在人力和时间有限的情况下。

宣传力度不够、活动形式不够多样

居委会和村委会在开展家庭教育指导时，往往缺乏有效的宣传手段，导致很多家长不知道这些活动的存在，难以受益。活动形式不够多样，家庭教育指导服务形式相对单一，主要以讲座或课程的形式进行。缺乏互动性和实践性的活动，难以吸引家长的参与。

有时候，居委会和村委会与家庭之间的沟通和互动不够密切，导致家庭教育指导的信息传递不及时或不够有效。

» 居委会和村委会家庭教育指导存在的不足会引发的问题

居委会和村委会开展家庭教育指导存在的不足，容易导致教育质量下降、孩子教育发展受限、社区教育水平下降、家庭关系不和谐等问题。

这些不足会对家长和孩子造成一定的影响。例如，家长可能会因为缺乏有效的家庭教育指导而无法科学地引导孩子，导致孩子在成长过程中出现一些问题，

如行为问题、学业问题等。此外，这些不足还可能导致家长和孩子之间的沟通和互动不足，从而影响家庭关系的和谐。

因此，为了提升居委会和村委会开展家庭教育指导的质量和效果，需要采取一些措施，如加强专业人才的培养、丰富指导内容、加大宣传力度、丰富活动形式等。同时，还需要关注不同家庭和孩子的特殊需求，提供个性化的指导和支持。

» 居委会和村委会开展家庭教育指导，要因地制宜，强化队伍

提升居委会和村委会工作人员素质

提供专业的培训课程，包括家庭教育知识、沟通技巧、心理学知识等，以提高工作人员的专业素养和能力。安排有经验的工作人员分享实践经验，让其他人从中学习，加强实操能力。建立定期的评估机制，对工作人员进行绩效评估，及时反馈和指导，鼓励优秀表现，促进提升。

有条件的居委会和村委会应设置家庭教育指导岗位

目前已经有大学开设了家庭教育本科专业，还有很多家庭教育方向的硕士研究生。建议有条件的居委会和村委会设置家庭教育指导岗位，吸纳家庭教育专业的毕业生来到岗位上工作。通过这种方式，可以吸纳更多的专业人员进入特定岗位，提升居委会和村委会的家庭教育指导服务能力，改善指导服务条件。

建立家庭教育指导服务工作机制

居委会和村委会家庭教育指导服务工作涵盖需求调查、计划制订、教育活动、资源整合、平台互动、效果评估、合作伙伴建立及宣传推广。首先，通过问卷、座谈、家访等方式了解家庭需求，制订具体指导计划。其次，开展多样化教育活动，如讲座、亲子活动、培训课程等，涵盖育儿知识、沟通技巧等。定期评估实施效果，及时调整实施计划。与机构、学校、志愿者组织等合作，扩大资源和影响力。最后，加强宣传推广，提高家长和社区居民（村民）的参与度和关注度。

家长也需要及时关注和积极参与家庭教育指导服务

家长应积极接受居委会或村委会的家庭教育指导服务，提升家庭教育能力。通过关注公告，参与讲座、亲子活动等，获取丰富的教育资源。加入在线社群，交流经验，获取指导信息。提出需求和建议，获得实际帮助。还可以作为志愿者分享经验，支持其他家庭。对特定主题有兴趣，可提议组织相关活动，邀请专业人士指导。

婴幼儿家长接受家庭教育指导，可以更好地促进孩子成长

大咖来了

陈苗苗，博士，首都师范大学青年教育艺术研究所国内研究室主任、副教授，中国儿童中心家长服务专家智库专家，中国家庭教育学会宣传教育专业委员会理事。

育儿贴士

婴幼儿照护和早教机构的家庭教育指导工作，近些年来确实取得了很大进展，无论是在形式、内容，还是在途径、载体、保障上，都有提升。但拓展进程中，也有一些问题显现出来。比如，家庭教育指导服务的利用率还有待提升，早期家庭教育指导师培训有"虚火"，服务质量良莠不齐。

案例分享

王女士在孩子2岁时，看到宝妈群里有人发早教课程的信息，说上早教的孩子比不上早教的孩子发展得好，以后学习能力也更强，于是花了1万元给孩子报了一个早教班。没想到，孩子上了几次后，就哭闹着不去了。原来，这个早教班就是找了几个大人帮忙看孩子，连专业的资质都没有，也不教孩子技能，孩子之间打闹也管不过来。王女士想退课退钱，没想到早教机构却说退不了。

» 为婴幼儿提供适宜的照护，有助于孩子身心全面发展

婴幼儿时期是儿童生长发育的关键期，在这个关键期，孩子的大脑和身体会进入快速发育阶段。为婴幼儿提供适宜的照护，有助于促进他们在生理、心理和

社会能力等方面全面发展。

"90后"家长在学习型社会、书香社会、自媒体环境下浸润成长,对育儿更看重科学性,对"摸着石头过河"这种育儿行为不感冒,希望能在"过河"之前、之中就得到科学的家庭教育指导,而不是过后后悔。

家庭是孩子成长的第一环境,如果家长能在育儿之初就受到科学引导,掌握发挥家庭教育功能的窍门,未来应对孩子的儿童期、青春期就会更游刃有余,对整个家庭教育事业来说,能起到很好的作用。

» 婴幼儿照护和早教机构家庭教育指导发展迅速,问题凸显

当前,婴幼儿照护和早教机构家庭教育指导工作的重要性,已被充分认识到,其进展脚步越走越踏实、越走越坚定、越走越快速。表现在:嵌入社区提供便捷的"家门口"家庭教育指导服务;从App到入户指导,家庭教育指导服务网络不断得以完善;家庭教育指导师培训开展得如火如荼。

婴幼儿照护和早教机构的家庭教育指导工作,近些年来确实取得了很大进展,无论是在形式、内容,还是在途径、载体、保障上,都有提升。但拓展进程中,也有一些问题显现出来。

家庭教育指导服务的利用率还有待提升

虽然不少城市的社区都有早期教育指导站,但家长因受理念、工作时间等各方面限制,很多时候无法充分利用这些服务。所以,对于婴幼儿照护,尤其是社区提供的公益照护服务,需要积极探索如何嵌入家庭中、如何和家庭育儿之间产生黏度。不能因为是公益,就忽略了利用率。

早期家庭教育指导师培训有"虚火",服务质量良莠不齐

新生代婴幼儿家长重视科学育儿,国家政策又好,这促使一些社会机构极其看好早期家庭教育指导师培训这个市场,这也导致这个市场出现了发证机关混乱、考证门槛低、高薪就业噱头多等多种乱象。乱象不仅容易影响人才培养质量,也会给0—3岁孩子家庭的科学育儿道路带来困扰,"庸医"更容易加重家长的育儿焦虑。

» 婴幼儿照护和早教机构做家庭教育指导，要满足家长需要

早教机构在开展家庭教育指导中对家长的育儿指导主要是在亲子活动现场的指导，往往以集体指导为主，较少开展一对一的针对性指导。集体指导时大多关注婴幼儿在亲子游戏活动中的表现，对孩子有活动的要求，但对家长却缺乏指导与约束，导致家长有效地把课堂上的内容延伸到实际生活中的能力不足。

婴幼儿家长所需要的家庭教育指导，应该是系统的、有实效的、共性与个性兼备的，同时也是便捷的。家庭教育指导要想提升满意度与利用率，就必须重视这些需求，在开展方式上加以满足。

线上线下的专家讲座

这是目前采用比较多的方式，不过其缺点是和家长之间缺乏互动，可以借助"家长成长沙龙"作为补充。

家长成长沙龙

家长们围绕主题讲座分享学习心得、育儿困惑，家长成长沙龙经常会让家长产生强烈的学习需求，进而发现，一次讲座难以完全消除自己的育儿痛点，这时候就可以用系列课程作为强化。

系列课程

比如，本人在和街道合作向社区家庭提供童书育儿服务时，就曾利用每天中午的时间给社区家长线上讲授如何分月龄为孩子选书、用书的系列课程。不过课程始终是基于共性的，不容易满足个性需求，所以"入户指导"的方式应运而生。

入户指导

入户指导可以使早期教育与因材施教相结合，比如有的家长面对自家孩子语言发育慢的问题，束手无策。我们就可以结合具体需求，给家长科学有效的引导，看似帮家长，实则是给孩子一个充分发展、受益终身的机会。

» 家长能积极接受家庭教育指导，可以更好地促进孩子成长

积极了解信息

一位母亲说，她在孩子23个月的时候，才知道当地政府给3岁以下宝宝的家长提供了一年12次免费在家门口参加科学育儿指导服务的事项，而且是出生就能申办的，她觉得参加得晚了很遗憾。但如果对比有些家长在孩子过了3岁之后还完全不知情，那她还不算十分遗憾的。可见，婴幼儿家长密切配合家庭教育指导的前提是积极了解信息。

积极参与活动

婴幼儿照护和早教机构在如何给家长提供刚需的育儿指导方面，也是煞费苦心。但令人苦恼的是，有时发布的专家讲座、家长沙龙、系列课程消息，即便是公益的，来参加的家长也是寥寥无几。虽然有些学习型祖辈会来参加，但毕竟对孩子影响力最大的养育者是父母。

而与之不对称的是，家长有时遇到育儿难题，感到力不从心、无人点拨。所以，要想消除这种不对称，家长也可以督促自己积极接受育儿指导，可能牺牲一点刷手机、躺沙发的时间，就可以给自己带来改变，给孩子带去机会。

主动提出咨询诉求

在学习效果上有一个"学习金字塔"理论，认为倾听和讨论比较，讨论的收获更大。这一点也启示家长，无论是参加讲座、沙龙还是系列课程，最好别错过主动咨询的机会。分享、咨询、讨论的确需要勇气，但成长也往往来自这里。因此，当婴幼儿照护和早教机构提供的家庭教育指导服务已经到来时，关键在于我们如何主动应用和深度应用。

为孩子做出改变

我们发现了信息平台，积极参与了活动，也主动提出咨询诉求，最后一步就是做出改变。比如，有的家长脾气很急，有了孩子之后压力大更急，获得家庭教育指导服务后，不能纸上谈兵，要做好孩子的情绪管理教练，就要真正做到自己做好情绪管理。这其实也正好印证了一句话：遇见孩子，遇见更好的自己。而这一切，如果有家庭教育指导服务的助力，会事半功倍。

家长要主动接受医疗保健机构的指导，促进孩子健康发展

大咖来了

马军，博士，北京大学儿童青少年卫生研究所原所长、长聘教授、博士生导师，享受国务院政府特殊津贴专家，全国中小学健康教育教学指导委员会主任委员，中华预防医学会儿少卫生分会主任委员。

育儿贴士

医疗保健机构可以在开展儿童保健、预防接种等服务时，向家长普及婴幼儿早期发展的知识，开展育儿方法和技巧指导，增强家庭的科学育儿能力，缓解婴幼儿家长的育儿焦虑。家长要主动了解和关注医疗保健机构提供的家庭教育指导服务的内容和方式，选择适合自己和孩子的服务项目，促进孩子的全面发展。

案例分享

35岁的王先生因儿子小明在学校的行为而感到烦恼。小明8岁，难以集中注意力，常与同学争执。王先生向医疗机构寻求家庭教育指导服务。经检查分析，小明与父亲王先生沟通有障碍，且王先生缺乏育儿技能、工作压力大。医疗机构为王先生提供了个性化家庭教育指导，包括沟通技巧培训、家庭活动安排等。医护人员还建议王先生更好地平衡工作与家庭。通过这些措施，王先生学会了更多育儿技巧，与小明的关系也明显改善。在医护人员的跟进与指导下，王先生成功应对了小明在学校的问题，为小明营造了一个更好的成长环境。

» 医疗保健机构开展家庭教育指导有较多优势

医疗保健机构包括医院、基层医疗卫生机构、专业公共卫生机构、其他医疗卫生机构。医疗保健机构是健康教育与健康促进的重要阵地，医疗保健机构开展家庭教育指导工作，可以促进家庭成员健康和预防疾病，而家庭是个体健康的基本单位，通过向家庭提供教育指导，医疗保健机构可以帮助家庭成员更好地理解和采取健康的生活方式，预防疾病的发生。

医疗保健机构具备专业的医护人员，包括医生、心理专家、社会工作者等，可以提供更全面、科学的家庭教育指导。此外，医疗保健机构有能力应对一些特殊家庭的健康需求，如应对孩子的发育障碍、行为问题和心理健康问题。

医疗保健机构可以提供综合性的服务和及时的干预。它们不仅关注孩子的身体健康，还关注其心理健康和发展，有助于家庭更全面地应对孩子成长中的各种问题。

医疗保健机构可以通过早期的健康检查和评估，及时发现孩子可能存在的问题，并提供相应的早期干预和家庭教育支持，从而防止问题的进一步发展。

医疗保健机构可以通过多项举措，促进孩子的健康成长。例如，医疗保健机构可以利用其专业知识和技能，向准家长和3岁以下婴幼儿家长提供科学育儿指导，帮助他们做好为人父母的心理准备和知识准备，以更加积极健康的心态陪伴孩子成长。

医疗保健机构可以在开展儿童保健、预防接种等服务时，向家长普及婴幼儿早期发展的知识，开展育儿方法和技巧指导，增强家庭的科学育儿能力，缓解婴幼儿家长的育儿焦虑。

医疗保健机构也可以通过家庭教育指导，促进孩子体格、认知、心理、情感、运动和社会适应能力的全面发展，预防和减少孩子的疾病和伤害，提高孩子的健康水平和生活质量。

» 医疗保健机构开展家庭教育指导面临的挑战

时间和资源限制

医疗保健机构通常面临时间和资源的限制，难以为每个家庭提供足够的个性化指导，也难以覆盖儿童的不同成长阶段，缺乏系统性和连续性，这可能导致指导的广度和深度受到限制。

专业领域限制

医疗保健机构的专业重点通常是医学和护理，而非教育学或心理学，这可能使得它们在提供家庭教育指导方面的专业性和深度受到一定的限制，不能形成网络化和多元化的家庭教育指导服务。

缺乏有效的评估和反馈机制

由于医疗保健机构的主要任务是提供医疗保健服务，它们可能难以对家庭教育进行长期跟进，不能及时了解服务效果和家长的满意度，从而难以快速调整和改进服务内容和方式。

医疗保健机构在开展家庭教育指导时需要认识到这些挑战，并努力寻找解决方案，以确保提供有效且适当的支持。

» 开展育儿指导要有系统的计划和方法，确保提供有效支持

制定明确的规划

制定家庭教育指导服务的规划和方案，明确服务的目标、内容、方式、时机、人员、资源等，确保服务的科学性和有效性。

培训医护人员与整合专业团队

医护人员需要接受相关培训，以提高在家庭教育方面的专业水平。同时可以与其他领域的专业人员合作，如教育学专家、心理学专家和社会工作者等，共同为家庭提供全面支持和指导。

建立有效的沟通机制

医疗保健机构应该与家庭建立良好的沟通渠道，建立信任关系。这有助于确保信息传递的准确性，同时也有助于家庭更好地理解和接受指导。

提供丰富的资源和工具

向家庭提供相关的教育资源和工具，使家长能够更好地理解和应对孩子成长

过程中的各种问题。

加强对家庭教育指导服务的监督

提升服务人员的专业水平和服务能力，定期对服务质量和效果进行评估和反馈，及时解决服务中出现的问题和困难。

定期跟进与反馈

提供定期的跟进服务，以确保家庭在实践中能够有效地应用所学的知识和技能。这也有助于及时发现和解决问题。

建立社区合作机制

与社区内的学校、其他组织等建立合作关系，形成完善的支持网络，共同促进儿童的全面成长。

评估效果

定期评估家庭教育指导的效果，并根据评估结果调整和改进服务方案，以确保持续提供高质量的支持。

» 家长要主动接受家庭教育指导服务，促进孩子健康发展

家长可以主动了解和关注医疗保健机构提供的家庭教育指导服务的内容和方式，选择适合自己和孩子的服务项目，积极听从服务人员的指导和建议。

家长需要认真学习和掌握医疗保健机构传授的科学育儿知识和技能，根据孩子的年龄和特点，采取合理的育儿方法和措施，促进孩子的全面发展。

家长可以及时向医疗保健机构反馈家庭教育指导服务的效果，提出自己的需求和建议，帮助医疗保健机构改进和完善服务。

公共文化机构开展的精品活动，可以为家庭教育赋能助力

大咖来了

鹿永建，中国教育学会家庭教育专业委员会常务副理事长。

育儿贴士

公共文化机构开展家庭教育思想传播、助力家庭教育知识推广、参与家庭教育技能培训，最大的优势是自带权威性。虽然现在社会上各个层面、各种形式的家庭教育产品丰富多样，但是来自公共文化机构的并不多。

案例分享

小许的妈妈热衷于带小许去各种各样的博物馆、美术馆、科技馆打卡，她觉得这样不仅能丰富孩子的知识，还能提升孩子的审美，室内的活动也比较安全。但是小许却不太喜欢，有些展览他看不太懂，觉得没意思，虽然展品旁边都有介绍，但上面还有很多字他都没有学过。小许的妈妈也觉得苦恼，自己也看不懂所有的文物和艺术品，没办法一一给小许介绍解释，她很希望公共文化机构能做点什么，帮助到和她一样的家长。

» 公共文化机构开展家庭教育指导服务，最大的优势是权威性

家庭教育指导是家庭外的机构、团体和个人对家庭教育的指导过程，主要包括对家庭教育的重要性进行宣传、对家庭教育的知识进行普及和对家庭教育中存在的问题进行指导。家庭教育指导服务体系是以政府为主导，以公共服务阵地和公共财政为基础，以专业技术为支撑，各系统充分履行职能，社会力量共同参

与，向家庭提供教育指导和服务的系统。

家庭教育指导服务体系具有公共性、普及性、多层次、多样化等特点。公共文化机构和相应场所，如大家耳熟能详的图书馆、博物馆、文化馆、纪念馆、美术馆、科技馆、体育场馆、青少年宫、儿童活动中心等，是传播知识与文化的重要阵地，自然应当成为开展家庭教育指导服务的重要场所。这一点在《家庭教育促进法》中已经明确，因此，开展一定的家庭教育指导服务，是这些公共文化机构的法定义务。

公共文化机构开展家庭教育思想传播、助力家庭教育知识推广、参与家庭教育技能培训，最大的优势是自带权威性。虽然现在社会上各个层面、各种形式的家庭教育产品丰富多样，但是来自公共文化机构的并不多。

人们走进公共文化场所，特别是走进图书馆、博物馆、纪念馆、科技馆、儿童活动中心等参观学习时，会不由自主地觉得进入了一个知识的殿堂，这对于相关机构开展家庭教育指导服务是比较有利的。

一般来说，进入这些公共文化场所进行参观时，比较主流的形式包括家庭自主开展的亲子式参观活动，学校组织的师生式参观活动，孩子们自愿结合的同侪式参观活动。这三种主流的参观形式，都是比较真实、有效且亲和力比较强的，如果公共文化机构呈现的内容比较好，可能使家庭指导服务的传播效果产生一定的叠加效应。

孩子们在这些文化氛围浓郁的场所接触到的家庭教育知识，更能润物无声地进入他们的心田，沉淀在他们的记忆中，影响他们的人际关系、生命成长和品格优化。

» 公共文化场所的家庭教育文化产品供给，容易平庸化

从现实情况来看，我国家庭教育指导服务体系建设还存在多方面的问题。公共文化机构在相关场所举办展览活动，有时座无虚席，有时却门可罗雀。同样的文化场所，功能没有什么调整，展览效果怎么会有这么大的差距？这个问题就出在展品上面。

中国家庭教育已走上大发展之路，但是人们交口称赞，又经过了时间考验的本土经典作品和本土大家并不多。一些家庭教育指导者培训走的是低门槛、多招

人、快出品、发证书的路子，令人感觉毫无含金量。

在这种情况下，公共文化场所的家庭教育文化产品供给，也相当容易走上平庸化之路，这是需要相关方面格外警惕的。

在这种现实情况下，家长和学校带着孩子们去这些地方学习家庭教育知识时，第一件事就是要分辨这些公共文化产品的品质，精心选择那些优质的产品开展家庭教育活动，宁缺毋滥。

» 公共文化机构开展家庭教育指导服务，一定要走精品路线

要与公共文化机构的地位相称

既然人们是带着进入知识殿堂的心态来的，那么公共文化机构就有责任提供与文化殿堂相匹配的家庭教育产品，不可辜负公共文化场所自带的权威性。

要与公共文化教育的资金来源相称

公共文化场所运营的经费大多来自财政拨款，最终是来自众多纳税人。因此有义务为每个纳税人提供服务。只有提供优质可靠、老少皆宜的家庭教育产品，才能最大限度地做到这一点。

容易达到反复传播的目的

移动互联网、智能手机，使得海量的信息每时每刻都在生成和传播。但是优质可靠、经得起质疑的知识产品依然是稀缺的。北京故宫博物院、上海博物馆、陕西历史博物馆等，一年到头，参观的人总是相当多，这应当成为家庭教育公共文化产品的榜样与追求。

» 走好精品路线，需要多方面的努力和探索

让精品路线成为我国相关公共服务体系的重要特征。推动校外优质教育机构开展家庭教育指导服务，能最大限度发挥精品路线与公共服务体系的优势和潜力。这既有利于加强家庭教育指导服务的创新探索，又有利于完善我国相关公共服务体系。

做好系统的顶层设计

从国家级博物馆、图书馆，到省级、市级，再到县级，乃至基层的乡镇、社

区文化场馆，包括美术馆、科技馆等，都构建起了一套覆盖广泛、层次分明的文化场馆体系。这一体系通过自上而下的层级架构，从顶层设计出发，为各层级场馆开展家庭教育服务提供全方位保障，确保服务的高品质与系统性。

目前中国家庭教育的优质资源和特别称职的品质"把关人"并不多，文化机构要与这些称职的品质"把关人"携起手来，确保公共文化机构家庭教育产品的品质。

进行精心的专业打造

保障公共文化机构家庭教育指导服务的品质，不能总是寄希望于把现有的家庭教育内容拿来就用，而是要更多地立足于参与优质家庭教育产品的生成过程。

值得庆幸的是，博物馆、图书馆、美术馆、科技馆等系统经过多年努力形成了比较高水准的学术规范。以此为前提，只要沉下心来与责任心强、追求高品质、专业储备深厚的家庭教育专业人士精诚合作，就能够打造出高水平的家庭教育公共文化产品。

无问西东，唯水平至上

在家庭教育公共文化产品的打造上，全球性、民族性和地域性三者的统一至关重要。然而，一味追求全球性，可能会"食洋不化"。过度追求民族性，也会食古不化，还可能产生其他问题。一味追求地域性，则可能导致产品格局狭小、缺乏大视野。特别是市级和县级的公共文化场所，如果没有真正有水平的地域性资源，就不要勉强凑数。因此，在家庭教育公共文化产品的打造上，要竭力避免形象工程、政绩工程和形式主义的出现。

允许质疑并提倡讨论

有一些家庭教育问题，比如"家庭教育中的管教，可不可以谨慎而理性地运用'轻微的肉体痛苦'作为管教手段"，在全球范围内都是争论不休的。家庭教育领域中既然有这些有待解决的问题，就可以在公共文化产品中把不同的意见详细介绍出来，让公众有所了解，并引导他们认真学习和讨论，作出自己的判断。

家长缺乏科学的育儿理念，要主动参加家庭教育指导服务

大咖来了

丛中笑，博士，教授，中国儿童少年基金会理事长，享受国务院政府特殊津贴专家，中国儿童中心原党委书记。

育儿贴士

一些家长教育孩子只凭经验或听别人介绍，缺乏科学的依据，采用的方式方法来自主观臆想的多，而不是依据孩子身心发展和成长规律，长此以往，就会引发孩子的逆反心理和负面情绪。家庭教育指导服务可以帮助家长树立正确的教育观、儿童观，家长在了解孩子身心发展规律的基础上施教，可以和孩子建立良好的亲子关系，孩子的接受度高，家庭教育的效果就会更好。

案例分享

明明6岁了，做事情总是磨磨蹭蹭，一开始父母总是很有耐心地给他讲道理，他每次都答应得很好，可是这个毛病总是改不了。明明的父母也采用了不少激励办法，效果却不尽如人意。为此，明明的父母经常压不住火气，大声训斥明明，久而久之，父母和明明的亲子关系越来越紧张。有些朋友建议明明父母，对孩子不要讲那么多道理，要严格要求、严厉管教。明明的父母很苦恼，不知道该找谁咨询，该怎么解决这个问题。

数据说话

有学者针对我国学校家庭教育指导服务体系的现状、挑战与对策问题，选取我国东、中、西部共9个省（市）对学校领导、班主任和家长进行问卷调查，

结果显示：31.4%的家长报告自己从未接受过家庭教育指导服务，其中78.6%的家长报告了原因，"没有听说过家庭教育指导服务，不了解"的比例最高，为30.4%；其次是"身边缺少提供家庭教育指导服务的机构"，比例为23.3%。高达84.5%的家长认为自身在家庭教育过程中存在困难，在教育孩子遇到问题时，家长较常采用的解决办法前三位依次是"自己在教育孩子中摸索解决办法"（57.9%）、"与朋友或其他家长共同探讨"（44.9%）和"与家人商量解决办法"（42.5%）。[①]

» 公益性家庭教育指导服务，政府要引导、鼓励和支持

公益性服务不以经济利益为目的，其本质是追求社会利益，并对社会发展和人民生活产生积极影响的行为。政府提供的公共文化服务基本上是免费服务，或者是低于成本、收费很少的服务。公益性家庭教育指导服务是政府、机构或个人为家庭提供的免费的，或者是低于成本、收费很少的家庭教育指导服务。

公益性家庭教育指导服务可以由政府直接提供，也可以由政府购买服务或企业赞助，可采用家庭教育讲堂、亲子活动、咨询指导等多种形式，旨在帮助家长科学育儿，不断提高家长的家庭教育素养和水平。

政府应该主动担当作为，做好顶层设计，依法规范家庭教育指导服务行为，加大对家庭教育支持指导的力度，把家庭教育纳入社区服务之中，形成便利的家庭教育指导"服务圈"。

《家庭教育促进法》第10条规定："国家鼓励和支持企业事业单位、社会组织及个人依法开展公益性家庭教育服务活动。"开展公益性家庭教育指导服务属于指引性而非强制性规定，政府要引导、鼓励和支持企事业单位、社会组织及个人为家长提供公益性家庭教育指导服务。家庭教育指导服务对于家长及其他监护人应该是公益的，这样可以确保家庭教育责任主体都有获得接受家庭教育指导的权利。

家庭教育是"国事"，它关系到下一代接班人的培养和未来人口的素质，不能把家庭教育当"生意"，这样会扰乱家庭教育秩序，影响教育的公平性，加大

---

① 边玉芳、袁柯曼、张馨宇：《我国学校家庭教育指导服务体系的现状、挑战与对策分析——基于我国9个省（市）的调查结果》，载《中国教育学刊》2021年第12期。

家长的压力和焦虑，让家庭教育"变味""变色"。

政府要把家庭教育指导服务纳入公共服务范畴，拿出更多的资金，并出台更多的政策支持、鼓励企事业单位、社会组织及个人依法开展公益性家庭教育指导服务，构建覆盖城乡的家庭教育指导服务体系。

» 家庭教育指导服务可以帮助家长树立正确的教育观、儿童观

家庭教育是教育的起点，具有奠基作用。从宏观上讲，家庭教育在落实立德树人根本任务中发挥着不可替代的作用。良好的品德和习惯是在实践中不断形成的，家长的榜样作用和家庭成员之间的互动关系，影响着孩子对人、对事的态度及行为方式。可以说，孩子的道德认识、道德情感、道德判断，以及行为处事的方式和习惯都起始于家庭，并在家庭中不断得到强化。

一些家长教育孩子只凭经验或听别人介绍，缺乏科学的依据，来自主观臆想的多，而不是依据孩子的身心发展和成长规律，长此以往，会引发孩子的逆反心理和负面情绪。

家庭教育指导服务可以帮助家长树立正确的教育观、儿童观，家长在了解孩子身心发展规律的基础上施教，可以和孩子建立良好的亲子关系，孩子的接受度高，家庭教育的效果就会更好。家长帮助孩子奠定了良好的发展基础，孩子未来的发展才会更顺畅。

» 家庭教育指导服务存在的不足

家庭教育指导服务覆盖面和可及性不够

家长学校主要集中在学校，在社区设置得还不够多。家长和孩子主要生活在社区，需要提供更多的"家门口"指导服务。让家长知道家庭教育指导服务在哪儿，可以找谁寻求帮助，这样才能够及时帮助家长答疑解惑。

家庭教育指导和服务的针对性还不够强

家庭教育与家庭环境、家庭成员之间的关系密切相关，我国第七次人口普查数据显示，中国的家庭类型呈现出多元化的特点，不同类型的家庭对家庭教育的需求不同，家庭教育指导服务机构应该加强研究，提高指导服务的专业性，有效

地解决不同类型和不同家庭的问题。

家庭教育指导服务的形式不够丰富，数量也比较少

很多学校和一些社区都成立了家长学校，但是每年开展活动次数较少，而且主要是举办家庭教育公益讲座。家长的知晓率不高，即便知道，产生的兴趣也不够大。实践性强是家庭教育的重要特点。家庭教育指导服务机构应该拓宽活动渠道，举办丰富多彩的活动。

» 做好公益性家庭教育指导服务，需要多措并举

加大对专业人员的培养

要做好公益性家庭教育指导服务，就需要心理学、教育学、社会学等多学科知识的支持。建议加大对专业人员的培养力度，加快推进我国家庭教育指导师的职业资格标准制度和职业资格评定工作，为家庭教育输送更多的专业人才。

加大社区家庭教育指导服务力度

应该按家庭分布合理布局，形成家庭教育指导服务网络和教育圈，为家长提供便利。可以将家庭教育指导服务植入现有的社区服务平台，解决无地方、无人员等问题。

服务的方式可以更加多样

除了集体指导，也可以提供个别指导和咨询；除了线下活动，也可以提供线上服务，以便家长随时学习和查询；除了邀请家长来参加，也可以走进家庭，提供一对一的服务。

建立长效机制

家庭教育指导服务机构要做好顶层安排和设计，有计划、有"人财物"和场地保证，只有这样才能确保家庭教育指导的可持续性。工作初期可以整合各方面资源，发挥学校、校外机构、专业社会组织、企业的作用，破解家庭教育的"三缺"（缺经费、缺场地、缺人）问题。

» 家长要主动参加公益性家庭教育指导服务

要提高认识

参加家庭教育指导服务是做好家庭教育的捷径，它可以帮助家长系统地了解家庭教育的规律和内容，掌握科学的教育方法，在短期内帮助家长解决家庭教育中的困惑。

家长不要认为，家庭教育指导服务可参加可不参加。应该提高认识，安排好自己的时间，坚持系统学习。

要勇于实践

参加家庭教育指导服务目的在于应用，家长要自觉地结合实际进行尝试。由于每个孩子的特点不一样，家长要根据自己孩子的情况实施教育。要多在实践中摸索规律、总结经验。

还要带着问题学习，多观察孩子，学会反思。家长要主动与指导老师沟通，在解决问题中提高家庭教育的能力和水平。

要善于使用家庭教育资源

随着《家庭教育促进法》的实施，社会对家庭教育的支持力度越来越大。家长要主动获取并利用资源，当然还要学会辨别，不要"乱投医"，要参加信誉度高的专业机构的指导活动。

"家校社"协同，
育人是核心，协同是关键，机制是保障

大咖来了

康丽颖，博士，首都师范大学教育学院教授、博士生导师，中国高等教育学会家庭教育学专业委员会副理事长，中国家庭教育学会常务理事，北京市家庭教育研究会副会长。

育儿贴士

在协同育人机制建设过程中，育人是核心，协同是关键，机制是保障。健全"家校社"协同育人机制，最终要完成立德树人根本任务，指向培养德智体美劳全面发展的社会主义建设者和接班人。

案例分享

冬冬妈妈最近很困惑很苦恼，原因是冬冬上了幼儿园后，她发现同龄的孩子参加了各种辅导班和兴趣班，还有各种拼音课、识字思维课、英语课。冬冬刚出生的时候，妈妈觉得孩子健康快乐就好，但随着孩子慢慢长大，即便是学校在"双减"，许多家长依然会在课外时间不断给孩子做"加法"。冬冬妈妈看到别人的孩子都在"卷"，也开始焦虑起来。自己也忍不住在社交网络上分享："我知道自己想让孩子成为什么样的人，也认可学校的培育方向，也明白社会到底需要什么样的人，可是这中间好像有些割裂，让我也很矛盾。"这一感慨也让很多家长产生了共鸣，他们表示一个人、一个家庭能做的太少，只好随大流。

» 育人是核心，协同是关键，机制是保障

"家校社"协同育人机制是指国家为推动教育目的实现，落实立德树人根本

任务，建立政府驱动、学校主导、社会支持、家庭参与、多元主体协作的共建共治共享的教育工作系统及工作原理。

在协同育人机制建设过程中，育人是核心，协同是关键，机制是保障。健全"家校社"协同育人机制，最终要完成立德树人根本任务，指向培养德智体美劳全面发展的社会主义建设者和接班人。

家庭教育是指父母或其他监护人为了帮助未成年人全面健康成长，在道德品质、身体健康、生活技能、文化修养及行为习惯等方面进行的培养、引导和影响。这种教育涉及孩子成为怎样的人，因此被视为塑造个人品质的重要教育。其中，道德教育扮演着至关重要的角色，因为家庭的氛围、文化和价值观都对孩子的教育产生着深远的影响。

学校教育是根据特定社会需求和受教育者身心发展规律，有针对性、有计划、有组织地传授知识技能，促进智力、体能及其他能力发展，塑造思想品德的系统性影响活动。它是一种系统化、社会化、规范化的教育形式。教师作为专业的教育从业者，在这个过程中扮演引导者的角色。

社会教育是指与学校教育、家庭教育并行的一种影响个人身心发展的教育活动。它的受众范围广泛，不仅包括儿童和青少年，还包括成年人，是一种全面的、面向社会所有成员的教育方式，同时也是持续终身的教育形式。社会教育既关注个体的社会融入，也注重个人终身发展。

社会教育采用多种多样的方法和途径，充满灵活性。其典型特征之一是实践性，社会教育工作者在丰富多彩的教育活动中充分发挥智慧、精心设计、精心组织，勇于创新，以促进个体的实践能力提升。场馆和社区被视为社会教育的主要场所，同时也提供家庭教育指导服务。

» 健全协同育人机制方面，还存在一些需要破解的难题

"家校社"之间目标不一致、责任不共担

"家校社"三方在协同育人时，利益和立场并非完全一致，也并非完全不同。例如，家长关注自己孩子成长，教师强调学生集体发展。家长希望教师能够承担和孩子学业相关的全部责任，而教师则希望家长把孩子的习惯培养好，承担更多

指导孩子学习的责任。

这导致家长和教师之间彼此不信任甚至相互指责。此外，一些学校忽视学生的差异性特征，甚至把家长当成批改作业的"免费劳动力"，把家委会当成"收费委员会"，甚至会举办一些无实质效果的家长集体性活动等。这些做法不仅无益于协同育人机制的构建，甚至还可能成为"家校社"关系紧张、矛盾冲突的根源。

部门之间关系不协调、资源不共享

"家校社"协同及家庭教育指导工作落实涉及多个政府职能部门，由于政府层面的信息交流机制及协同工作机制还没有完全建立起来，个别地方部门之间本位主义问题突出，权责边界不明，甚至履职不到位，导致配合不顺畅、行动不协调、资源共享及利用效率不高，致使工作合力不强，影响了协同育人工作的整体推进。

》"家校社"协同育人，要引导社会支持学校和家庭教育

以专业化家庭教育指导服务推进家庭家教家风建设

学校提供的专业化家庭教育指导服务已经全面启动。但是，多数学校开展的活动还仅仅停留在请专家和优秀家长举办家庭教育讲座上。由于缺乏专业的家庭教育指导服务工作者，各地开展的家庭教育指导服务工作良莠不齐，其科学性、专业性、有效性和针对性都有待提高。

儿童社会化是通过模仿和学习来实现的，父母和教师都是模仿的对象，社会环境中的人和事也会对他们产生潜移默化的影响，这就是我们通常说的父母与教师的言传身教和社会影响。

此外，家长在成长过程中往往没有受过如何为人父母的专业化训练，他们是在养育和教育孩子的过程中边探索边实践的。家庭教育指导服务要帮助父母通过发展社会化和孩子一起成长。父母与孩子的共同成长既包括父母因孩子成长而成长，也包括孩子因父母成长而成长。

以校风建设推动学校协同育人工作的深度开展

对于学校教师而言，虽然在入职前受过专业化的训练才持证上岗，但是，现

代社会教育情境的复杂性，使得入职前的一次性学习不可能受用终身，教师必须在实践中不断学习，才能不断成长。

教师应该引导家长理解孩子，帮助他们了解孩子成长的阶段性和顺序性特点，理解成长过程中亲子冲突的原因，掌握沟通和情绪调控的策略和方法，并运用沟通理性解决问题。以校风建设推动学校协同育人工作的深度开展，应该遵循如下路径：

吸纳家长参与校风建设，从私人领域到公共领域，正视家庭教育向社会生活和公共生活敞开的事实，帮助家长超越个体经验的局限。注重校风建设，推动家风建设，通过学生参与影响家长，帮助家长从个人利益诉求转向公共利益追求，从对孩子个体及当下发展的关注转向对儿童群体及未来发展的支持。

建设和谐的家校关系，营造沟通理解的共识型校园文化，指导家长从自发开展家庭教育转向群体自觉，通过学习、思考和实践，以稳定的情感、态度和价值观开展家庭教育，在形成正确的教育理念、掌握科学的育儿方法中，与学校教育相互补充、相互促进。

引导社会支持学校和家庭教育，形成"家校社"协同育人生态

民政、妇联、共青团、关工委及卫生、文化、文明办等部门相互支持和协同，带动育人环境、办学环境和家庭环境的整体优化。同时，基层政府组织、中小学幼儿园、社会教育机构、早教托育机构、医疗保健机构、新闻媒体和家庭教育服务机构等，要协同开展家庭教育指导服务。在对家庭教育指导的公共属性、家庭教育的私域特点进行规范的基础上，促进政府职能部门、社会组织、学校与家庭之间的共同参与、平等合作。

专业支撑，提升协同育人质量。高校和科研院所以科研成果促进政策和实践完善，把家庭教育、协同育人作为高校专业建设与人才培养重要内容。研发出台协同育人师范教育和教师职前、职后的专业培训体系、本土专业技术规范。着力培养一批致力于家庭教育和协同育人工作的骨干力量，在广大教师中传播普及专业知识。

营造尊师重教、协同育人的良好氛围。各社会主体积极开展奖教奖学、助教助学活动。发掘和推广协同育人先进事例和典型经验，利用公共媒体和网络宣传，促进家长提高家庭教育水平，鼓励家长参与孩子的教育，引导社会支持学校和家庭教育，形成"家校社"协同育人的健康教育生态。

"家校社"协同，
家长要主动与学校联系，用好社区资源

大咖来了

缪建东，博士，南京师范大学家庭教育研究院院长、教授、博士生导师，中国高等教育学会家庭教育学专业委员会理事长，中国教育发展战略学会教师发展专业委员会副理事长。

育儿贴士

家庭教育助力"家校社"协同育人，家长应主动与学校沟通联系，参与学校的家长活动及亲子活动等，积极参与教育过程，主动根据育儿需要，用好社区教育资源。

案例分享

小昭在学校里的成绩一直不尽如人意。刚开始，老师还会耐心地让同学们给他讲解题目，可是渐渐地，小昭不仅自己上课不专心听讲，还经常违反课堂纪律影响其他同学。老师了解到他在家里只顾着玩游戏，作业敷衍了事，对学习失去了兴趣，小昭的父母也并未将孩子的学业放在心上。家里迎来了二宝之后，小昭的父母根本无暇顾及小昭的学习，尽管老师多次提醒，他们依然放任不管。老师后来也失去了信心，为了不影响班级的整体教学，把小昭的座位调到了教室的最后一排，上课时也不再关注他。小昭的成绩一落千丈，在班上也变得沉默寡言起来。后来老师找小昭的妈妈谈话，妈妈说："老师，我们太忙了，真的顾不上他，孩子还麻烦您多费心了，哪有教不好的学生呢？"老师听后更加无奈，表示家长的参与不仅是一种监督，也是一种支持和关爱。

» 家庭教育与学校教育、社会教育各有侧重

家庭教育是指父母或者其他监护人为促进未成年人全面健康成长，对其实施的道德品质、身体素质、生活技能、文化修养、行为习惯等方面的培养、引导和影响。家庭教育是做人的教育，是教育孩子成长为什么样的人的教育。

学校教育是教育者按照一定的社会要求和受教育者身心发展的规律，对受教育者实施的有目的、有计划、有组织地传授知识技能，发展智力、体力和其他能力，培养思想品德的系统性影响活动。学校教育是系统性教育，是社会性教育，是规范性教育。

社会教育是指与学校教育、家庭教育并行的，影响个人身心发展的社会教育活动。社会教育的对象十分广泛，既包括儿童、青少年，也包括成人。社会教育是面向大众、面向全体社会成员的教育，也是终身教育，既关注人的社会发展，又关注人的终身发展。

在家庭、学校、社会协同育人问题上，三者均发挥着极其重要的作用，但各自又有其侧重。

作为家庭，首先应着眼于立德树人这一总目标，培养全面发展与自由发展的未来社会合格成员。从方法上看，家长应充分了解学校教育的特点与规律，主动与学校教师进行沟通与对话，了解学校、班级、教师的不同要求，介绍孩子的发展情况，征求教师对孩子教育的建议。从途径上看，家长可以充分利用现代通信手段与学校建立联系，通过微信、QQ、电子邮件、班级网站等方式参与教育过程。作为学校，应尊重家庭在学生教育培养过程中的伙伴作用。致力于相互尊重，共同劳动，平等协作。作为社会教育机构，应承担家庭教育指导服务职能。三者相辅相成，彼此协同。

» "家校社"协同育人，亟须达成目标共识

需要进一步达成目标共识

"家校社"协同育人存在目标认同不一、协同机制单一、主体功能发挥不足、协同互补不够等问题。需要进一步达成目标共识，应树立全面的人才观，坚持人人皆可成人成才的理念，改变唯分数至上、唯学习至上、唯好学校至上的理念。

需要树立现代儿童观和正确的家长观

需要树立现代儿童观，充分认识到儿童是成长中的个体，是发展中的个体，是独一无二的个体。关注孩子的需求，理解孩子的能力，了解孩子的精神世界，需要树立正确的家长观。家长是成长中的个体，也是家庭教育的主体，应全面提升自己的素养，传承创新优良家风，榜样示范、身体力行，探寻有效的家庭教育方法，践行科学的家庭教育理念。

需要畅通高效的协同育人机制

家长要敞开心扉，善于学习，注重交流，不断提升育儿本领，理解不同育人主体的教育要求、教育方法与教育风格。充分使用好各类教育平台，创新并拓展协同育人的渠道，建立长效、稳定、有效的协同育人机制。家长是家庭教育的主体，是学校教育的重要伙伴，更是社会教育的重要参与者，应积极参与社会教育，融入社会发展进程。

» 家长要主动联系学校，参与社区活动

家长应主动与学校沟通联系，参加学校组织的活动

为了更好地了解孩子在学校的情况，家长应该主动与学校建立联系，积极参与学校组织的各项活动。通过与学校沟通，家长可以及时了解孩子的学习进度、课堂表现、作业情况及与同学的关系等，从而更好地指导孩子学习。同时，家长也可以参与学校的家长委员会、家长学校和家长会等，与其他家长交流育儿经验，共同成长。为了提高自己的家庭教育水平，家长还可以接受家庭教育指导服务，学习先进的家庭教育理念和方法，为孩子的成长提供更好的支持。

家长应该积极参与社会教育活动，用好社区教育资源

家长作为孩子成长过程中的重要指导者，不仅要在家庭中给予孩子关爱和教育，还要积极参与社会单位和社区组织的各项活动，充分利用社区教育资源，提高自己的家庭教育能力。家长可以通过参加社区组织的家庭教育讲座、亲子活动、志愿者服务等，与其他家长交流育儿经验，学习先进的家庭教育理念和方法。

家长应帮助儿童适应学校生活

孩子进入学校后，物质环境、精神环境以及生活制度等都发生了改变，规则和要求也大不相同，因此孩子需要一个逐步适应与调整的过程。家长则要认识和理解学校教育系统的基本理念、做法与要求，与学校、教师建立联系；需要重新认识孩子，帮助他们尽快克服种种不适应，调整生活节奏，保持良好情绪，完成角色的转换，从而顺利进入学校的学习生活。

家长应该理解儿童学习的本质

家长应该为上学的孩子创造良好的家庭学习环境和气氛，包括提供整洁而安静的学习环境，必备的学习用品，注意自身的榜样示范等。帮助孩子养成良好的学习习惯，包括安排好学习时间，集中精神读书、预习、复习，按时、认真完成作业，爱惜书本和学习用具，自己准备上课用具等。

努力激发孩子的学习兴趣，保护孩子的好奇心，提供好书，鼓励阅读，教给孩子基本的学习方法，提供展示学习效果的机会等。抓住生活中的有利时机开发孩子的智力。可采用具体、生动、形象的方式，如游戏，培养孩子的观察力、想象力、记忆力、注意力和思维能力。

家长应掌握儿童心理健康的知识

家长应避免"重身轻心"的教育倾向，帮助孩子了解自我，形成正确的自我概念；注意培养孩子稳定、积极、乐观的情绪，从而形成自信、勇敢、不怕困难、不任性等良好个性；加强对孩子情绪、心理的指导，创设适当的环境，丰富他们的情感体验，引导他们学会控制并合理发泄和转移自己的情绪；加强对孩子人际交往特别是同伴交往的心理指导，帮助孩子提升社交技能，让他们合理处理社交冲突，培养人际交往所必备的心理素质。

家长应提升自身网络素养

家长要了解人工智能，学习人工智能的基本概念和原理，鼓励孩子探索学习人工智能的知识与技能，培养孩子的创新思维；关注数据隐私和安全，了解监督孩子的网络活动；充分认识网络学习的个性化价值，鼓励孩子在适合自己水平的前提下找到自己的学习方法，激发学习兴趣，增强学习体验。

学校对家庭和社会不应发号施令，
而应共担使命协同育人

大咖来了

窦桂梅，博士，清华大学附属小学校长、特级教师、正高级教师，清华大学教育研究院基础教育研究所所长，中国教育学会副会长。

育儿贴士

关于教育，学校对家庭、对社会从来不应发号施令，而应共担使命。在"家校社"协同育人的关系中，学校应更多发挥"指引者""促进者"和"赋能者"的作用。很多家长把家庭教育当作为学校教育服务或对学校教育的"简单配合"，其实这是本末倒置。

案例分享

刘女士是一位事业成功的妈妈，她和爱人的工作都非常繁忙，忽略了日常生活中对孩子的陪伴。他们把孩子成长完全寄托在学校教育上，认为孩子只要去上学了，就是在接受教育，学校应该独自完成孩子的教育任务。随着时间的推移，家长与孩子之间关系日渐疏远。因为缺乏父母的及时引导和必要关怀，刘女士的孩子在学校表现出一些明显的问题，包括学习时注意力不集中、与同学关系紧张等。学校多次尝试与刘女士夫妻沟通，希望他们能更多地参与孩子的成长，但他们总是说："我们工作实在太忙了，孩子就拜托给老师们了，孩子上这么好的学校，就是相信学校能帮忙教育好孩子。"长此以往，孩子的问题越来越严重，却无法通过"家校社"协同得到有效解决。

> **数据说话**
>
> 有学者针对学校视角下的"家校社"协同育人现状与问题，对我国八省（自治区）进行的研究显示：校（园）长和班主任中超过87%认可学校在协同育人中的指导与服务作用。52.3%的学校开设了家长学校，其中小学的比例最低。86.6%的学校设立了至少一个层面的家委会。协同育人活动中，绘画、运动等兴趣培养活动和公园春游秋游等亲子活动较为普遍。[①]

» 学校应指引家长学习正确的教育理念和科学的教育方法

《家庭教育促进法》的实施开启了中国父母"依法带娃"的新时代。关于学校教育在"家校社"协同育人中充当怎样的角色，或者说发挥怎样的作用的问题，本人认为要从"促进法"的"促进"中去寻找答案，思考学校对家庭教育的"促进"策略，给予家庭教育正确的指引，但绝不是让学校替代家庭、替代社会，把育人责任全部放在学校身上。

在家庭教育扮演的角色日益重要的当下，家长们对学习如何科学育儿的需求也在不断增加，学校作为育人主体要充分发挥主渠道作用，和家庭结成更紧密的教育同盟，营造家校协同高质量育人的生态，共同保卫童年，守护好童年的生命底色。学校更是应责无旁贷地去指引、帮助和促进家长学习正确的教育价值观、教育理念和科学的教育方法。

关于教育，学校对家庭、对社会从来不应发号施令，而应共担使命，于是在"家校社"协同育人的关系中，学校应更多发挥"指引者""促进者"和"赋能者"的作用。政府的教育方针、政策相对是长期和稳定的，家庭教育的具体行为和实操方式又是较为灵活而多变的。相对而言，学校教育是一个更利于"动态调整"及"资源调配"的协同中枢。

学校一方面要适时踩住"刹车"，回看并不断优化育人环境与内容；另一方面也要及时为学校迭代踩下"油门"，全面落实儿童高质量学校生活，引导学生全面发展。在"家校社"协同育人的理念下，学校必须长期致力于"家校社"协

[①] 罗芮、陈福美、罗玉晗等：《学校视角下的家校社协同育人现状与问题分析——基于我国八省（自治区）的实证调查》，载《中华家教》2022年第6期。

同育人体系的建设和优化。

» 学校是专业的教育机构，要发挥教育的专业性"促进"作用

学校作为"双减"后的"教育责任主体"，在厘清自身功能的同时，应深入理解学校对家庭教育"促进"的定位，主动寻找家校关系的难点与卡点。比如，每一个家庭特点不同，监护人的价值理念、生长环境、行为方式等各异，他们对孩子的培养目标不同，儿童遗传与生理特征不同，儿童的知识结构、体系和基础也不尽相同。因此，学校务必要从中寻找教育的"最大公约数"，在尊重多样性的基础上，找到更广泛、适用的育人方法。

家校共育的主体关系失衡，是指在家庭和学校之间，在权责和参与程度上存在不平衡的情况。这种失衡可能导致家庭与学校之间的有效合作受阻，影响学生的综合发展。在这种情况下，家长往往扮演着被动的角色。这会限制家长对孩子教育的自主性，导致家校共育的效果不尽如人意。很多家长把家庭教育当作为学校教育服务或对学校教育的"简单配合"，其实这是本末倒置。

家庭，承载着温暖的情感、血脉的传承、深厚的亲情以及日常生活的点滴，首要责任便是守护和延续这些珍贵的内核。而良好的家庭关系维系，是子女接受优质教育的前提，为教育的顺利开展提供坚实的情感土壤和稳定的成长环境。学校是专业的教育机构，要发挥教育的专业性"促进"作用，全面落实儿童高质量学校生活，引导学生学会求知、处事、为人，促进"家校新关系场域下"的教育生态行稳致远，带动全社会共同为儿童安全、自由、创造性的学习生活保驾护航。

与学校相比，家庭的合作共育能力相对固化。受到家庭经济水平、受教育程度等因素的影响，在协同育人过程中，各个家庭的参与水平表现出分化的状态，家庭的合作共育能力常常低于学校的合作共育能力。但学生的成长是连续的过程，学校教育与家庭教育对学生而言是无缝切换的。

实现教育培养的一致性，可能受到信息传递不畅、理念不一致等因素的阻碍，因此，家校的沟通至关重要。家校合作需要教师与家长进行频繁交流，但一些教师和家长缺乏良好沟通的技巧和策略，导致无法有效地进行沟通合作，影响

了家庭教育与学校教育的良性互动。

此外，协同育人还面临着资源不均衡的问题。在资源匮乏的地区，学校可能难以提供足够的支持和帮助，导致家庭教育的不足。因此协同育人需要更多社会资源的参与，以确保每个学生都能得到平等的机会和支持。

》学校教育助力协同育人的制胜法宝是共同构建和谐场域

多元联动治理，发挥社区、街道等社会力量的作用

在我国人口可持续发展面临问题与挑战的当下，可以将促进家庭教育"时间段"的起点大胆前移，家庭教育不仅可以是伴随整个义务教育阶段的"平行存在"，还可以延展至学龄前、婴儿期，甚至青年男女的新婚期、备孕期。政府部门、街道社区、相关机构等各方，可以早在青年男女办理结婚证的前后时段即推出相关专业培训，随后对备孕家庭、新生儿家庭、婴幼儿家庭、学龄儿童家庭等分类开展随访培训，按需提供科学指导。

澄清多种声音，打通家校共育"信息对称"的"无限循环"通道

清华附小的班主任常把沟通当作"促进"的必要方法，与家长定期不定期地进行交流沟通。比如，设立"家校沟通日"，学校和家庭进行多点和多面的全方位交流，视家长为教育的同路人、同盟军，从而激发家长潜在的教育能量。学校为家长搭建共同学习、成长的平台，赋能家长和家庭成长，打造"成志家长学校"，旨在"答家长之最疑，解家长之最惑，授家长之最需"。

同时，学校成立学校、学段和班级的"三级家委会"，真正让家校活动全面走向自觉自治。还搭建了家长课程资源平台，成立了家校共育研究中心，让家长成为学校课堂育人的助力者。

建立多维榜样，"家校社"联合开展评选活动

清华附小每年都会分年段开展"成志好家风"评选活动，旨在传播、共享学生家庭教育中不断涌现出来的好家风事例，因为一种好家风就是一种好教育，多种家庭榜样就是多维度的良好家庭教育。

提供多种选项，设置公益心理咨询中心，给予家庭特殊关爱

对有特殊需求的家庭和儿童，建立"点对点"的支持系统，免费开通热线服务，提供个性化、多选项的菜单内容，包括专业的心理教师帮扶、社区公益服务支持等。该系统应采取自选预约制度、线上线下灵活方案，同时，不仅面对学生、家长及其他家庭成员，更全面覆盖学校管理层、班主任及科任教师，切实解决相关各方在家庭教育现实"促进"场景下面临的困惑与存在的盲点。

"家校"是协同育人主体，有社会助力才能发挥最大效能

大咖来了

洪明，博士，中国青少年研究中心少年儿童研究所副所长、研究员，国务院妇儿工委办公室儿童工作智库专家，中国青少年研究会副秘书长，中国家庭教育学会常务理事、标准工作专业委员会副理事长，中国高等教育学会家庭教育学专业委员会常务理事。

育儿贴士

"家校社"协同育人，首先就是要发挥好各自的育人功能。社会教育机构要开发好相应的产品，提高育人质量，扩大服务范围，提高教育活动的吸引力，打造品牌活动。比如，电视台少儿频道要根据青少年需要和收看特点设置栏目；爱国主义教育基地在开发产品时要符合儿童认知特点和活动特点，既要把活动开展得有意义，又要把活动变得有意思，还要便于孩子们参与。

案例分享

子涵妈妈最近觉得很焦虑，原因是子涵今年刚上小学一年级，迈入了新的成长阶段，接踵而来的是许多育儿问题。子涵妈妈不想"卷"孩子的成绩，想带她多学习历史文化知识，提高美术音乐素养，却不知道怎样入手；她想给孩子做一些生命教育、心理健康教育和性教育，却不知道怎么入手；她还想带着孩子多结交朋友，奈何自己的交际圈也不广……尽管学校会开展一些家长课堂，但仍然无法满足需求，她常常想，要是社会能够提供更多的便利和支持就好了。

数据说话

有学者针对学校家庭社会协同育人机制问题，对全国22个省份进行调查研究，结果显示：校家社在协同育人中各有优势，但家长和教师都各自认为承担了较多责任。40%以上的家长认为家庭承担的责任最多，90%以上的教师认为学校承担的责任最多。40%左右的家长和教师认为校家社协同没有达到相互补充、相互促进的效果。育人机制不完善、不畅通是影响协同育人的重要因素。调查发现，领导小组或联席会议机制没有建立或运行不畅（61.21%）、部门间协同度较低（69.41%）、上级政策支持不够（58.39%）、没有建立评估制度（57.84%）等问题较为突出。值得注意的是，家长、教师和社会组织都认为需要以各级党委和政府为牵头部门，组建包含教育、妇联、关工委、民政在内的多部门协调机制。[1]

» 社会教育既有对青少年的教育，也有对家长的教育

了解社会教育在"家校社"协同育人中充当了怎样的角色，就要首先了解一下社会教育的含义。

社会教育有广义和狭义之分，广义的社会教育是有意识地培养人，并且让人的身心得到发展的社会活动。包括社区、青少年官、博物馆、科技馆、大众传媒、剧院、公园、艺术节、文化节等所产生的各种教育影响。

狭义的社会教育是政府、社会或团体以及个人所设立的文化教育机构，对全社会成员，包括青少年在内，进行有系统、有目的、有组织的独立教育活动。比如各种青少年爱国主义教育基地、研学基地、青少年官（活动中心）等。

要发挥青少年社会教育的协同功能，应该对社会教育进行简单的分类，不同类型的社会教育具有不同的功能和协同方式。

青少年社会教育大致可分为五大类型：

一是独立的社会教育（校外教育）实体机构。主要是面向青少年开展校外教育的实体单位，既承担教育职能，又用于教育资源开发，如青少年官、青少年活

---

[1] 康丽颖、顾理澜、姬甜甜：《健全校家社协同育人机制：政策内涵、现实困扰与工作路径》，https://baijiahao.baidu.com/s?id=1791949786111940720&wfr=spider&for=pc，最后访问时间：2025年2月19日。

动中心、爱国主义教育基地、研学基地等。

二是兼具青少年教育功能的各类实体单位。这些单位不一定全部面向青少年，比如社区教育中心、科技馆、博物馆、文化馆、天文馆、动植物园等。

三是具有教育资源，但不具有青少年教育职责任务的单位。比如工厂、农场、军队、部队、大学、科研院所等。

四是其他校外教育资源。如老干部、老战士、老专家、老教师、老劳模等"五老"人士。

五是青少年校外教育培训机构。这类机构的教育培训往往是学校教育的延伸，有人称之为"影子教育"。

家庭是第一所学校，家庭教育是学校教育和社会教育的基础；学校教育是国家开展教育实践活动的主渠道，是有目的、有组织、有计划的教育；社会教育是家庭教育和学校教育的外部环境及重要补充，在"家校社"协同育人当中不可或缺，对青少年教育起重要的补充作用。在协同育人视角下，社会教育既指直接面向青少年的教育活动，也包括对青少年父母的指导服务，也就是我们所说的家长教育。

» 社会教育参与"家校社"协同育人，机遇与挑战并存

社会教育在参与协同育人上面临资金和资源方面的困难

开展任何活动，都要有专项活动经费。许多青少年教育的场馆和基地并非政府全额拨款，需要挣钱才能运转。有的青少年社会教育机构缺乏必要的资源，比如场地、教育教学设施等。社区担负着青少年教育的重要责任，但是它们绝大多数缺乏专门的场地和设施。

缺乏专门的人才

开展青少年教育需要专门的教育人才，但是许多青少年社会教育机构没有专门的教育岗位，缺乏专门人才，往往一个人顶很多人用，没有经过专业培训，这样一来很难提供优质的社会教育服务。

缺少好的青少年教育服务和家长教育服务的项目

这些既与专业人才数量不足有关，也与资源有限有关。有些社区虽然搞了一

些青少年教育活动、亲子活动和家庭教育指导服务，但是吸引力不足，一些青少年和家长兴趣不大，有的只是面上的工作。

社会教育与家庭教育和学校教育的协同制度、机制还有待细化

"家校社"协同育人是一个复杂的合作行动，怎么协同、如何分工，其动力机制、合作收益、边界、资源保障等，都有待深入研究，也有待变成具体政策。

》"家校"是主体，有社会教育助力，才能发挥更大效能

进一步研究制定《家庭教育促进法》的实施办法

各地应该结合地区特征，制定符合本地区实际情况的实施办法。开展协同育人是一项极其复杂的工作，全国地域比较广，各地区情况有所不同。有的地区协同育人基础好，经济社会发展水平较高，开展起来就相对容易；而有的地区教育和社会资源相对不足，不能照搬照抄其他地区的经验。因此，各地区需要因地制宜，结合本地区特点制定好实施办法。

社会教育机构要主动作为，发挥优势，开发适合青少年的教育产品

"家校社"协同育人，要发挥好各自的育人功能。社会教育机构要开发好相应的产品，提高育人质量，扩大服务范围，提高教育活动的吸引力，打造品牌活动。

比如，电视台少儿频道要根据青少年的需要和收看特点设置栏目；爱国主义教育基地在开发产品时要符合儿童认知特点和活动特点，既要把活动开展得有意义，又要把活动变得有意思，还要便于孩子们参与。

要加强与学校协同，做到优势互补

学校是育人的主渠道，社会教育是学校教育的补充，学校的优势在于其高度的组织性和专业性。

一是社会教育要善于借助学校资源，解决自身专业性不够的问题；还可以借助学校的组织优势，为自身提供"生源"。

二是社会教育机构要发挥好自身优势，服务好学校。可以开发一些项目变成校外选修课程，可以开放一些资源使之成为青少年实践场所，还可以提供一些专

门的人力资源丰富学校的课程，补充师资等。

三是"双减"政策出台后，课后服务成为学校和家长面临的一个挑战。社会教育机构应该发挥自身优势，探索课后服务的有效途径，转变服务方式，丰富学习内容，解决家长和学校的难题。

加强对家庭教育的服务意识，探索有效服务途径

面向青少年的社会教育，有时候是学校组织开展的，有时候是孩子独立寻求的，更多的时候是家长组织开展的，尤其在孩子小时候。

社会教育机构应该加强与区域内家长的合作，既了解家长的教育需求，又可以借助家长的资源；既要为孩子的健康成长提供服务，又要有针对性地指导家长。针对低幼年龄阶段的孩子，还要设计好各种亲子活动。

成立"家校社"协同育人委员会

社会教育机构还要有意识地与学校和其他社会教育机构组合起来，成立类似于"家校社"协同育人委员会之类的组织，实行轮值制度，各自发挥好自身优势，相互补充，设计开发出系列课程，把协同育人制度化、常态化。

附录：《中华人民共和国家庭教育促进法》

（2021年10月23日第十三届全国人民代表大会常务委员会第三十一次会议通过）

目 录

第一章　总　　则

第二章　家庭责任

第三章　国家支持

第四章　社会协同

第五章　法律责任

第六章　附　　则

第一章　总　则

第一条　为了发扬中华民族重视家庭教育的优良传统，引导全社会注重家庭、家教、家风，增进家庭幸福与社会和谐，培养德智体美劳全面发展的社会主义建设者和接班人，制定本法。

第二条　本法所称家庭教育，是指父母或者其他监护人为促进未成年人全面健康成长，对其实施的道德品质、身体素质、生活技能、文化修养、行为习惯等方面的培育、引导和影响。

第三条　家庭教育以立德树人为根本任务，培育和践行社会主义核心价值观，弘扬中华民族优秀传统文化、革命文化、社会主义先进文化，促进未成年人健康成长。

第四条　未成年人的父母或者其他监护人负责实施家庭教育。

国家和社会为家庭教育提供指导、支持和服务。

国家工作人员应当带头树立良好家风，履行家庭教育责任。

第五条 家庭教育应当符合以下要求：

（一）尊重未成年人身心发展规律和个体差异；

（二）尊重未成年人人格尊严，保护未成年人隐私权和个人信息，保障未成年人合法权益；

（三）遵循家庭教育特点，贯彻科学的家庭教育理念和方法；

（四）家庭教育、学校教育、社会教育紧密结合、协调一致；

（五）结合实际情况采取灵活多样的措施。

第六条 各级人民政府指导家庭教育工作，建立健全家庭学校社会协同育人机制。县级以上人民政府负责妇女儿童工作的机构，组织、协调、指导、督促有关部门做好家庭教育工作。

教育行政部门、妇女联合会统筹协调社会资源，协同推进覆盖城乡的家庭教育指导服务体系建设，并按照职责分工承担家庭教育工作的日常事务。

县级以上精神文明建设部门和县级以上人民政府公安、民政、司法行政、人力资源和社会保障、文化和旅游、卫生健康、市场监督管理、广播电视、体育、新闻出版、网信等有关部门在各自的职责范围内做好家庭教育工作。

第七条 县级以上人民政府应当制定家庭教育工作专项规划，将家庭教育指导服务纳入城乡公共服务体系和政府购买服务目录，将相关经费列入财政预算，鼓励和支持以政府购买服务的方式提供家庭教育指导。

第八条 人民法院、人民检察院发挥职能作用，配合同级人民政府及其有关部门建立家庭教育工作联动机制，共同做好家庭教育工作。

第九条 工会、共产主义青年团、残疾人联合会、科学技术协会、关心下一代工作委员会以及居民委员会、村民委员会等应当结合自身工作，积极开展家庭教育工作，为家庭教育提供社会支持。

第十条 国家鼓励和支持企业事业单位、社会组织及个人依法开展公益性家庭教育服务活动。

第十一条 国家鼓励开展家庭教育研究，鼓励高等学校开设家庭教育专业课程，支持师范院校和有条件的高等学校加强家庭教育学科建设，培养家庭教育服务专业人才，开展家庭教育服务人员培训。

第十二条 国家鼓励和支持自然人、法人和非法人组织为家庭教育事业进行捐赠或者提供志愿服务，对符合条件的，依法给予税收优惠。

国家对在家庭教育工作中做出突出贡献的组织和个人，按照有关规定给予表彰、奖励。

第十三条 每年5月15日国际家庭日所在周为全国家庭教育宣传周。

第二章　家庭责任

第十四条 父母或者其他监护人应当树立家庭是第一个课堂、家长是第一任老师的责任意识，承担对未成年人实施家庭教育的主体责任，用正确思想、方法和行为教育未成年人养成良好思想、品行和习惯。

共同生活的具有完全民事行为能力的其他家庭成员应当协助和配合未成年人的父母或者其他监护人实施家庭教育。

第十五条 未成年人的父母或者其他监护人及其他家庭成员应当注重家庭建设，培育积极健康的家庭文化，树立和传承优良家风，弘扬中华民族家庭美德，共同构建文明、和睦的家庭关系，为未成年人健康成长营造良好的家庭环境。

第十六条 未成年人的父母或者其他监护人应当针对不同年龄段未成年人的身心发展特点，以下列内容为指引，开展家庭教育：

（一）教育未成年人爱党、爱国、爱人民、爱集体、爱社会主义，树立维护国家统一的观念，铸牢中华民族共同体意识，培养家国情怀；

（二）教育未成年人崇德向善、尊老爱幼、热爱家庭、勤俭节约、团结互助、诚信友爱、遵纪守法，培养其良好社会公德、家庭美德、个人品德意识和法治意识；

（三）帮助未成年人树立正确的成才观，引导其培养广泛兴趣爱好、健康审美追求和良好学习习惯，增强科学探索精神、创新意识和能力；

（四）保证未成年人营养均衡、科学运动、睡眠充足、身心愉悦，引导其养成良好生活习惯和行为习惯，促进其身心健康发展；

（五）关注未成年人心理健康，教导其珍爱生命，对其进行交通出行、健康上网和防欺凌、防溺水、防诈骗、防拐卖、防性侵等方面的安全知识教育，帮助其掌握安全知识和技能，增强其自我保护的意识和能力；

（六）帮助未成年人树立正确的劳动观念，参加力所能及的劳动，提高生活自理能力和独立生活能力，养成吃苦耐劳的优秀品格和热爱劳动的良好习惯。

第十七条　未成年人的父母或者其他监护人实施家庭教育，应当关注未成年人的生理、心理、智力发展状况，尊重其参与相关家庭事务和发表意见的权利，合理运用以下方式方法：

（一）亲自养育，加强亲子陪伴；

（二）共同参与，发挥父母双方的作用；

（三）相机而教，寓教于日常生活之中；

（四）潜移默化，言传与身教相结合；

（五）严慈相济，关心爱护与严格要求并重；

（六）尊重差异，根据年龄和个性特点进行科学引导；

（七）平等交流，予以尊重、理解和鼓励；

（八）相互促进，父母与子女共同成长；

（九）其他有益于未成年人全面发展、健康成长的方式方法。

第十八条　未成年人的父母或者其他监护人应当树立正确的家庭教育理念，自觉学习家庭教育知识，在孕期和未成年人进入婴幼儿照护服务机构、幼儿园、中小学校等重要时段进行有针对性的学习，掌握科学的家庭教育方法，提高家庭教育的能力。

第十九条　未成年人的父母或者其他监护人应当与中小学校、幼儿园、婴幼儿照护服务机构、社区密切配合，积极参加其提供的公益性家庭教育指导和实践活动，共同促进未成年人健康成长。

第二十条　未成年人的父母分居或者离异的，应当相互配合履行家庭教育责任，任何一方不得拒绝或者怠于履行；除法律另有规定外，不得阻碍另一方实施家庭教育。

第二十一条　未成年人的父母或者其他监护人依法委托他人代为照护未成年人的，应当与被委托人、未成年人保持联系，定期了解未成年人学习、生活情况和心理状况，与被委托人共同履行家庭教育责任。

第二十二条　未成年人的父母或者其他监护人应当合理安排未成年人学习、

休息、娱乐和体育锻炼的时间，避免加重未成年人学习负担，预防未成年人沉迷网络。

第二十三条 未成年人的父母或者其他监护人不得因性别、身体状况、智力等歧视未成年人，不得实施家庭暴力，不得胁迫、引诱、教唆、纵容、利用未成年人从事违反法律法规和社会公德的活动。

第三章　国家支持

第二十四条 国务院应当组织有关部门制定、修订并及时颁布全国家庭教育指导大纲。

省级人民政府或者有条件的设区的市级人民政府应当组织有关部门编写或者采用适合当地实际的家庭教育指导读本，制定相应的家庭教育指导服务工作规范和评估规范。

第二十五条 省级以上人民政府应当组织有关部门统筹建设家庭教育信息化共享服务平台，开设公益性网上家长学校和网络课程，开通服务热线，提供线上家庭教育指导服务。

第二十六条 县级以上地方人民政府应当加强监督管理，减轻义务教育阶段学生作业负担和校外培训负担，畅通学校家庭沟通渠道，推进学校教育和家庭教育相互配合。

第二十七条 县级以上地方人民政府及有关部门组织建立家庭教育指导服务专业队伍，加强对专业人员的培养，鼓励社会工作者、志愿者参与家庭教育指导服务工作。

第二十八条 县级以上地方人民政府可以结合当地实际情况和需要，通过多种途径和方式确定家庭教育指导机构。

家庭教育指导机构对辖区内社区家长学校、学校家长学校及其他家庭教育指导服务站点进行指导，同时开展家庭教育研究、服务人员队伍建设和培训、公共服务产品研发。

第二十九条 家庭教育指导机构应当及时向有需求的家庭提供服务。

对于父母或者其他监护人履行家庭教育责任存在一定困难的家庭，家庭教育指导机构应当根据具体情况，与相关部门协作配合，提供有针对性的服务。

第三十条　设区的市、县、乡级人民政府应当结合当地实际采取措施，对留守未成年人和困境未成年人家庭建档立卡，提供生活帮扶、创业就业支持等关爱服务，为留守未成年人和困境未成年人的父母或者其他监护人实施家庭教育创造条件。

教育行政部门、妇女联合会应当采取有针对性的措施，为留守未成年人和困境未成年人的父母或者其他监护人实施家庭教育提供服务，引导其积极关注未成年人身心健康状况、加强亲情关爱。

第三十一条　家庭教育指导机构开展家庭教育指导服务活动，不得组织或者变相组织营利性教育培训。

第三十二条　婚姻登记机构和收养登记机构应当通过现场咨询辅导、播放宣传教育片等形式，向办理婚姻登记、收养登记的当事人宣传家庭教育知识，提供家庭教育指导。

第三十三条　儿童福利机构、未成年人救助保护机构应当对本机构安排的寄养家庭、接受救助保护的未成年人的父母或者其他监护人提供家庭教育指导。

第三十四条　人民法院在审理离婚案件时，应当对有未成年子女的夫妻双方提供家庭教育指导。

第三十五条　妇女联合会发挥妇女在弘扬中华民族家庭美德、树立良好家风等方面的独特作用，宣传普及家庭教育知识，通过家庭教育指导机构、社区家长学校、文明家庭建设等多种渠道组织开展家庭教育实践活动，提供家庭教育指导服务。

第三十六条　自然人、法人和非法人组织可以依法设立非营利性家庭教育服务机构。

县级以上地方人民政府及有关部门可以采取政府补贴、奖励激励、购买服务等扶持措施，培育家庭教育服务机构。

教育、民政、卫生健康、市场监督管理等有关部门应当在各自职责范围内，依法对家庭教育服务机构及从业人员进行指导和监督。

第三十七条　国家机关、企业事业单位、群团组织、社会组织应当将家风建设纳入单位文化建设，支持职工参加相关的家庭教育服务活动。

文明城市、文明村镇、文明单位、文明社区、文明校园和文明家庭等创建活动，应当将家庭教育情况作为重要内容。

第四章　社会协同

第三十八条　居民委员会、村民委员会可以依托城乡社区公共服务设施，设立社区家长学校等家庭教育指导服务站点，配合家庭教育指导机构组织面向居民、村民的家庭教育知识宣传，为未成年人的父母或者其他监护人提供家庭教育指导服务。

第三十九条　中小学校、幼儿园应当将家庭教育指导服务纳入工作计划，作为教师业务培训的内容。

第四十条　中小学校、幼儿园可以采取建立家长学校等方式，针对不同年龄段未成年人的特点，定期组织公益性家庭教育指导服务和实践活动，并及时联系、督促未成年人的父母或者其他监护人参加。

第四十一条　中小学校、幼儿园应当根据家长的需求，邀请有关人员传授家庭教育理念、知识和方法，组织开展家庭教育指导服务和实践活动，促进家庭与学校共同教育。

第四十二条　具备条件的中小学校、幼儿园应当在教育行政部门的指导下，为家庭教育指导服务站点开展公益性家庭教育指导服务活动提供支持。

第四十三条　中小学校发现未成年学生严重违反校规校纪的，应当及时制止、管教，告知其父母或者其他监护人，并为其父母或者其他监护人提供有针对性的家庭教育指导服务；发现未成年学生有不良行为或者严重不良行为的，按照有关法律规定处理。

第四十四条　婴幼儿照护服务机构、早期教育服务机构应当为未成年人的父母或者其他监护人提供科学养育指导等家庭教育指导服务。

第四十五条　医疗保健机构在开展婚前保健、孕产期保健、儿童保健、预防接种等服务时，应当对有关成年人、未成年人的父母或者其他监护人开展科学养育知识和婴幼儿早期发展的宣传和指导。

第四十六条　图书馆、博物馆、文化馆、纪念馆、美术馆、科技馆、体育场馆、青少年宫、儿童活动中心等公共文化服务机构和爱国主义教育基地每年应当定期开展公益性家庭教育宣传、家庭教育指导服务和实践活动，开发家庭教育类公共文化服务产品。

广播、电视、报刊、互联网等新闻媒体应当宣传正确的家庭教育知识，传播科学的家庭教育理念和方法，营造重视家庭教育的良好社会氛围。

第四十七条 家庭教育服务机构应当加强自律管理，制定家庭教育服务规范，组织从业人员培训，提高从业人员的业务素质和能力。

第五章　法律责任

第四十八条 未成年人住所地的居民委员会、村民委员会、妇女联合会，未成年人的父母或者其他监护人所在单位，以及中小学校、幼儿园等有关密切接触未成年人的单位，发现父母或者其他监护人拒绝、怠于履行家庭教育责任，或者非法阻碍其他监护人实施家庭教育的，应当予以批评教育、劝诫制止，必要时督促其接受家庭教育指导。

未成年人的父母或者其他监护人依法委托他人代为照护未成年人，有关单位发现被委托人不依法履行家庭教育责任的，适用前款规定。

第四十九条 公安机关、人民检察院、人民法院在办理案件过程中，发现未成年人存在严重不良行为或者实施犯罪行为，或者未成年人的父母或者其他监护人不正确实施家庭教育侵害未成年人合法权益的，根据情况对父母或者其他监护人予以训诫，并可以责令其接受家庭教育指导。

第五十条 负有家庭教育工作职责的政府部门、机构有下列情形之一的，由其上级机关或者主管单位责令限期改正；情节严重的，对直接负责的主管人员和其他直接责任人员依法予以处分：

（一）不履行家庭教育工作职责；

（二）截留、挤占、挪用或者虚报、冒领家庭教育工作经费；

（三）其他滥用职权、玩忽职守或者徇私舞弊的情形。

第五十一条 家庭教育指导机构、中小学校、幼儿园、婴幼儿照护服务机构、早期教育服务机构违反本法规定，不履行或者不正确履行家庭教育指导服务职责的，由主管部门责令限期改正；情节严重的，对直接负责的主管人员和其他直接责任人员依法予以处分。

第五十二条 家庭教育服务机构有下列情形之一的，由主管部门责令限期改正；拒不改正或者情节严重的，由主管部门责令停业整顿、吊销营业执照或者撤销登记：

（一）未依法办理设立手续；

（二）从事超出许可业务范围的行为或作虚假、引人误解宣传，产生不良后果；

（三）侵犯未成年人及其父母或者其他监护人合法权益。

第五十三条　未成年人的父母或者其他监护人在家庭教育过程中对未成年人实施家庭暴力的，依照《中华人民共和国未成年人保护法》、《中华人民共和国反家庭暴力法》等法律的规定追究法律责任。

第五十四条　违反本法规定，构成违反治安管理行为的，由公安机关依法予以治安管理处罚；构成犯罪的，依法追究刑事责任。

第六章　附　则

第五十五条　本法自2022年1月1日起施行。

后　记

有很多人看我写的家庭教育报道，误以为我是一个四五十岁的中年人，而非一个刚满30岁的青年。

3年前，当我进入家庭教育报道领域时，确实有很多人不解。有人劝我，太年轻不要进入这个领域；有人劝我，家庭教育报道没前途也没"钱途"，赶紧换一个；也有人劝我说，男人整天做这些婆婆妈妈的选题，没意思。

确实，我认识的从事家庭教育报道的媒体人，基本上都是女性。或许我是全国新闻媒体中，从事家庭教育报道最年轻的男性媒体人。

曾经有一名男性育儿博主说他刚开始做家庭教育时，一次育儿博主线下见面活动，全场只有他一个男性，有一名女性现场问他是不是"变态"。我很庆幸没有人问我是不是"变态"。更庆幸的是，我很喜欢这个领域。而且可能的话，我愿意在这条路上一直走下去。虽然可能面临没前途、没钱赚的现实情况，但我始终认为，我在做一件让人变得幸福的事情，因为我自己就是第一个感受到这种幸福的人。

这3年的时间里，除了做《家庭教育促进法》的系列解读报道，我还写了几十篇新闻评论，做了几十期"育儿大咖说"短视频新闻。这些内容都汇集到"中青网家教课堂"新闻专题中，这个新闻专题也成为新闻媒体网上家长学校。

3年来，除了不解，我收到更多的是支持和鼓励。在此，我要向很多人表达感谢。我要感谢我的父母，是他们给了我一个充满爱和自由的童年，让我懂得了规矩。是他们经营的充满爱的原生家庭，让我得以在组建家庭后，把爱继续传递给妻子和孩子。

感谢我的妻子张俊，当她得知我要开始做家庭教育领域的报道时，她非常支持我，因为要做这个领域的报道，就要熟悉这个领域的问题，学习相关知识。她知道，在这个领域越深耕，我学习的家庭教育知识就越多，掌握的育儿理念和方法也就越多，我就越有可能成为一个好爸爸。

确实如此，读了100多本家庭教育图书，采访了100多位专家、教师和家长，写了100多篇报道，我确实越来越懂家庭教育。现在孩子将近4岁，我毫不夸张地说，我现在是一个称职的爸爸。

感谢我的孩子七七，没有他的出生，我涉足家庭教育领域会晚几年，或许不会涉足这个领域。是他的降生，开启了我事业的第二春。我一直认为，做父亲是男人最重要的事业。现在不论是工作中的事业，还是家庭中的事业，都离不开家庭教育，我很幸福。

今年我30岁，今年也是我和妻子张俊相爱10周年，谨以此书纪念我们携手同行的10年，这本书也是而立之年我送给自己的礼物。同时也献给我们可爱的孩子七七，他是我们爱情的结晶，是我努力做一个好爸爸的见证。

感谢我的工作单位中国青年报社和中国青年网的领导、同事。2017—2020年，我做的是高校校园新闻报道，那个时候正赶上教育新闻黄金期。从新闻网站，到微博、微信等新媒体，再到短视频新闻，以及App客户端，我经历了媒体转型的重要时期。

3年的时间，我写了几百篇报道，有100多篇登上了热搜热榜，阅读量超过了10亿人次。从2021年开始，我开始做家庭教育报道。当我把想法告诉领导王岑予和王龙龙时，他们非常支持，最大限度地支持我做了我想做的话题和内容。

这些报道通过《中国青年报》和中国青年网平台的传播，走进千家万户，让更多人了解了科学的家庭教育知识、理念和方法。正是由于领导的支持和同事的鼓励，我才能够放开手脚，一往无前，并取得了一点成绩。

感谢专家、学者的支持和鼓励。在家庭教育领域中，我是初生牛犊不怕虎。虽然我年纪轻、经验少、履历浅，但我就想采访家庭教育领域的权威专家、大咖，我要挑战自己。

实践证明我做得还不错，受访专家们对我的工作很满意，他们夸我家庭教育问题抓得准，角度找得好，内容有深度，可读性很强。这是我大量地阅读，深入地分析，一遍遍调整采访提纲，一遍遍约请受访专家的结果，他们很多都被我的努力和真诚打动了。

每一位专家都非常支持我的工作，一方面，他们认为新闻记者能关注家庭教

后 记

育领域报道不容易；另一方面，他们认为我这么年轻就坚持做这一领域的报道，更值得鼓励。

每一次采访，我都像是听了一堂大师课。他们对家庭教育的真知灼见，让我钦佩。我也是第一个读者，相当于他们给我开了一个"小灶"，解决了我的家庭教育问题，也通过我的文字呈现出来，让更多家长受益。

感谢中国家庭教育学会、中国婚姻家庭研究会、中国家庭教育学会宣传教育专业委员会、中国教育学会家庭教育专业委员会、中国高等教育学会家庭教育学专业委员会、中国家庭文化研究会、中国青少年研究中心、中国青少年研究会、中国科学院心理研究所、北京市家庭教育研究会、北京市婚姻家庭研究会、北京市青少年法律与心理咨询服务中心、北京教育科学研究院、新浪育儿、新东方家庭教育等学术团体、科研机构和家庭教育单位的专家提供的支持和帮助。

感谢我的师哥蔺存宝律师向我引荐中国法治出版社的王悦编辑。感谢中国法治出版社和本书的责任编辑王悦，我俩年龄相差不大，是她的慧眼识珠，让这本书顺利出版。感谢她为这本书付出的辛劳。

感谢湘潭理工学院彭泽老师、东南大学朱婉灵老师、武汉轻工大学周璇老师，他们作为副主编为本书的编辑工作挥洒了辛勤汗水。都说"三个臭皮匠，顶个诸葛亮"，希望我们四个"臭皮匠"协作编辑的本书，可以令读者满意。

感谢广大读者朋友的鼓励。我的忠实读者中，有一部分是我的好朋友，大部分都是做了妈妈的女性朋友。有的是我的同学，有的是媒体同行，有的是我的采访对象。在我写的报道发出来后，他们都热情转发，很多朋友会发微信和我探讨家庭教育问题，也有很多朋友给我出谋划策，向我报选题。

很多人成了我的知音，他们鼓励我要坚持做下去。感谢我的好朋友陆九瑛和於梅云试读了书稿，她们也是爱读书学习的新手妈妈，并从读者角度对书稿提出了很多宝贵意见。

当我把开始做家庭教育领域报道这一消息告诉我的大学老师，也是我的人生导师张秉政老师时，他非常支持，说这个领域现在是刚需，坚持做下去必定有所收获，希望我成为专家型记者。张老师通读了书稿，提出了很多意见建议。

感谢顾明远、赵忠心、孙云晓、苏彦捷、杨雄、王耘、宗春山、张思莱八位专家担任本书顾问，他们从教育学、心理学、社会学、法学、医学等角度认真审读了书稿，提出了意见建议，并为本书作序或写推荐语。

特别要感谢95岁高龄的顾明远教授，作为著名教育学家、中国教育学会名誉会长、北京师范大学资深教授，他非常重视家庭教育。当他得知我主编的这本书时，他更是连连称赞，并欣然为本书写了推荐语。

感谢83岁高龄的赵忠心教授和年近古稀的孙云晓研究员，他们一位是中国家庭教育学科建设的奠基人，一位是中国少年儿童研究和家庭教育指导的先行者。是他们最早接受我的采访，建议将采访报道结集出版，并为本书撰写了序言。我和他们年龄相差四五十岁，但我们亦师亦友，两位先生作为家庭教育的权威专家，作为仁厚长者，对我的鼓励和提携令我终生难忘。

在以上众位的支持和鼓励下，我通过工作促进家庭建设，既获得了报酬，又学习了家庭教育知识，运用到自己的家庭教育中，收获了幸福的家庭。我想每一名家庭教育工作者都有同感，我觉得我是天底下最幸福的人。

3年的耕耘，收获了很多。个人方面，我先后成为中国婚姻家庭研究会理事、中国家庭教育学会宣传教育专业委员会常务理事、中国生命关怀协会婚姻与家庭专业委员会委员。获得了国家级学术团体的认可，成为其中最年轻的成员之一。

就在不久前，我被中国家庭教育学会评为"2023年度家庭教育公益人物"，我所在的单位中国青年网也获得了"2023年度家庭教育公益单位"称号。家庭方面，我的家庭获得了"首都最美家庭"和"北京阅读季书香家庭"两项荣誉，一篇文章入选"北京市优秀育儿故事"，一封家书被评为"新时代最美家书"，这是对我开展家庭建设的认可。

最后，也感谢您能够读到这本书，希望本书的内容可以对您有所帮助，这是对我最大的支持和认可。如果您还想阅读更多家庭教育报道，欢迎搜索"中青网家教课堂"新闻专题（http://txs.youth.cn/zt/tymb/jjkt/），它会持续更新内容。

本人因为水平有限，在采访、写作和编辑的过程中难免会有疏漏，敬请读者朋友批评指正。

李华锡
2024年12月

参考文献

[1]微言教育:《全国中小学生安全教育日,7类安全知识教给孩子》,https://www.gov.cn/fuwu/2017-03/28/content_5181340.htm,最后访问时间:2025年2月19日。

[2]王大伟:《防诱骗的安全教育应该这样做》,http://www.rmlt.com.cn/2019/0610/548498.shtml,最后访问时间:2025年2月19日。

[3]康丽颖:《推进家风校风民风建设完善家校社协同育人机制》,载《中国德育》2023年第3期。

[4]边玉芳著:《读懂孩子:心理学家实用教子宝典(0~6岁)》,北京师范大学出版社2014年版。

[5]边玉芳著:《读懂孩子:心理学家实用教子宝典(6~12岁)》,北京师范大学出版社2014年版。

[6]边玉芳著:《读懂孩子:心理学家实用教子宝典(12~18岁)》,北京师范大学出版社2014年版。

[7]龙迪著:《学会保护自己:远离儿童性侵犯行动指南》,化学工业出版社2020年版。

[8]龙迪著:《综合防治儿童性侵犯专业指南》,化学工业出版社2017年版。

[9]宗春山著:《少年江湖:校园欺凌的预防和应对》,华东师范大学出版社2018年版。

[10]张思莱著:《张思莱科学育儿全典》,中国妇女出版社2017年版。

[11]朱永新主编:《中华人民共和国家庭教育促进法解读》,新华出版社2022年版。

[12]关颖著:《别跟孩子对着干:儿童权利视域中的家庭教育》,广东教育出版社2021年版。

图书在版编目（CIP）数据

育儿大咖说：好父母应该这样做 / 李华锡主编．
-- 北京：中国法治出版社，2025.5. -- ISBN 978-7-5216-4735-8

Ⅰ．G78

中国国家版本馆 CIP 数据核字第 2024AC1694 号

策划 / 责任编辑：王　悦　　　　　　　　　　　　封面设计：汪要军

育儿大咖说：好父母应该这样做
YU'ER DAKA SHUO：HAO FUMU YINGGAI ZHEYANG ZUO

主编 / 李华锡
经销 / 新华书店
印刷 / 三河市国英印务有限公司
开本 / 710 毫米 ×1000 毫米　16 开　　　　　　印张 / 22.75　字数 / 370 千
版次 / 2025 年 5 月第 1 版　　　　　　　　　　2025 年 5 月第 1 次印刷

中国法治出版社出版
书号 ISBN 978-7-5216-4735-8　　　　　　　　　定价：69.00 元

北京市西城区西便门西里甲 16 号西便门办公区
邮政编码：100053　　　　　　　　　　　　　　传真：010-63141600
网址：http://www.zgfzs.com　　　　　　　　　 编辑部电话：010-63141831
市场营销部电话：010-63141612　　　　　　　　印务部电话：010-63141606
（如有印装质量问题，请与本社印务部联系。）